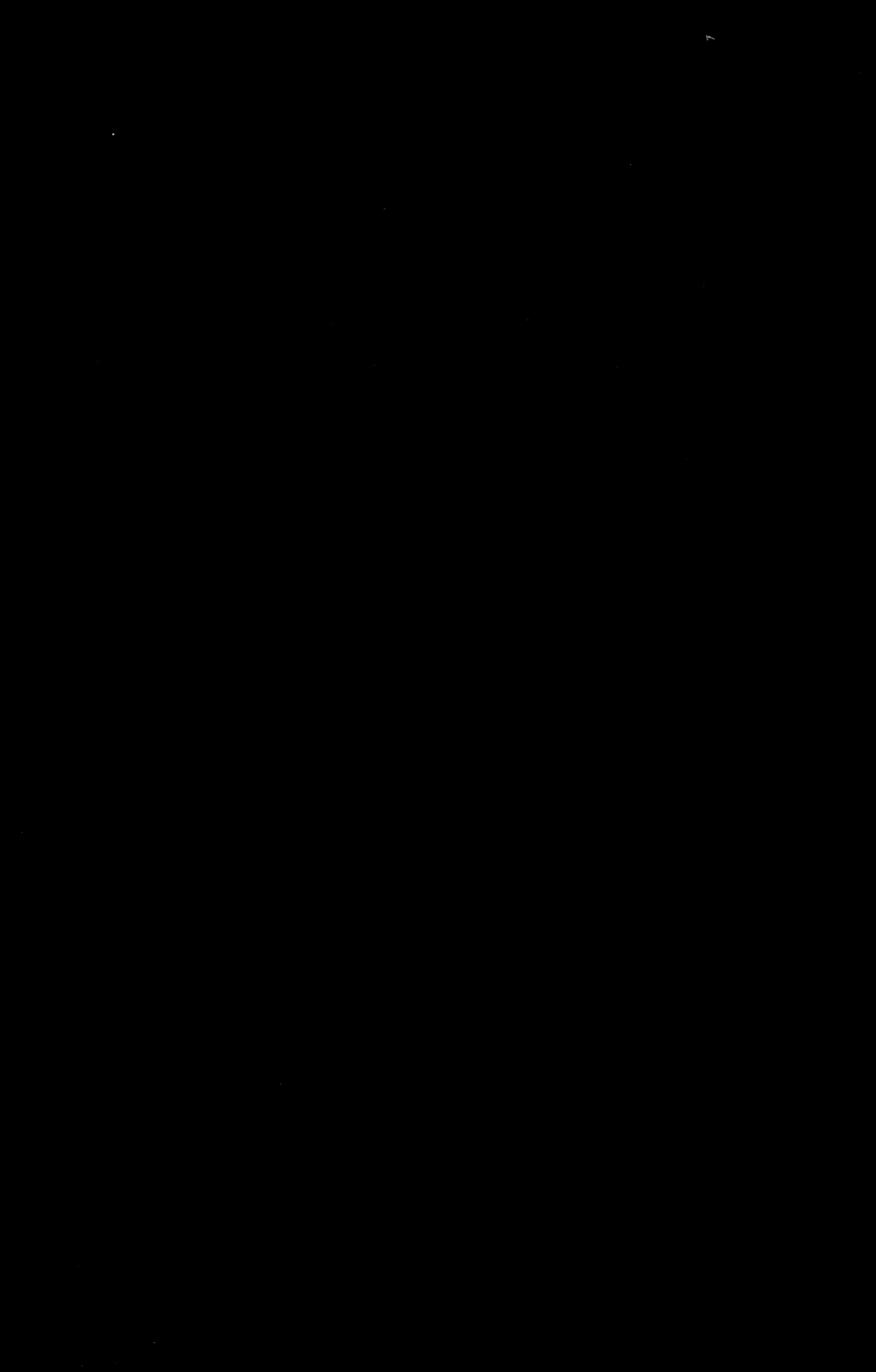

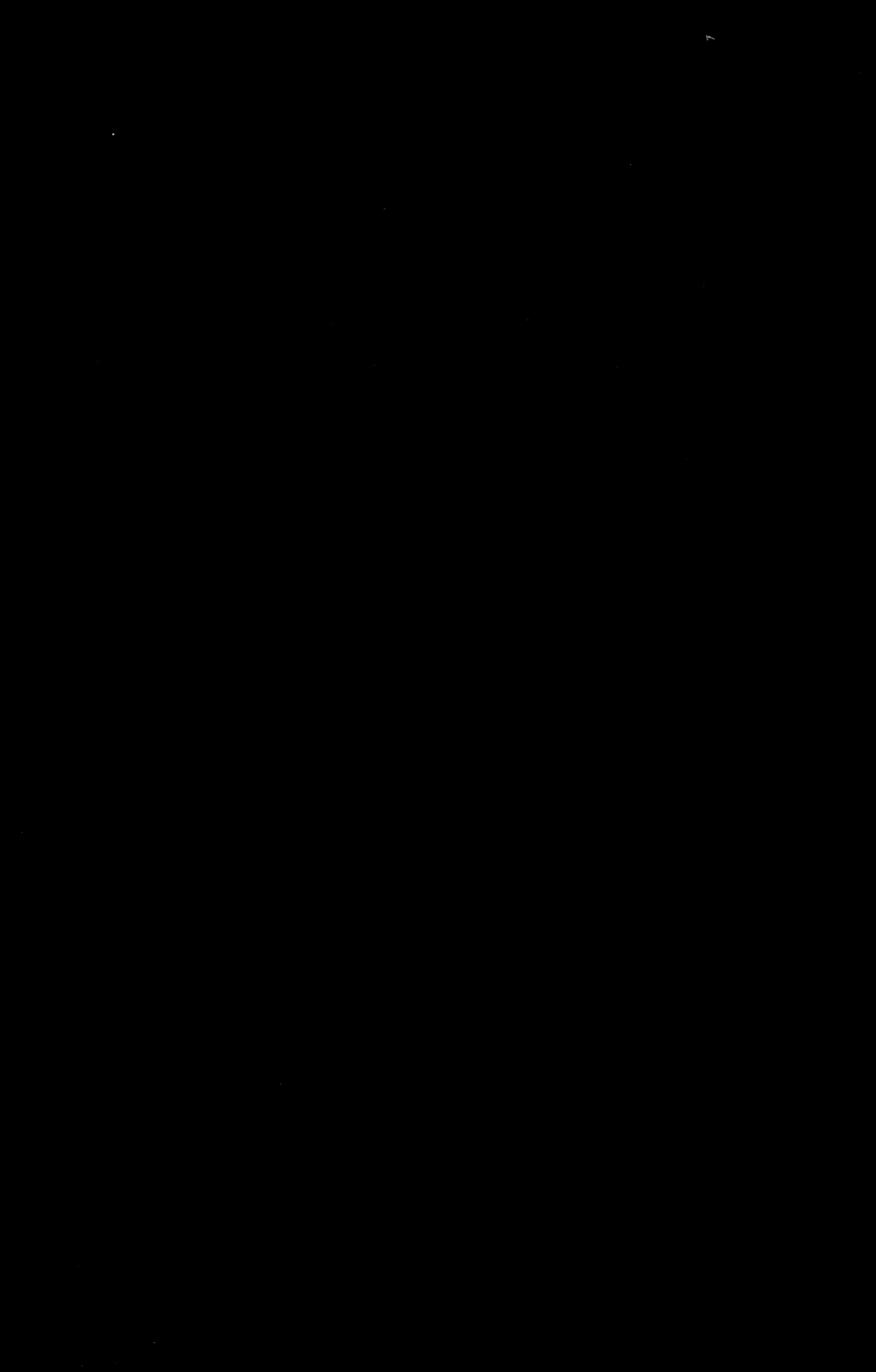

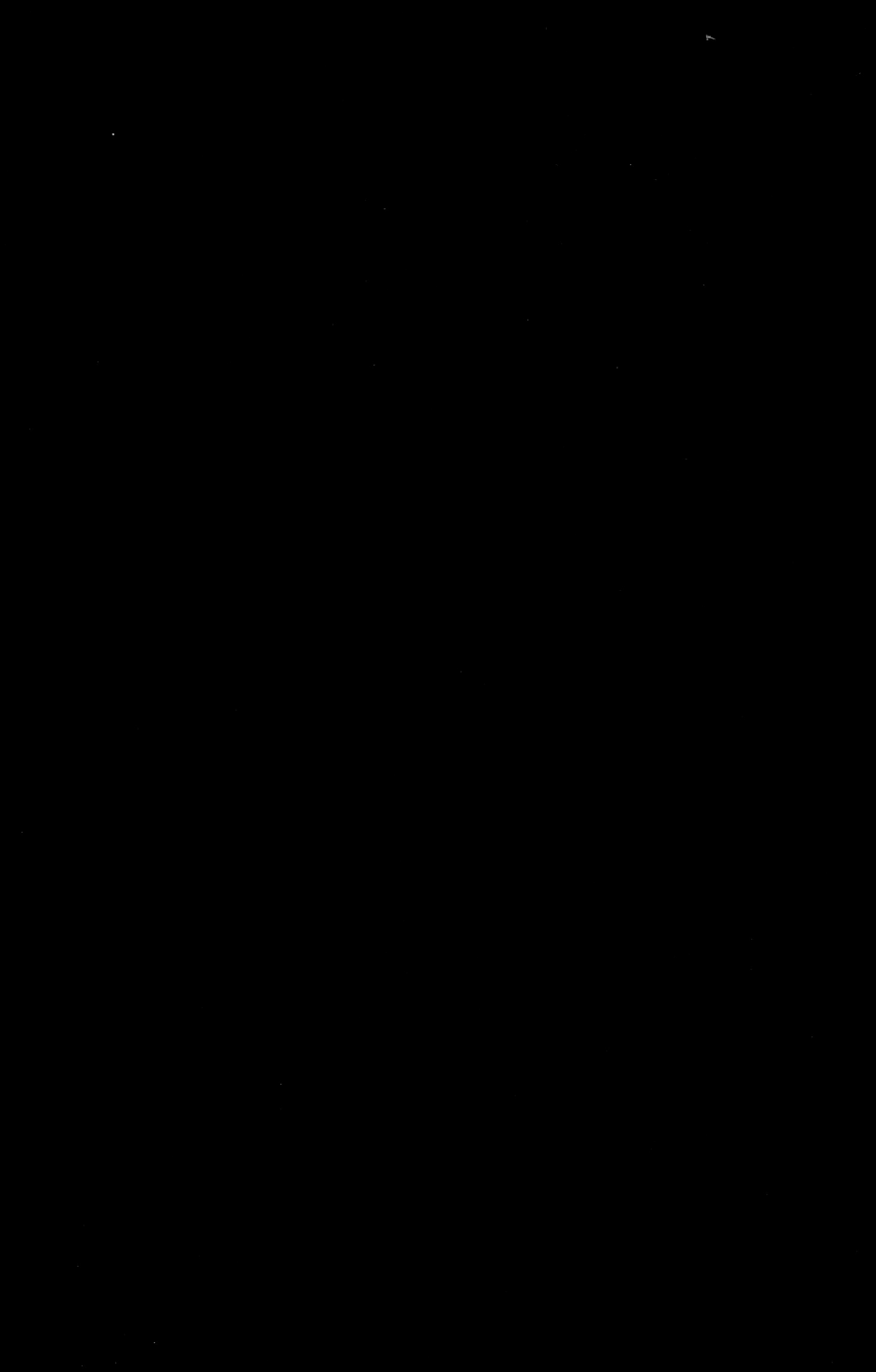

괴물딴지 미스터리 사전

세계 제1의 엽기상식 대백과

괴물딴지 미스터리 사전

귀신, 괴물, 초현상, UFO, 희대의 살인마, 음모론, 사후세계…
신기하고 기이한 공포로의 초대!

유상현 지음 | 신동민 그림

해냄

| 프롤로그 |

신기하고 미스터리한
괴물딴지 세계로의 초대

　별이 유난히 밝은 밤, 그라우스 산 위에는 이따금씩 이상한 비행물체가 나타난다. 빨강, 파랑, 흰색의 작은 빛을 발산하는 비행물체는 계속 보고 있으면 다가오기도 하고 좌우로 움직였다가 멀리 사라지곤 한다.
　하루는 밤에 창문을 열고 잠을 자려다 너무나 강렬한 빛에 놀라 눈을 뜬 일이 있었다. 커튼 사이로 밖을 내다보니 UFO가 아파트 상공에 떠 있었다. 다음날 신문을 보니 아파트 옆 라이온스 게이트 브리지 밑에 있던 청년들이 UFO를 목격했다는 기사가 실려 있었다.
　이런 체험 덕분인지는 몰라도 평소 미스터리에 흥미와 관심이 많았다. 그리고 이것이 1999년 10월 웹진 괴물딴지(ddangi.com)를 만드는 계기가 됐다.
　2004년 11월 초, 무척 기이한 경험을 했다. 갑자기 심한 복통이 생겨 약을 먹고 누워 눈을 감았다. 그런데 깜깜한 눈앞에 돌연 컴퓨터 모니터 같은 영상이 나타났다. 나는 깜짝 놀라 눈을 떴다. 다시 눈을 감으니 어느 시절 영상인지도 알 수 없는 희미한 화면이 나타났고 멀리 글자가 보였다. 그것은 우주에서 온 메시지였다. 보고 싶은 과거 역사현장을 생각하면 모니터에 그 장면이 나타났고, 생각만 하면 멀리 떨어져 있는 사람이 화면에 나타났다. 이 기이한 현상은 단 몇 시간 만에 사라졌지만 나는 이 믿기 어려운 당시 체험들을 일부 괴물딴지에 소개했다.

괴물딴지를 운영하면서 수많은 기이한 현상들과 외계인을 만나고 사후세계와 교신하며 영혼을 볼 수 있는 능력이 있는 기인들을 다뤘지만 내가 직접 겪어보기는 처음이었다. 이런 체험을 직접 하고 보니 세상이 달리 보였다. 보다 성의 있게 괴물딴지를 운영하게 되고 의무감도 느꼈다. 특히 지구의 미래와 환경, 생태계, 우주, 그리고 외계 생명체 등에 애착을 가지게 됐다.

괴물딴지에 소개된 이야기들은 취미 삼아 인터넷 뉴스에서 찾거나 세계 초현상 연구가들의 자료나 기사들을 검색해, 괴이하고 흥미로운 내용들을 올린 것이다. 이렇게 올린 글들은 많은 관심을 받았다. 괴물딴지는 그 동안 꾸준히 방문자가 증가해 일일 조회수 10만 회를 상회, 뉴스미디어 웹진 부문 1위를 기록하기도 했다. 그 중에는 후에 사실이 아닌 것으로 밝혀진 것도 있고 여전히 진실인지 아닌지 알 수 없는 것도 있다. 확실한 것은 이 세상에는 과학으로 설명할 수 없는 기이하고 미스터리한 일들이 많이 일어난다는 것이다.

이 책은 괴물딴지 칼럼에 지금까지 연재된 글 중에서, 가장 재미있고 흥미진진한 이야기를 엄선한 것이다. 문장을 다듬고 관련 자료를 찾아 넣었더니 훨씬 더 재미있고 진지한 내용이 되었다. 부디 이 책이, 괴물딴지를 사랑하는 사람뿐만 아니라 아직까지 괴물딴지를 모르던 독자들에게도 오싹하고 미스터리한, 그리고 흥미진진한 즐거움을 주었으면 좋겠다. 믿기만 하면, 모든 일은 바로 여러분 곁에서 일어날 수 있다. 그리고 다음 책의 주인공이 바로 당신이 될 수도 있다.

해냄출판사의 10여 개월간의 변함없는 믿음과 열성, 빈틈없는 작업으로 계획한 대로 책이 출간돼 정말 기쁘고 흐뭇하다. 특히 처음부터 끝까지 기획과 편집을 맡아주신 장한맘 님과 재미있는 일러스트를 넣어 읽는 즐거움을 더해 준 일러스트레이터 신동민 님께 특별히 감사드린다. 작업하는 내내 도와주고 격려해 준 가족에게도 이 지면을 빌려 감사드린다. 무엇보다 지금 이 책을 읽고 있을 독자 여러분에게 감사한다. 또 이 신기하고 미스터리한 괴물딴지의 세계로 온 것을 환영한다.

캐나다 밴쿠버에서
유상현

| 차례 |

Part 1 등 뒤에 누군가가 있다!

저주를 싣고 달리는 유령열차 14
죽음을 부르는 흉가 19
귀신들의 감옥, 알카트라즈 24
토머스 에디슨의 유령탐지기 28
살해된 유령의 복수 31
거울 속의 공포, 피투성이 메리 36
공포의 흉가 볼리 렉토리 39
생명을 구해주는 꼬마 유령들 43
사람을 홀리는 죽음의 도로 46
커버넌터스 감옥의 유령 48
살아 움직이는 그림 속 귀신 51
골동품 돌빗에 서린 악령 54
원혼이 깃든 마녀동굴 57
레인보우 프로젝트의 비극 61
맨체스터의 식스센스, 귀신을 보는 소년 65
귀신 들린 인형 67

Part 2 영원히 풀리지 않는 공포의 미스터리

지중해를 떠도는 유령선 72
엘비스 프레슬리의 죽음과 진실 75
미스터리 서클, 신의 메시지인가 멸망의 전주곡인가? 80
링컨과 케네디의 묘한 인연 83
냉동인간, 불가능에 도전하다 86

죽음의 검은 산, 칼카자가 89
비잔틴 성화의 수수께끼 93
또 다른 나, 도플갱어 96
식인 사건을 예언한 에드거 앨런 포 99
조나 델 실렌치오의 미스터리 102
피라미드의 파수꾼 106
새로운 미스터리, 그림자 무늬 109
고대 이집트 금광의 저주 112
고대 비밀병기가 사용된 걸프전 115
지상의 버뮤다 삼각지대, 비버 118

Part3 믿을 수 없는 거대한 존재, 괴물

대형 참사를 알려주는 모스맨 122
남태평양에서 발견된 인어 126
스코틀랜드의 난쟁이 트로우 130
하늘을 나는 괴물, 가고일 134
전설 속의 괴물, 추파카브라 138
공포의 초대형 식인 쥐 141
피를 빠는 러시아 흡혈거미 145
자바 섬의 좀비, 한투 포콩 146
어둠 속의 늑대인간 149
공포의 그림자인간 152
뉴저지의 상징 저지 데블 156
구국의 영웅, 신비한 황금거북 158
비행기를 뜯어먹는 그렘린 160
기괴한 울음소리의 염소인간 164
브라질에 나타난 외계 괴물 167

날아다니는 문어괴물 무흐노츠와 170
공포의 녹색 괴물 173
바다의 악마, 가라디아블로 176

Part4 세계관 숨긴 음모와 미스터리

KAL 007, 풀리지 않는 의혹 180
인간의 달 여행은 가짜였다? 182
지구 구원 프로젝트 얼터너티브 3 185
히틀러는 자살하지 않았다? 189
제3차 세계대전 시나리오 192
누가 JFK를 쏘았는가? 195
존 웨인의 죽음을 둘러싼 미스터리 198
CIA와 KGB를 만든 나치 201
신체 일부를 바꾸는 생체실험 204
황금알을 낳는 거위, 키메라 207
지구 궤도를 바꾸는 딥 임팩트 미션 210
원거리 투시를 이용한 스타게이트 프로젝트 212
사람을 조종하는 마인드컨트롤 216
007의 모태 MI6의 정체 219
9.11 테러의 전조들 222
죽은 자를 되살리는 좀비 프로젝트 225
비극으로 끝난 공간이동 실험 227

Part5 과학으로 증명할 수 없는 불가사의

9.11 테러를 예언한 사람들 232
영화 〈패션 오브 크라이스트〉에 나타난 신비한 현상 234
터키의 '기적의 물고기' 236
타이타닉 호를 설계한 토마스 앤드류스의 환생 239
시간여행을 한 사람들 242
영혼이 분리되는 유체이탈 246
몸이 저절로 타들어가는 자연발화 249
재앙을 예고하는 동물들 252
인터넷의 대예언자 솔로그 254
거꾸로 돌리면 진실이 들린다 257
병을 고치는 신통한 동물들 259
투명인간이 된 사람들 262
난 내가 꿈을 꾸는 것을 알고 있다, 루시드 드림 265
초능력 소녀 나타샤 267
하늘에서 내리는 개구리 비 270
비운의 초능력 소년, 사스챠 273
알타이 공주의 저주 275
티베트 고승들의 비술 278

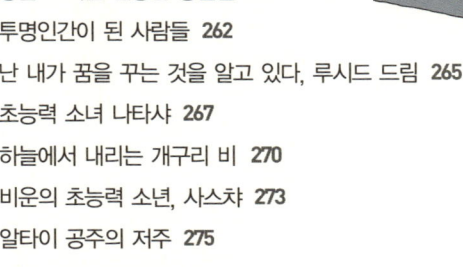

Part6 전 세계를 전율케 한 세기의 살인마

나이지리아 이메일 살인 사건 284
마녀 사냥, 그 광기의 역사 286
피의 백작부인, 바토리 288
연쇄살인을 저지르는 사탄숭배자들 292

식인 연쇄살인마의 공포 **294**
흰 가운을 입은 악마들 **299**
불교사원 살인 사건의 진실 **304**
살인으로 돈을 번 버크 **307**
법망을 교묘히 피한 찰스 잉 **309**
최악의 연쇄살인마, 가라비토 **311**
증오가 낳은 범죄자, 레센디즈 **314**
레지스탕스로 위장한 살인마, 마르셀 프티오 **316**
지하철 살인 사건 속 배후자 **318**
마피아의 킬러, 로이 드미오 **321**
미국 최초의 연쇄살인마, 홈즈 **323**
초능력을 얻기 위해 살인을 한 공포의 심령술사 **326**

Part7 외계인과 UFO는 정말 존재하는가?

UFO를 목격한 닐 암스트롱 **330**
지구에 보관 중인 외계인 시체 **333**
맨 인 블랙, 그들은 누구인가? **335**
외계인, 재앙인가 축복인가? **338**
에어리어 51에서는 무슨 일이 벌어지고 있는가? **340**
외계인, 그들이 남긴 희생자 **343**
외계인에게 납치되는 동물 **346**
외계인들의 쇠붙이 생체실험 **349**
남미에서 발견되는 초록색 피 **352**
외계인과 인디고 아이들 **355**
인류의 지도자 탄생을 예언한 외계인 **357**

홈스테드 공군기지의 외계인 360
미사일로 격추된 UFO 362
스타게이트로 유입된 UFO 365
대형 참사를 막은 UFO 369
미스터리 서클을 해독한 남자 371

Part8 죽음 이후의 세계

이승과 저승을 연결하는 스틱스 강 376
저승사자는 존재하는가? 378
사후체험의 두 가지 얼굴 382
영혼을 돕는 영매 앨리슨 385
죽은 후 신을 만난 무신론자 387
죽은 자를 부르는 방법 390
지옥을 보여주는 공포의 기발 393
지옥을 본 사람들 395

Part 1

등 뒤에 누군가가 있다!

◆ 저주를 싣고 달리는 유령열차 ◆ 죽음을 부르는 흉가 ◆ 귀신들의 감옥, 알카트라즈 ◆ 토머스 에디슨의 유령탐지기 ◆ 살해된 유령의 복수 ◆ 거울 속의 공포, 피투성이 메리 ◆ 공포의 흉가 볼리 렉토리 ◆ 생명을 구해주는 꼬마 유령들 ◆ 사람을 흘리는 죽음의 도로 ◆ 커버넌티스 감옥의 유령 ◆ 살아 움직이는 그림 속 귀신 ◆ 불동물 돌벽에 서린 악령 ◆ 혼이 깃든 아테동굴 ◆ 레인보우 프로젝트의 비극 ◆ 캔체스티의 식스센스, 귀신을 보는 소년 ◆ 귀신 들린 인형

 저주를 싣고 달리는 유령열차

어두운 밤, 희뿌연 안개 너머로 들리는 기적소리, 그리고 갑작스레 나타난 정체불명의 열차. 유럽의 괴담에서 심심치 않게 등장하는 유령열차는 사람들에게 오랫동안 공포의 대상이었다.

1998년 9월 25일 러시아 정부 공식기관지《로시스카야 가제타(Rossiyskaya Gazeta)》에 흥미로운 기사가 실렸다. 1911년부터 러시아와 동유럽 등지에서 목격되어온 포예즈드-프리즈락(Poy-ezd-Prizrak)이라고 불리는 유령열차에 대한 기사였다.

포예즈드-프리즈락은 다른 지역에서 발견되는 유령열차와는 조금 다르다. 대부분의 유령열차가 앞에 서 있는 사람들을 그냥 통과하는 반면, 이 유령열차는 실제로 사람을 치어 많은 사람이 다치거나 죽었고 또 실종되는 경우도 종종 있었다.

이 기사에서《로시스카야 가제타》는 문제의 유령열차가 러시아의 디킨스로 불리는 니콜라이 고골리(Nikolai Gogol)의 저주로 인한 것이라고 주장했다. 고골리는 우리에게도『외투(Shinel)』『죽은 혼(Mertvye Dushi)』등의 작품으로 친숙한 러시아의 대 문호이다. 그런데 도대체 그가 유령열차와 무슨 관계가 있는 것일까?

고골리는 1809년 우크라이나 소로친치(Sorochintsi)에서 태어났다. 어려서부터 글재주가 있었던 그는 소설과 시나리오를 쓰며 19세기 러시아 최고의 문학가 중 하나가 된다.

일상에선 보기 힘든 비상식적인 등장인물, 그들이 벌이는 희한한 사건과 그로테스크한 결말 등 독특한 작품세계로 사랑을 받았던 고골리. 하지만 그의 죽음은 지금까지도 베일에 싸여 있다.

오랫동안 정신착란 증세를 보이던 고골리는, 아무것도 먹지 않고 치료도 거부하다가 죽었다고 알려져 있었다. 하지만 1931년 그의 시신이 묻혀 있던 모스크바 세인트 다니엘 사원의 공동묘지가

니콜라이 고골리의 초상화

철거되며 고골리의 죽음은 미스터리에 휩싸이게 된다. 이장을 하기 위해 관을 열어본 군인들이 그의 관 오른쪽 벽에서 손가락으로 할퀸 자국을 발견했기 때문이다. 고골리는 산 채로 생매장된 게 분명했다.

이상한 점은 이뿐만이 아니었다. 관 속의 시신에 머리가 없었던 것이다. 조사 결과 누군가 관을 꺼냈다가 다시 묻은 흔적이 발견되었다. 알고 보니 1909년 사원의 묘지관리인들이 유품수집가인 바크흐루신(Bakhrushin)에게 매수되어 고골리의 해골을 그에게 판 것이었다.

해골이 팔리고 2년 후인 1911년, 고골리의 친척이자 해군장교였던 야노프스키(Yanovsky)는 이 사실을 알고 바크흐루신을 찾아가 해골을 내놓지 않으면 죽이겠다고 위협해 유골을 되찾았다. 당시 크림(Crimean) 반도에서 근무하고 있었던 야브노스키는 고골리의 해골을 다시 안장해야겠다고 생각했다. 그는 마침 모스크바로 가는 이탈리아군 장교에게 해골이 든 상자를 주

며 모스크바 시에 전해 달라고 부탁했다.

모스크바로 가는 열차 안, 캄캄한 터널을 지날 무렵, 장교 일행은 무료함을 달래려고 해골로 장난을 치기 시작했다. 한 손에 램프를 들고 한 손에 해골을 든 채 승객들을 놀래킨 것이다.

한참을 장난치던 그들은 승객들의 비명에 무심코 해골을 쳐다보았다. 그 순간 해골은 사라지고 한 남자가 잘린 목에서 피를 흘린 채 험악한 표정으로 노려보고 있었다. 그 순간 기차가 멈춰 섰고 해골을 들고 있던 사람은 정신없이 기차에서 뛰어내려 터널 밖으로 도망쳤다. 그렇게 도망치다 숨을 고르며 뒤를 돌아본 그는 그만 경악하고 만다. 터널 안에 서 있던 기차가 안개에 휩싸이더니 그만 눈앞에서 사라져버렸기 때문이다.

당시 기차 안에는 승객과 승무원을 합쳐 106명이 타고 있었는데, 이 중 두 명만이 기차에서 뛰어내려 무사했고 다른 승객들은 기차와 함께 사라졌다. 이후 기차는 실종 당시의 모습 그대로 러시아와 유럽 등지에 나타나기 시작했다. 유령열차 포예즈드-프리즈락의 전설이 탄생한 것이다.

이후 유령열차의 전설이 퍼지면서 이 미스터리를 밝히려는 과학자들이 나타났다. 이들 중 하나인 보리스 타라카노프(Boris Tarakanov) 박사는 조사 도중 이 기차를 현지 관광사에 빌려준 이탈리아 밀라노의 철도회사 사네티(Sanetti) 사가 1841년에 멕시코 칸쿤(Cancun) 근처에 있는 한 정신병원으로부터 받은 편지를 발견하게 되었다. 그 편지에는 유럽에서 기차로 왔다고 주장한 104명의 환자들이 일주일 동안 병원에서 치료받고 퇴원했다는 내용이 적혀 있었다. 기차와 함께 행방불명되었던 승객들의 행적이 발견된 것이다.

문제의 기차가 시간과 공간을 초월한 것을 알게 된 그는 멕시코를 방문해 환자들에 관한 자료를 찾으려고 했으나 병원이 이미 폐쇄된 후라 당시의 사건에 대해 아는 사람을 찾을 수 없었다. 유령열차의 비밀 역시 함께 베일 속으로 가려지는 듯했다. 그러나 이 기차는 계속 세계 전역에서 목격되고 있었다.

조사 결과 타라카노프 박사는 유령열차에 일련의 규칙이 있음을 알게 되었다. 그것은 열차가 때로는 이틀 연속으로 같은 장소에 나타난다는 것이다. 1991년 9월 25일, 유령열차가 우크라이나 폴타바(Poltava)에 있는 철로에 나타났다는 것을 확인한 과학자들은 유령열차가 나타날 것으로 예상되는 곳에 도착해 열차를 기다렸다. 밤을 새우며 기다리던 과학자들 앞에 드디어 모습을 드러낸 유령열차. 과학자 중 하나인 키예프(Kiev) 과학원의 레스차티(Leschatiy) 박사는 많은 사람들이 지켜보는 가운데 기차의 세 번째 칸에 올라탔다. 그리고는 잠시 후 기차와 함께 사라지고 말았다.

유령열차는 그 뒤에도 꾸준히 모습을 드러내고 있다. 1995년 7월 14일 밤, 우크라이나 키예프에서는 레이더기지 책임자로 근무하던 안톤 그나튜크 준위가 유령열차를 목격했다. 이튿날 아침에 도착하는 기차를 기다리던 그는 역무원의 양해를 얻어 정차해 있던 기차의 승객칸에서 잠을 자기로 했다. 열차가 있는 곳으로 가던 중 다른 기차들에 비해 오래돼 보이지만 깨끗한 구식열차를 발견한 그는 그 열차의 문을 열려고 손을 댔고 곧바로 강한 전류에 감전되어 뒤로 넘어졌다. 그리고 기차는 그의 눈앞에서 사라졌다.

2001년 7월 14일 투르크메니아에서는 철로를 검사하던 역장

하무랏 베르디예프가 기차에 치어 숨지는 사건이 발생했다. 공식적으로 그는 사고 당시 기관사의 부주의로 뒤에서 오는 기차를 미처 발견하지 못해 변을 당한 것으로 기록되었지만, 당시 목격자들의 증언은 조금 달랐다. 목격자들은 무척 오래돼 보이는 기차가 비어 있는 철로에 갑자기 나타나 역장 쪽으로 접근했고, 역장은 기차에 치이지도 않았는데 알 수 없는 힘에 밀려 뒤로 날아가 넘어져 숨졌다고 주장했다.

유령열차의 미스터리를 밝혀내려는 과학자들의 노력은 다양한 가설을 만들어냈다. 일부 학자들은 처음 기차가 사라진 지역에서 1908년에 일어났던 진도 7.5도의 강진으로 인해 강력한 전

자기장이 발생해 기차가 시공을 초월한 것으로 보고 있다. 그러나 이 가설은 열차가 사라진 것이 지진이 일어난 3년 후라는 점과 당시 다른 열차들은 무사히 그 지역을 통과했다는 것에서 신빙성이 떨어진다. 또 어떤 과학자들은 초과학적인 현상에 의해 기차가 시공을 초월했다는 의견을 내놓기도 했지만 초과학적인 현상이 정확히 어떤 것인지 설명하지 못하고 있다.

《로시스카야 가제타》에 실린 기사는 다시금 사람들을 공포로 몰아넣었다. 그리고 지금도 포예즈드-프리즈락의 존재를 믿는 주민들은 늦은 밤에는 절대로 철로 위를 걷지 않는다고 한다.

죽음을 부르는 흉가

한여름밤 무더위를 식혀주는 공포영화. 이 공포영화에 자주 등장하는 것이 바로 유령이 나오고 사람이 죽어나가는 오래된 저택이다.

몇 년 전 국내 케이블 방송에서 〈엑스페리먼트〉라는 영화가 방영된 적이 있다. 심령학자, 퇴마사, 영화제작자, 그리고 역사를 전공하는 대학생, 이렇게 네 명이 미국에서 가장 무서운 흉가에서 하룻밤을 지낸다는 내용의 영화였다. 원제는 〈세인트 프란시스빌 실험(St. Francisville Experiment)〉. 국내에서는 정식으로 극장에서 개봉한 것이 아니라 큰 주목을 받지는 못했지만 미국에서는 꽤 좋은 흥행성적을 올렸으며, 특히 뉴올리언스(New Orleans)에서는 화제가 된 영화였다. 그 이유는 이 영화에 나오는 흉가인 세인트 프란시스빌이 실제로 뉴올리언스 주에 있기 때문이다.

그렇다면 과연 세인트 프란시스빌에서는 어떤 일이 있었던 것일까? 1831년 내과의사 루이스 라로리와(Louis Lalaurie) 그의 아내 델핀(Delphine)은 결혼 직후 프랑스인들의 거주 지역인 뉴올리언스 로열 스트리트(Roal Street) 1140번지에 저택을 구입해 그곳에서 병원을 열었다. 그림 같은 저택과 막강한 재력, 라로리 부부의 앞에는 행운만이 가득할 것 같았다. 특히 아내인 델핀은 재력과 타고난 미모로 사교계의 주목을 받았다.

하지만 곧 이상한 소문이 돌기 시작했다. 델핀이 노예시장에서 구입한 노예들을 가혹하게 다룬다는 것이었다. 그리고 2년 뒤 이런 소문을 증명이라도 하듯 델핀에게 채찍을 맞던 어린 흑인 소녀가 2층에서 뛰어내려 죽는 사건이 발생했다. 소리 소문 없이 사라지는 노예들과 가끔씩 들리는 기이한 비명. 사람들은 점점 의심과 경계의 눈으로 이곳을 감시하기 시작했고 결국 경찰이 출동하게 되었다. 경찰과 함께 저택 안으로 들어간 이웃들의 앞에 펼쳐진 광경은 끔찍하기 짝이 없었다. 노예들이 모두 지붕 밑 다락방에 감금된 채 심하게 맞아 혼수상태로 쓰러져 있었던 것이다.

이 잔혹한 행위에 분노한 사람들은 델핀을 경찰에 고발했다. 하지만 판사는 감금되어 있던 노예들을 구출해 노예시장에 되팔았을 뿐, 델핀을 따로 처벌하지 않았다. 너무도 가벼운 처벌이었지만 델핀의 생각은 달랐다. 그녀는 판사의 판결에 승복하지 못했다. 친척들을 동원해 팔린 노예들을 다시 사들인 뒤 이들을 집으로 데리고 온 것이다. 그리고 이렇게 사건은 일단락되는 듯했다.

1년 후 델핀의 집에서 원인 모를 화재가 발생했다. 불을 끄러 현장에 도착한 소방관들은 불길이 미처 번지지 않은 지붕의 다락방에서 피가 떨어지는 것을 발견하고는 다락방으로 올라가보았다. 그곳에는 토막난 사체들과 잔혹한 고문으로 죽어가는 노예들이 있었다. 이 끔찍한 만행에 분노한 소방관들과 마을 주민들이 델핀을 찾아다녔지만 이미 그녀는 마차로 탈출, 영화 〈세

델핀 라로리의 초상화

인트 프란시스빌 실험〉에 나오는 두 번째 집으로 잠적해 버린 후였다.

두 번째 집에서도 델핀은 계속 노예들을 살해했다. 그러던 중 그녀 역시 원인 모를 병에 걸려 죽었고 그 후 저택은 아무도 살지 않는 흉가가 되었다.

1837년, 약 3년간 아무도 살지 않았던 첫 번째 집이 보수공사를 마치고 새 주인을 맞았다. 그리고 그때부터 집에서 이상한 일들이 벌어지기 시작했다. 밤마다 지붕 밑 다락방에서 남자들의 울음과 쇠사슬 부딪히는 소리가 들렸다. 새로 이사를 온 사람들에게 이 집에서 지내는 하루하루는 공포의 연속이었다. 견디다 못해 집 밖으로 나가 다락방 창문을 본 집주인들은 인적 없는 다락방에서 불빛이 움직이는 것을 보고는 그 길로 집을 버리고 이사를 가버리고 만다.

이후 아무도 살려고 하지 않아 버려져 있던 저택은 남북전쟁이 끝난 뒤 학교로 사용되었지만 얼마 되지 않아 폐교되었다. 정체 모를 울음과 쇠사슬 소리 같은 이상한 일들이 계속되었기 때문이다.

저택의 다음 주인은 비그니라는 사람이었다. 처음 비그니 가족은 아무 탈 없이 잘 사는 것 같았다. 이상한 소리도 들리지 않았고 별다른 일도 없었다. 그렇게 저택의 괴이한 소문 역시 잠잠해지는 것 같았다. 그러나 3년 후 어느 날 집주인인 비그니가 갑자기 사라져버렸다. 집 안팎을 샅샅이 뒤지던 가족들은 지붕 밑 다락방에서 비그니의 시체를 발견했다. 그리고 그의 죽음이 저주받은 저택 때문이라고 생각한 가족들은 다른 곳으로 이사를 가버렸다.

비그니 사건 후 저택은 오랫동안 주인 없는 폐가로 남아 있었다. 그러다가 1932년부터 가구점으로 쓰이기 시작했다. 경매로 헐값에 저택을 구입한 가구 판매업자는 얼마 지나지 않아 계속되는 이상한 사건 때문에 고민에 빠졌다. 매일 밤 누군가가 가구들을 부수고 그 위에 악취가 나는 물을 뿌렸기 때문이었다. 범인을 잡기 위해 밤새 보초를 서던 그는 다음날 아침 "너무나 끔찍한 것을 보았다"고만 말한 뒤 가구점을 닫고 떠난 후 영영 돌아오지 않았다. 그가 과연 무엇을 보고 그렇게 겁에 질려 떠났는지에 대해서는 지금까지 알려지지 않고 있다.

처음 영화 〈세인트 프란시스벌 실험〉의 제작자들은 실감나는 작품을 만들기 위해 소문의 진원지인 로열 스트리트 저택의 다락방에서 영화를 찍으려고 했다. 하지만 배우와 촬영진들의 반대에 부딪혀 결국 유령이 나오지는 않았던 델핀의 두 번째 집에서 영화를 찍게 되었다.

만약 영화를 문제의 다락방에서 찍었다면 어땠을까? 어쩌면 저택의 전설에 새로운 한 획을 그었을 끔찍한 사건이 벌어지지는 않았을까?

10여 년 전 뉴올리언스대학의 연구팀이 소문의 진위를 가리기 위해 흉가 주위를 탐사한 일이 있었다. 그들은 이 탐사에서 집 주위에서만 스무 구가 넘는 유골들을 찾아냈다. 델핀 라로리의 만행이 거짓 소문이 아님이 밝혀진 것이다.

1969년 연립식 아파트로 개조된 이후, 현재 저택에는 과거의 흉흉한 소문이 거짓인 것처럼 사람들이 살고 있다. 하지만 여전히 지붕 밑 다락방만은 아무도 들어갈 엄두를 못 내고 있다고 한다.

죄선들의 감옥, 알카트라즈

세계적으로도 손꼽히는 미항(美港) 중 하나인 샌프란시스코 항. 태평양 연안 최대의 항구인 이곳에 서면 바다 건너 멀지 않은 곳에 알카트라즈(Alcatraz) 섬이 보인다.

이 섬은 국방요새와 군교도소를 거쳐 1934년부터 연방교도소로 사용되었다. 주로 알 카포네(Al Capone)와 앨빈 카피스(Alvin Karpis) 같은 마피아나 흉악범들이 수감되었던 알카트라즈 연방교도소는 우리에게는 숀 코네리와 니콜라스 케이지 주연의 〈더 록(The Rock)〉이라는 영화로 잘 알려진 곳이다.

'더 록'이란 알카트라즈 연방교도소를 일컫는 말로, 여기에는 누구도 빠져나갈 수 없는 견고한 요새라는 의미가 담겨 있다. 그리고 그 별명처럼 지금까지 이곳에서 탈출에 성공한 사람은 한 명도 없다. 탈출 시도가 없었던 것은 아니었다. 샌프란시스코 해변에서 가까웠던 탓인지 죄수들은 끊임없이 탈출을 시도했지만 늘 실패하고 말았다. 살아서는 벗어날 수 없다는 알카트라즈의 명성 역시 높아져만 갔다.

1946년 5월 2일, 여섯 명의 죄수들이 탈옥을 위해 세 명의 죄수와 두 명의 교도관을 살해하고 십여 명에게 중상을 입힌

철옹성이라 불리는 알카트라즈 연방교도소

사건이 발생했다. 탈옥을 하려던 죄수들은 곧 붙잡혀, 이 중 넷은 즉각 사형에 처해졌고 나머지 둘에게는 종신형이 내려졌다. 이렇게 사건은 마무리되는 것 같았다. 하지만 이후 교도소 안에서 기괴한 현상들이 목격되기 시작했다.

수감생활을 하고 있던 마이클 오렐리는 어느 날 동료 죄수를 구타해 독방에 갇히게 되었다.

알카트라즈의 독방은 악명이 높았다. 빛이 한 점도 들어오지 않는 데다가 매우 좁고 추웠기 때문이다. 죄수들은 제대로 눕기조차 힘들 정도로 좁은 이곳에서 추위와 외로움에 떨어야 했다.

오렐리 역시 독방행이 달가울 리 없었다. 앞으로 얼마나 독방에 있게 될지 두려웠지만 어쩔 수 없는 일이었다. 그렇게 체념을 하고 독방의 철문을 연 그는 깜짝 놀라고 만다. 독방 안에 이미 누군가 들어 있었기 때문이었다. 독방 안의 사람과 눈이 마주친 그는 간수에게 좁은 독방에 어떻게 둘씩이나 있으라는 거냐며 항의했다. 그러나 다시 방 안을 들여다보았을 때, 거기에는 아무도 없었다. 그 후 독방에 갇힌 그에게 이상한 일이 일어났다. 머리 위에서 쇠로 만든 컵을 벽에 긁는 것 같은 소리가 들

리고, 누군가가 자신을 손으로 만지는 것 같은 느낌에 소스라치게 놀라기도 했다. 비명을 지르며 문을 열어달라고 정신없이 철문을 두드리던 오렐리의 귀에 누군가가 낮은 톤으로 중얼거리는 소리가 들렸다. 흠칫 놀라 뒤를 돌아보니 희미한 푸른색 얼굴이 그를 노려보고 있었다.

그 후로 독방의 유령은 수많은 죄수들에게 목격되었지만 외부와의 출입이 차단된 감옥이라는 특성상 널리 알려지지는 못했다. 하지만 1963년 연방교도소가 문을 닫고 이곳이 관광지로 개방되면서 독방의 유령은 보다 많은 사람들에게 알려지게 되었다. 1984년 알카트라즈에서 독방 체험을 하던 관광객이 유령

을 보았고, 소문을 듣고 찾아온 심령술사 세넷(Sennett)은 문제의 귀신이 1946년 탈옥미수 사건 당시 살해된 교도관들 중 한 명이라고 주장해 관심을 끌기도 했다.

이상한 사건은 이후에도 계속되었다. 1985년 12월, 관광객들을 가이드하던 윌리엄 노스는 다음날에 있을 투어를 위해 늦은 밤 동료들과 감옥 곳곳을 청소하고 있었다. 그런데 갑자기 뭔가가 썩는 냄새가 심하게 나기 시작했다. 그는 혹시 관광객이 쓰레기를 버리고 간 건 아닌가 싶어 냄새를 따라 지하실로 내려갔다. 그런데 그곳에서 갑자기 여자 우는 소리가 들리기 시작했다. 누구냐고 외쳤지만 심한 악취만 날 뿐 아무도 대답하지 않았다. 혹시 길을 잃어버린 관광객이 울고 있는 건 아닐까 걱정이 된 노스는 1층으로 올라가 손전등을 챙긴 후 동료들과 함께 울음의 주인공을 찾기 시작했다. 그러나 지하실을 샅샅이 뒤졌지만 사람의 흔적은 없었고, 더 이상 악취도 나지 않았다. 자신이 잘못 들었던 것 같다며 노스가 동료들에게 사과하려는 순간 지하실 문이 닫히는 소리가 들렸다. 놀란 그들은 문 앞으로 달려가 열어보려 노력했지만 문은 꿈쩍도 않았다. 그리고 갑자기 지하실 안팎에서 수많은 사람들이 울부짖는 소리가 들리기 시작했다. 몇 초 동안 계속되던 소리는 문이 열리자마자 언제 그랬냐는 듯이 사라졌다. 그리고 악취와 울부짖는 소리의 정체 역시 지금까지 밝혀지지 않고 있다.

잔혹한 고문과, 죄수들 사이의 구타와 살인, 그리고 절대 탈출이 불가능한 바다 위의 요새. 미국에서도 가장 악명 높은 감옥이었던 알카트라즈는 이제 해마다 백만 명 이상의 관광객이 찾는 관광명소가 되었다. 하지만 아직도 관광객들의 발 아래 어두운 지하실 어딘가에는 그곳에서 죽은 사람들의 유령이 떠돌고 있는지도 모른다.

토머스 에디슨의 유령탐지기

〈고스트버스터스(Ghostbusters)〉라는 영화가 한때 큰 인기를 끌었다. 만화를 원작으로 했기 때문인지 이 영화의 곳곳에는 기발한 상상력이 살아 숨쉬고 있다. 그 중에서도 가장 대표적인 것이 바로 유령을 감지하고 잡아서 가두는 기계라 할 수 있다. 그런데 만화나 영화에서나 있을 법한 이 유령탐지기를 실제로 발명하려고 했던 사람이 있다. 바로 우리도 잘 알고 있는 발명왕 토머스 에디슨이다.

1919년, 세계발명인협회에서 에디슨을 만난 유럽의 한 대학교수는 그에게 다음 발명품은 무엇이냐고 물었다. 이 질문에 에디슨은 유령의 존재를 감지할 수 있는 기계를 개발하는 중이라고 대답했다. 황당한 대답이었지만 다른 사람도 아닌 발명왕인 에디슨이었기에 그의 새 발명품은 사람들의 관심을 불러일으켰다.

그리고 결국 에디슨은 1920년 유명 과학잡지에 유령탐지기에 관한 논문을 발표했다. 과학계는 들끓기 시작했다. 여기저기에 에디슨의 논문에 의문을 품은 과학자들의 반론이 실렸고, 비난도 점점 거세져만 갔다. 사기꾼 혹은 엉터리 과학자 취급을 받던 그는 결국 학계를 떠나 조용히 혼자서만 유령탐지기 프로젝트를 진행해 나갔다. 그 어떤 비난에도 유령이라는 존재에 대한 그의 믿음은 흔들리지 않았다.

실험에 열중하고 있는 토머스 에디슨

몇 년간의 연구 끝에 기계를 완성한 그는 흉가들을 직접 찾아다니며 유령탐지기를 실험하기 시작했다. 1923년 필라델피아(Philadelphia)의 한 신문에 새로 지은 집에 자꾸 귀신이 나타난다는 작은 토막기사가 실렸다. 기사가 나오고 얼마 후 제보자인 로버트는 특별한 손님을 맞이하게 되었다. 에디슨이 찾아와 실험을 해도 되겠냐고 물은 것이다. 로버트가 허락하자 에디슨은 이상한 기계를 들고 집에 들어온 뒤 허공을 향해 질문을 하기 시작했다. 그러다 갑자기 에디슨이 가져온 기계에서 '치지직' 하는 소리가 났고 누군가가 "밑에"라는 말을 반복했다. 에디슨은 이를 기다리고 있었다는 듯 "아하!"라고 소리친 뒤 기계의 주파수를 맞추었다. 그런데 주파수가 맞춰지자마자 갑자기 "이 무거운 집을 내 관 위에서 치워!"라는 고함이 들렸다. 이 소리를 들은 로버트는 너무 놀라 이게 무슨 말이냐고 에디슨에게 물었다. 에디슨은 "인부를 불러 지하실을 파보시오"라고 말하고는 그곳을 떠났다. 에디슨이 떠난 후 지하실을 파본 로버트는 경악을 금치 못했다. 그곳에서 정체를 알 수 없는 비석과 오래된 관이 나왔기 때문이었다.

　1931년, 병석에 누운 에디슨은 자신을 간호하는 가족들에게 만약 유령이라는 존재가 실제로 있다면 자신이 죽은 뒤 이를 직접 증명해 보이겠다는 약속을 했다. 1931년 10월 18일 에디슨은 눈을 감았다. 그의 나이 여든넷, 사인은 노환이었다. 그가 죽은 후 가족들은 죽기 전 그가 말했던 초현상을 기다리고 있었다. 하지만 한참을 기다려도 아무 일도 일어나지 않았다. 포기하고 일어서려던 순간 무심코 시계를 본 가족들은 기겁을 했다. 모든 시계가 같은 시간에 멈춰 있었던 것이다. 손목시계와 주머니시계뿐만 아니라 벽에 걸려 있는 괘종시계까지 모두 일 분 일 초도 틀리지 않고 같은 시간에 멈춰 있었다.

　처음 에디슨의 가족들은 이 이야기를 신문에 기고할 생각이었다. 그러나 장례식 직후 자신들을 시청의 공무원이라 소개한 사람들이 찾아와 금고에 보관된 모든 설계도와 기계들을 회수해 갔고, 증거물이 없는 상태에서는 아무도 믿어줄 사람이 없을 거라 생각한 가족들은 언론에 알리는 것을 포기하고 말았다. 지금도 에디슨의 모든 발명품들은 박물관에 진열되어 있지만 최후의 역작인 유령탐지기는 어디에서도 찾을 수 없다.

　과연 발명왕 에디슨이 세계 최초의 유령탐지기를 발명한 것은 사실일까? 그렇다면 그가 사망한 후 설계도와 기계를 가져간 시청의 공무원들은 과연 누구일까?

살해된 유령의 복수

　2003년 7월 21일 미국 애리조나 주 피닉스(Phoenix) 시 병원 응급실에 한 중년 남성이 목에 심한 자상을 입은 채 찾아왔다.
　그렉이라는 이름의 이 환자는 피를 흘리면서도 무슨 이유에서인지 자신을 찌른 사람에 대해 굳게 입을 다물고 있었다. 환자의 반응이 무척 이상하다고 생각한 의사는 경찰에 연락해 그의 신원을 조회하도록 했다. 혹시 범죄와 관련되어 있을지도 몰랐기 때문이었다.
　다음날 아침 경찰들이 조사를 하기 위해 그의 집을 찾았다. 집은 엉망이었다. 열려 있는 현관, 그리고 복도와 거실 여기저기에 묻어 있는 피는 당시의 급박했던 상황을 말해 주고 있었다. 이웃들에게 탐문한 결과 전날 밤 그렉이 피투성이가 된 채 여자친구를 데리고 어디론가로 나갔다는 사실을 알게 되었다.
　경찰은 당시의 상황을 알아보기 위해 함께 있었다고 추정되는 그렉의 여자친구 캐롤라인에게 전화를 걸었다. 경찰이 누가 그를 찔렀냐고 묻자 그녀는 "내가 그랬지, 내가……"라고 말하고 소름끼치게 웃더니 곧이어 "아니에요. 내가 한 게 아니에요"라고 번복했다. 캐롤라인의 태도를 수상하게 여긴 경찰은 곧바로 그녀의 집으로 찾아갔다. 하지만 그녀는 이미 사라진 후였다. 경찰은 캐롤라인을 공개수배했다.
　그로부터 두 시간쯤 후 캐롤라인은 경찰에 자수했다. 그녀는 술에 취해서는 횡설수설했다. 자술서에 이름을 적을 때에도 '에

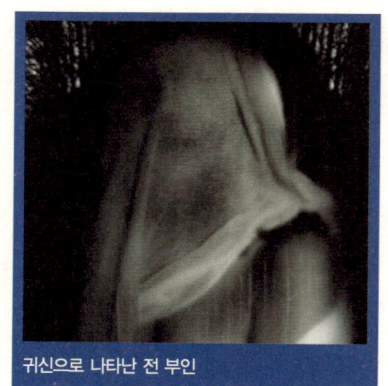
귀신으로 나타난 전 부인

블린'이라고 적었다가 지우고 다시 캐롤라인이라고 적었다. 이를 본 경찰이 "에블린이 누구냐?"고 묻자 그녀는 "그게 나야. 그렉이 물에 빠뜨려 죽인 나"라고 말했다.

캐롤라인의 정신상태를 의심한 경찰은 심문을 잠시 미룬 채, 그렉을 찾아 다시 한 번 당시의 상황을 물었다. 목에 깊은 상처를 입고도 직접 운전을 하고 병원을 찾은 것과 이후의 기이한 침묵에는 분명 수상한 점이 있었다. 하지만 그렉은 계속 침묵을 지켰다.

피해자에게서 정보를 얻는 것이 어렵다고 판단한 경찰은 가택수색을 결정했다. 그리고 그렉의 집 지하실 벽에서 에블린이라는 여인에 관한 스크랩 기사를 발견하게 되었다. 그렉의 전부인이었던 에블린이 불의의 보트사고로 익사했다는 내용의 기사였다. 처음에 경찰은 그가 죽은 아내를 추모하기 위해 신문기사를 스크랩했다고 생각했다. 하지만 조사를 거듭할수록 그가 에블린의 죽음에 관한 수사의 향방에 관심이 있음을 알게 되었다. 에블린의 죽음에 그렉이 관련이 있는 건 아닐까가 의심되는 상황이었다.

사건은 점점 미궁 속으로 빠져들고 있었다. 그리고 얼마 후 캐롤라인의 자백을 통해 충격적인 사실이 드러났다.

다음은 당시 녹음된 캐롤라인의 진술 내용이다.

수사관: 당시 상황을 자세히 설명해 주겠어요?

캐롤라인: 내가 그랬어요. 하지만 범인은 내가 아니에요.

수사관: 그게 무슨 말이죠?

캐롤라인: 내가 안 그랬어요. 내가 찌른 게 아니에요.

수사관: 그러면 누가 그렉을 찌른 겁니까?

캐롤라인: 그의… 그렉의 전 부인… 에블린이 그랬어요.

수사관: 그녀는 지금 어디에 있죠?

캐롤라인: 죽었어요.

수사관: 죽었다고요?

캐롤라인: 2년 전에 죽었… 나 안 죽었어!

수사관: …에블린?

캐롤라인: 네.

수사관: 에블린? 왜 그렉을 찔렀죠?

캐롤라인: 그가 나를 죽였으니까. 그러고도 아무 벌도 받지 않았어!

수사관: 좀더 자세히 말해 봐요.

캐롤라인: 캐롤라인과 그렉이 서로 짜고 나를 물에 빠뜨려 죽였어.

수사관: (옆에 있는 수사관에게) 에블린의 파일 좀 가져다주세요.

캐롤라인: 당신, 왜 나한테 바보 같다고 한 거지?

수사관: 무슨 말이죠?

캐롤라인: 2001년 9월 7일. 호수에서 내 시체를 인양하면서 내가 수영도 못 하는 바보라 보트에서 나오지 못하고 죽었다고 했잖아! 바로 내 시체 옆에서 말이지.

수사관: …

캐롤라인: 난 다 들었어.

사건의 전말은 이러했다.

2003년 7월 21일 자정이 가까운 시각, 그렉과 캐롤라인은 다정하게 이야기를 나누며 술을 마시고 있었다. 부드러운 음악과 향기로운 와인. 달콤한 밤이 끔찍한 악몽으로 변할 줄 두 사람 모두 짐작조차 못 하고 있었다. 갑자기 캐롤라인이 경련을 일으키기 시작했다. 눈을 치켜뜬 채 머리를 거칠게 흔들던 그녀는 문득 경련을 멈추더니 그렉을 노려보며 대뜸 자기를 기억하냐고 물었다.

그리고는 어리둥절해 있는 그렉에게 에블린의 직장에 꽃을 배달시켰던 일, 함께 놀이동산에 갔던 일 등 에블린만이 알고 있는 일들을 얘기했다. 그리고는 이제 자신이 누군지 알겠느냐고 묻고는 부엌에 있는 칼을 가져와 휘두르기 시작했다.

놀란 그렉이 진정하라고 애원했지만 캐롤라인은 아랑곳하지 않았다. 마치 뭔가에 홀린 것 같았다.

캐롤라인이 휘두르는 칼에 목을 찔린 그렉은 어떻게든 그녀에게서 칼을 빼앗아보려 했다. 그러나 그녀의 힘은 보통이 아니었다. 칼을 빼앗기가 쉽지 않았다.

정신없이 칼을 휘두르는 여자와 목에서 피를 흘리며 그 칼을 빼앗으려고 하는 남자. 한밤중의 소동은 캐롤라인이 다시 제정신을 차리면서 끝나게 된다. 한참을 칼을 휘두르던 그녀는 갑자기 칼을 떨어뜨리고는 울기 시작했다. 그녀는 에블린의 유령이 자신의 몸으로 들어와 이 모든 일을 저질렀다고 말했다. 결국 그렉은 울고 있는 캐롤라인을 그녀의 집으로 데려다준 후 병원

응급실로 온 것이었다.

　과연 에블린은 남편과 그의 정부에게 살해된 것일까? 그리고 그녀의 유령이 복수를 하기 위해 다시 나타난 것일까?

　현재 피닉스 시 경찰과 FBI는 에블린의 익사사고를 재수사하고 있다. 또한 캐롤라인은 지금도 계속 자기 몸에 다른 사람의 영혼이 들어왔다고 주장하고 있다. 의료진은 그녀의 이런 증상을 정신분열증으로 진단했다. 현재 캐롤라인은 정신병원에서 치료를 받고 있으며, 그렉 역시 외부와의 접촉을 끊은 채 아직도 병원에 입원해 있다.

 거울 속의 공포, 피투성이 메리

'거울 속에 나타나는 유관순의 유령'에 관해 들어본 적이 있는가?

1980년대 당시 초등학생들 사이에 전해 내려오던 괴담으로, 해가 진 후 어두운 화장실 안에 들어가 '유관순'이란 이름을 아홉 번 부르면 거울 속에 옛날 교복을 입은 한 여학생이 나타나는데, 얼굴 한쪽이 뭉개져 있어 그 흉한 모습을 본 사람은 누구나 정신을 잃게 된다는 이야기이다.

서양에도 이와 비슷한 '피투성이 메리(Bloody Mary)'에 대한 얘기가 전해진다.

중세 영국, 당시 거울은 돈 많은 귀족들만 살 수 있는 비싼 물건이었다. 돈 없는 서민들은 거울가게 앞에서 자기 모습을 비춰보는 수밖에 없었다.

메리 역시 거울을 살 수 없었던 가난한 서민 중 하나였다. 그녀는 유모차에 태어난 지 한 달 된 아기를 태우고 길을 가다가 가게에 진열된 예쁜 거울을 발견하고는 자기 모습을 비춰보고 있었다. 그런데 정신없이 거울을 쳐다보고 있던 그녀의 눈에 이상한 장면이 보였다. 거울에 한 남자가 그녀의 아기를 유괴하는 모습이 비친 것이다. 깜짝 놀라 뒤를 돌아봤지만 이미 유괴범은 아기와 함께 어디론가 사라져버린 후였다.

비싼 거울을 구경하던 메리를 귀족으로 착각해 아기를 납치했던 유괴범은 그녀가 가난하다는 것을 알고는 아기를 숲에 버려두고 도망쳤다. 그리고 가엾게도 홀로 버려진 아기는 곧 죽고 말았다.

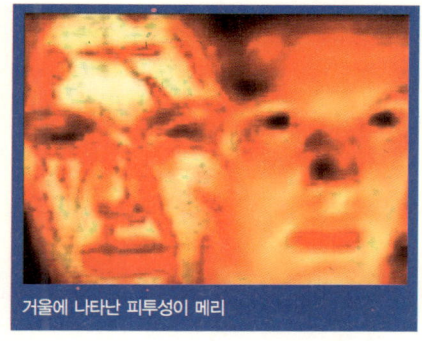
거울에 나타난 피투성이 메리

아기를 잃어버리고 주저앉아 울고 있던 메리의 귀에 숲속에 아기의 시체가 버려져 있다는 소식이 들려왔다. 울면서 아기의 시신을 찾으러 숲으로 가던 그녀는 숲에는 도착도 못 하고 달려오는 마차에 깔려 숨을 거두고 만다.

마차 바퀴에 깔린 얼굴은 형상을 알아보기 힘들 정도로 뭉개져 있었다. 이 모습을 본 가족들은 마부에게 시체를 알아서 처리하라고 말한 후 떠나버렸고, 결국 그녀의 시체는 숲에 버려진 아기의 시체와 함께 매장되었다.

그 후 거울 앞에서 그녀의 이름을 세 번 부르면, 마차 바퀴에 깔려 뭉개진 얼굴로 피투성이가 된 메리가 나타나게 되었는데, 이것이 바로 지금까지 전해 내려오는 피투성이 메리의 전설이다.

이 전설이 오랜 세월이 지난 지금까지도 이렇게 유명세를 타고 있는 것은 영화 〈캔디맨(Candyman)〉의 버나드 로즈(Bernard Rose) 감독 때문이다. 〈캔디맨〉은 억울하게 죽은 흑인 청년의 영혼이 거울 속에 나타나 그를 부른 사람들을 괴롭힌다는 내용의 공포영화이다. 이 영화에서 악령인 '캔디맨'은 거울 앞에서 그의 이름을 부를 때 나타나는데, 감독은 피투성이 메리 전설에서 캔디맨을 생각해 냈다고 밝혔다.

영화의 성공과 함께 피투성이 메리의 전설도 더욱 널리 퍼져 갔다. 영국의 심령학자 브람슨(Brahamson)은 현재까지 수천 명이 넘는 사람들이 실제로 피투성이 메리의 모습을 봤다고 밝혔다. 그는 피투성이 메리를 불러보고 싶어 하는 사람들에게 한 가지 주의사항을 당부했다. 그것은 바로 거울 속에 나타난 메리에게 절대로 "내가 네 아기를 유괴한 사람이다"라고 말해서는 안 된다는 것이다. 전설에 따르면, 그 말을 들으면 메리가 거울에서 튀어나와 아기를 유괴했다고 말한 사람의 얼굴을 날카로운 손톱으로 마구 할퀸다고 한다.

공포의 흉가 볼리 렉토리

 영국 에식스(Essex) 주에는 볼리 렉토리(Borley Rectory)라는 흉가가 있다. 1939년에 원인 모를 화재로 인해 건물은 모두 불타버렸지만 여전히 집터만은 불에 탄 그 모습 그대로 방치되어 있다. 어느 누구도 그곳에 새로 집을 짓고 살려고 하지 않았기 때문이다.
 과연 그곳에서 어떤 일이 벌어졌기에 60년이 지난 지금까지도 사람들이 여전히 두려워하는 것일까?
 볼리 렉토리는 1863년 옛 베네딕트회 수도원 자리에 지어졌다. 이곳은 집이 들어서기 전부터 이상한 일이 벌어지는 곳으로 유명했다. 악령들이 물건을 집어던지고 사람을 괴롭히는 폴터가이스트(poltergeist) 현상이 계속되었기 때문이다.
 목사관으로 사용되던 볼리 렉토리에 본격적으로 초자연현상이 나타나기 시작한 것은 첫 거주자인 헨리 불 목사가 죽고 포이스터 목사 부부가 살기 시작한 1892년부터였다. 이들 부부는 이곳에서 사는 5년 동안 2천 번이 넘게 말로는 설명하기 힘든 초자연현상을 체험했다.
 특히 유령은 사후세계에 관심이 많았던 목사의 부인 매리앤에게 자주 나타났다. 공중에서 물건들이 제멋대로 날아다니는 일이 시도 때도 없이 벌어졌기 때문에 그녀는 늘 두려움에 떨며 살아야 했다. 그러던 어느 날 매리앤은 누군가가 벽에 쓴 글을 발견하게 되었다. 원한을 풀어달라는 내용의 글이었다. 유령은 연

불에 탄 흉가 허공에 떠 있는 돌

필을 공중에 띄워 벽에 자신의 억울한 죽음에 대해 하소연하는 글을 계속 써내려갔다. 자신을 '라일(Ryle)'이라고 소개한 이 악령은 그 후로도 계속 원한을 풀어달라고 매리앤에게 졸라댔다.

하루는 그녀가 "왜 자꾸만 물건을 집어던지느냐?"고 물었다. 그랬더니 유령은 "당신들이 내 뼈를 밟고 있기 때문이야"라고 대답했다.

매리앤은 남편에게 "속는 셈치고 라일이 말하는 곳을 한번 파보는 게 어때요"라고 애원했다. 악령의 원한을 풀어주면 이 모든 이상한 현상들이 사라질 거라고 생각했기 때문이었다. 하지만 포이스터 목사는 하느님의 이름으로 악령을 물리치겠다며 아내의 애원도 무시하고 유령을 쫓기 위해 노력했다. 그러나 아무 소용 없었다. 결국 포이스터 목사는 엑소시즘(exorcism)에 실패했고 유령들은 더욱 심하게 그들 부부를 괴롭혔다. 결국 목사 부부는 유령에게 시달리다 못해 이사를 가버리고 말았다.

이 집의 다음 주인은 윌리엄 그렉슨과 그의 가족들이었다. 그렉슨은 처음에 볼리 렉토리에 나오는 유령에 대한 소문을 그저 뜬소문으로만 여겼다. 하지만 어느 날 아무도 없는 곳에서 재떨이가 날아와 그를 맞췄다. 처음엔 누가 장난을 치는 거라고 생각했지만 이런 일이 계속되자 유령의 존재를 믿을 수밖에 없었다.

유령에게 시달리던 그는 어느 날 "우리 가족을 괴롭히지 마!"라고 고함을 질렀다. 그

볼리 렉토리에서 촬영된 유령

런데 그 순간 갑자기 부엌에서 원인 모를 불길이 솟아올랐다. 급히 소방대원들이 출동했지만 갑자기 날아오는 돌덩이들 때문에 불타고 있는 집 근처에 가까이 가는 것조차 쉽지 않았다. 소방대원들 중 몇몇은 날아오는 돌에 맞아 기절하기도 했다. 결국 집은 어떻게 손쓸 새도 없이 잿더미가 되었다. 게다가 다 타버린 집 안에서 귀중품을 챙기던 그렉슨이 갑자기 뒤에서 날아온 각목에 맞아 실신하기도 했다.

1943년, 영국의 심령학자들이 집을 조사하면서 숨겨진 사실들이 밝혀지기 시작했다. 심령학자들은 예전 매리앤이 말한 곳을 팠다. 그러자 그때까지 제멋대로 날아다니던 물건들이 하나둘씩 잠잠해지기 시작했다. 당시 발굴작업을 지휘한 헤븐스(Hevens) 박사는 그곳에서 사람의 턱뼈와 두개골을 발굴해 냈다. 하지만 나머지 몸통뼈는 발견하지 못했다. 아마도 몸과 머리가 잘린 뒤 서로 다른 곳에 매장된 듯했다.

집터에서 사람의 뼈가 발견되었다는 소식이 알려지자 방문객

의 발길이 연일 계속되었다. 그리고 볼리 렉토리의 유령의 행패도 멈추지 않았다. 유령은 방문객들에게 돌팔매질을 하고 밤마다 흐느끼며 돌아다녔다.

지금도 카메라를 들고 셔터를 누르면 유령이 찍히는 흉가 볼리 렉토리.《라이프》와《타임》같은 유명 잡지와 신문에 소개되기도 한 이곳에 여전히 유령이 나오는 것은 아직 못다 푼 원한이 있기 때문은 아닐까?

생명을 구해주는 꼬마 유령들

1988년 미국의 텍사스 주 샌안토니오(San Antonio).

홀로 자동차 여행을 하던 앤드류는 인적 없는 철길을 건너게 되었다. 그런데 철길 건널목을 넘어가다 그만 차의 시동이 꺼져 버렸다. 다시 시동을 걸려고 했지만 이상한 쇳소리만 날 뿐, 시동은 걸리지 않았다. 급한 마음에 차에서 내려 밀어보려 했다. 평지였으므로 차를 안전하게 철길 밖으로 밀어내고 이상이 있는지를 확인해 보자는 심사에서였다. 그러나 아무리 힘을 써도 차는 꿈쩍도 하지 않았다. 사방을 둘러봐도 도와줄 사람 하나 보이지 않았는데, 갑자기 기차가 오는 것을 알리는 종이 울리기 시작했다.

다시 차를 밀어보았지만 역시 요지부동이었다. 드디어 저 멀리 열차가 보이고 충돌을 피할 길은 없을 것 같았다. 그런데 그 순간 갑자기 차가 저절로 앞으로 움직여 철로를 벗어났다. 차를 밀고 있던 그는 철길로 넘어졌지만 곧 정신을 차려 철길 밖으로 피했기에 무사할 수 있었다.

열차가 지나간 후 안도의 한숨을 내쉬던 그의 귀에 이상한 소리가 들렸다. 아이들이 뛰어노는 것 같은 소리가 들린 것이다. 그러나 아무리 둘러봐도 주변엔 아무도 없었다. 잘못 들었을 거라 생각한 앤드류는 차에 올라 시동을 걸어보았다. 마치 조금 전에 아무 일도 없었다는 듯이 시동이 걸렸고 차는 달릴 준비를 하고 있었다.

샌안토니오 기찻길에서 촬영된 귀신

갑자기 멀쩡해진 차가 이상하긴 했지만 그래도 고장이 아닌 것을 다행으로 여긴 앤드류는 출발하기 위해 백미러를 본 순간 깜짝 놀랐다. 차 뒷유리에 어린아이의 손자국 같은 것들이 찍혀 있었기 때문이다. 분명 처음 보는 손자국이었다. 이상하긴 했지만 그는 헝겊으로 대강 자국을 닦은 후 그곳을 떠났다.

얼마 후 주유소에 들른 그는 주유소 직원에게 차에 기름을 넣어달라고 부탁하고는 커피를 마시며 쉬고 있었다. 그런데 기름을 넣던 직원이 앤드류를 이상한 눈으로 힐끔거렸다. 앤드류는 무슨 일인가 싶어 차로 걸어가 주유소 직원에게 무슨 문제가 있냐고 물었다. 그러자 주유소 직원은 아무 말 없이 차의 뒷범퍼를 손으로 가리켰다. 뒷범퍼 표면에는 어린아이의 손자국이 여러 개 찍혀 있었다.

"지나가던 애들이 찍었나 봐요"라고 앤드류가 대수롭지 않게 말하자 주유소 직원은 혹시 철길 건널목에서 시동이 꺼졌었냐고 물었다. 앤드류가 그렇다고 대답하자 직원은 파랗게 질려서는 건물 안에 있던 다른 직원까지 불러 손자국을 보여주었다.

주유소 직원들의 반응이 도무지 이해가 되지 않았던 앤드류는 놀라는 이유를 물어보았다. 그리고 그 철길에서 있었던 비극적인 사고에 대해 듣게 되었다.

　60여 년 전 어린 학생들을 가득 태우고 건널목을 지나던 스쿨버스가 갑자기 시동이 꺼지는 바람에 기차와 부딪혔다. 이 사고로 미처 버스에서 내리지 못한 아이들과 운전기사는 현장에서 사망했다. 그런데 그 일이 있고 나서부터 건널목에서 시동이 꺼져 위급한 상황에 처하면 아이들이 나타나 차를 밀어서 사고를 막아주곤 했다. 이때 차 뒤에는 차를 미느라 아이들의 손자국이 찍히게 된다는 것이었다.

　이 이야기를 들은 앤드류는 꽃 한 다발과 초콜릿을 사가지고 건널목으로 가서 자신의 목숨을 구해준 어린 영혼들에게 감사의 인사를 하고 아이들의 명복을 빌었다.

 사람을 홀리는 죽음의 도로

태국 트랑(Trang)의 '송장도로'. 지금까지 수많은 사람의 목숨을 앗아간 이 도로는 동남아시아에서 가장 위험한 길이다.

37년 전, 젊은 여성이 뺑소니 사고로 숨진 후 이 도로에서는 크고 작은 교통사고가 끊이지 않았다. 신기한 것은 생존자들의 증언이 비슷하다는 점이다. 그들은 사고가 일어나기 전까지 아무것도 보지 못했고 이상한 느낌도 없었다고 했다.

1987년, 도로에서 벗어나 큰 나무를 들이받은 운전자는 사고가 일어나기 직전까지 도로를 벗어났다는 사실을 몰랐다고 말했다. 또 1989년, 마주 오던 차와 정면충돌한 트럭 운전사는 자신의 차가 중앙선을 침범했다는 사실을 전혀 몰랐다고 호소했다.

당시 경찰은 사고를 졸음운전으로 인한 것으로 보고, 이를 막기 위해 길가에 대형 스피커를 설치하고 늘 시끄러운 노래를 틀어놓았다. 조금이라도 사고를 줄여보고자 마련한 궁여지책이었다. 그러나 사고는 멈추지 않았고 스피커는 얼마 지나지 않아 철거되었다. 그 후에도 대형사고는 계속되었다. 경찰은 운전자들이 조심하도록 '사고 다발 지역이니 속도를 줄이시오'라고 쓴 커다란 표지판을 세워놓았다. 하지만 사고는 더 많이 일어났다.

도대체 왜 이곳에서 계속 사고가 나는 것일까?

오래 전 버스를 타고 이곳을 지나가다가 사고를 당한 한 승려의 증언에서 그 이유를 찾을 수 있다. 버스에서 잠시 졸던 그는 누군가가 창문을 두드리는 소리에 깨어나 창밖을 보았다. 창밖에는 온몸이 갈기갈기 찢어진 귀신이 버스를 따라 날아오며 "당신이 다음 차례야"라고 말하고 있었다. 놀라 버스 안을 둘러보니 승객들 옆에 피투성이가 된 귀신들이 무표정

귀신이 출몰하는 트랑의 고속도로

하게 앉아 있었다. 승려는 그때부터 불경을 외웠다. 그러자 버스 안의 귀신이 하나둘씩 사라졌다. 그 순간 버스 운전사가 브레이크가 말을 안 듣는다고 소리쳤고 다음 순간 앞차와 부딪혔다. 다행히 크게 다치지는 않았던 승려는 차에서 내려 주위를 둘러보고는 깜짝 놀라고 말았다. 여기저기에서 흉한 몰골을 한

귀신들이 지나가는 운전자들을 홀려 사고를 내려고 하는 모습이 보였기 때문이었다.

결국 송장도로에서 죽은 사람들의 원혼이 더 큰 희생을 부르기에 이곳에서 사고가 끊이지 않았던 것이었다. 때문에 얼마 전에는 방콕의 고승들이 이 도로에서 퇴마의식을 벌이기도 했다. 그러나 아무 소용이 없었다. 송장도로는 지금도 여전히 태국의 운전자들이 가장 두려워하는 도로이며, 대부분의 운전자들은 밤에는 되도록 이 길을 지나지 않으려고 노력하고 있다.

 커버넌터스 감옥의 유령

2001년 8월 27일, 스코틀랜드 에든버러에서 있었던 '죽음의 도시 투어' 도중 사고가 일어났다. '죽음의 도시 투어'란 귀신이 많이 나오는 옛날 감옥을 구경하는 관광코스인데 이 코스 중 하나인 커버넌터스(Covenanters) 감옥을 구경하던 관광객들이 다친 것이다. 이들은 눈에 보이지 않는 무언가가 할퀴고 미는 바람에 넘어졌다고 말했다.

커버넌터스 감옥은 귀신이 나오는 감옥으로 유명하다. 이곳의 귀신은 사람들의 귓가에서 음흉하게 웃고, 청소하는 사람들의 머리칼을 잡아당기고, 가만히 서 있는 사람을 밀어 넘어뜨린다. 대부분의 귀신들이 사람을 놀래키는 것으로 만족하는 데 반해 이곳의 귀신은 이처럼 직접 육체적 피해를 입힌다.

커버넌터스 감옥 입구

8월 27일의 사고는 감옥의 독방을 구경하다가 일어났다. 관광객 중 한 명이 갑자기 감옥 안 어두컴컴한 곳에서 번뜩이는 하얀 눈알을 봤다며 소리를 질렀다. 카일이라는 이름의 이 관광객은 가이드가 장난을 치는 것으로 생각하고는 너무하다며 항의했다. 그러나 영문을 몰랐던 가이드는 닫혀 있던 독방의 철문을 열어보았다. 그 안에는 아무도 없었다.

독방 문을 닫고 나오려던 가이드의 귀에 "누가 날 좀 꺼내줘요!"라고 외치는 소리가 들렸다. 놀란 가이드는 함께 있던 사람들에게도 그 소리를 들었냐고 물었다. 그러나 소리를 들은 사람은 가이드뿐이었다. 가이드는 이상한 생각이 들어 다시 독방 문을 열고 그 안을 찬찬히 살피기 시작했다. 하지만 안에는 아무도 없었다. 잘못 들은 거라 생각하고 독방을 나서려는 순간, 누군가 그의 머리를 세게 쳤고 그 바람에 안경이 벗겨져 땅에 떨어졌다. 그리고 누군가가 할퀸 것처럼 흰 셔츠 안쪽으로 네 개의 붉은 줄이 생겨나더니 셔츠에 피가 배이기 시작했다.

이 모습을 쳐다보던 관광객들 역시 몸 여기저기 따끔거리는 느낌을 받았다. 그리고 따끔했던 곳에서 피가 나기 시작했다. 이를 본 가이드는 일단 침착하게 밖으로 나가자고 말했다. 그러나 나가는 것도 쉽지 않았다. 몇몇은 보이지 않는 누군가에게 밀려서 바닥에 쓰러졌고 또 몇몇 사람들의 귀에는 "썩 꺼져라"라는 낮은 목소리가 계속 들렸던 것이다.

사람들이 다치는 일은 계속되었다. 주로 커버넌터스 감옥과 그레이프라이어스(Greyfriars)의 교회묘지 납골당에서 이런 사고가 벌어졌다. 한 달에 스무 명도 넘는 관광객이 다치자 투어 회사는 이름난 퇴마사인 콜린 그렌트(Colin Grant) 신부를 불렀다. 지금까지 커버넌터스에 나오는 귀신은 17세기에 이곳에 살았던 귀족인 조지 맥켄지(George McKenzie) 경으로 알려져 있었다. 그러나 현장을 답사한 그렌트 신부는 맥켄지 경 말고도 수많은 원혼이 이곳을 떠돌고 있다고 말했다. 그리고 귀신들의 수가 너무 많고 원한도 깊어 제대로 물리칠 수 있을지 모르겠으며, 잘못하면 죽을 수도 있다고 했다.

밤 늦게까지 감옥에서 엑소시즘 의식을 한 그렌트 신부는 밖으로 나와 성공했다고 말했다. 그러나 몇 주 후 심장마비로 사망하고 말았다. 엑소시즘 의식이 실패해서인지 아니면 신부가 죽었기 때문인지는 모르겠지만 귀신의 행패는 끊이지 않아, 지난 18개월 동안 팔십 명도 넘는 사람들이 다쳤다.

지금도 '죽음의 도시 투어'는 계속되고 있으며, 그곳에서는 귀신의 귓속말이 들린다고 한다.

살아 움직이는 그림 속 귀신

만약 내 방 벽에 걸린 그림 속 인물이 살아 움직인다면 어떤 기분일까? 얼마 전 귀신 붙은 그림이 인터넷 경매에 올라 화제가 되었다. 그림의 주인은 캘리포니아 남부에 살고 있는 산티에고라는 사람으로, 우연히 얻은 그림에서 이상한 현상이 벌어지자 증거사진을 찍어 경매에 올린 것이었다.

1999년, 산티에고는 문을 닫은 맥주공장에 갔다가 공장 바닥에서 그림 한 점을 발견했다. 대학에서 미술을 전공한 그는 그림을 꼼꼼히 살펴보았다. 그것은 소년과 그보다 약간 작은 인형이 함께 서 있는 그림이었는데, 독특한 분위기가 있어 갖고 있으면 꽤 가치가 나갈 것 같았다. 그래서 그는 그림을 집으로 가져와 네 살짜리 딸 실비아의 방에 걸어놓았다. 하지만 바로 그

세계인의 이목이 집중된 문제의 그림

카메라에 찍힌 '움직이는' 붉은색의 인형 귀신

귀신이 나오는 지점이 빨개지는 모습

날부터 이상한 일이 벌어졌다.

제 방에서 잠을 자던 실비아가 갑자기 뛰어들어와서 그림 속의 소년과 인형이 서로 싸운다며 울었다. 처음 그는 아이가 악몽을 꿨다고 생각했다. 하지만 실비아는 그 후에도 계속 '그림이 움직인다'거나 '그림 속 남자애가 밖으로 나와 걸어다닌다'며 무서워했다.

실비아가 계속 그림을 무서워하며 밤에 잠을 자려고 하지 않자 산티에고는 그림을 떼어 자기 방에 걸어놓았다. 그리고 그날 밤 새벽, 누군가가 미는 느낌에 잠을 깬 그는 놀라운 장면을 목격했다. 그림 속의 소년이 침대 앞에 서서 그를 밀어 떨어뜨리려고 하고 있었던 것이다. 소년의 뒤로는 소름끼치게 생긴 인형이 이상한 물건을 들고 서 있었다. 그가 너무 놀라 계속 비명을 질러대자 소년과 인형은 마치 아무 일도 없었던 것처럼 도로 그림

속으로 들어가버렸다.

산티에고는 도무지 잠을 이룰 수 없었다. 아내도 함께 본 거라 꿈이 아닌 건 분명했다. 그는 왜 그렇게 실비아가 저 그림을 무서워했는지도 이해하게 되었다. 결국 뜬눈으로 밤을 지새운 산티에고는 날이 밝자마자 심령학자를 찾아 도움을 청했다. 심령학자는 그림의 비밀을 밝히기 위해서는 그림이 살아 움직인다는 증거가 필요하다며 사진을 찍으라고 제안했다.

산티에고는 우선 물체의 움직임을 탐지할 수 있는 모션센서가 달린 카메라를 구입했다. 그리고는 집으로 돌아가 문제의 그림을 지하실로 옮겨서 걸어놓은 후 그림이 잘 보이는 곳에 카메라를 설치했다. 다음날 아침, 여덟 장의 사진이 찍힌 것을 확인한 산티에고는 부랴부랴 필름을 현상했다.

현상된 사진에는 그림 속의 소년과 인형이 그림 밖으로 나오려고 움직이는 모습과, 카메라를 노려보며 뭔가를 말하는 모습들이 찍혀 있었다. 산티에고가 헛것을 본 게 아니었다.

산티에고는 그림을 인터넷 경매에 올려놓으며 자신이 겪은 일도 함께 소개했다. 이후 이 살아 움직이는 귀신 붙은 그림은 전 세계 네티즌의 폭발적인 관심을 불러일으켰으며, 입찰가도 계속 올라 현재 그림값만 천 달러가 넘은 상태이다.

산티에고는 그림의 다음 주인에게 이런 글을 남겼다.

"초현상을 믿지 않는 사람이나 심장이 약한 사람은 절대로 이 그림을 사지 마십시오. 내가 겪은 일이 당신에게도 일어나란 법은 없습니다. 이 그림을 사도 아무 일도 일어나지 않을지도 모릅니다. 어쩌면 그 반대일 수도 있지만 말입니다. 분명한 것은 이 그림이 보통 사람이 가질 수 있는 그림은 아니라는 겁니다."

# 골동품 돌빗에 서린 악령

 1935년 8월 2일 영국 버빙턴(Bebington)의 채석장에서 돌을 캐던 존은 유난히 진흙이 많은 한 지점에서 노란색 연기가 피어오르는 것을 발견했다. 혹시 지하의 유황가스층을 건드린 건 아닌가 걱정이 된 그는 작업을 멈추고 연기가 난 곳으로 달려가 살펴보았다. 하지만 유황 냄새는 나지 않았다. 그저 진흙 속에 검정색 돌로 만든 빗이 하나 묻혀 있을 뿐이었다.

 아홉 개의 빗살이 있는 돌빗은 무척 오래되어 보였다. 이것이 석기시대 유물일지도 모른다고 생각한 존은 골동품상에 가져가 팔 생각으로 돌빗을 주머니에 집어넣었다.

 퇴근 후 집에 돌아온 존은 아내에게 돌빗을 보여주었다. 심령술사인 그의 아내 테레사는 빗을 보자마자 깜짝 놀랐다. 그녀는 빗에 죽음의 망령이 붙어 있다며, 처음 주운 곳에 돌려놓으라고 했다. 그러나 존은 막무가내였다. 그는 빗을 골동품상에 팔아 돈을 벌겠다고 고집을 부렸다.

 그날 밤 존은 이상한 꿈을 꾸었다. 꿈속에서 그는 어두운 방 안에 홀로 앉아 있었다. 그때 저 멀리서 금발의 여인이 머리를 빗으며 존에게 다가왔다. 그런데 자세히 살펴보니 여인이 머리를 빗고 있는 것은 바로 존이 주운 돌빗이었다. 존은 그녀에게 빗에 대해 물어보려 했다. 그 순간 갑자기 여인이 빗을 높이 들어올렸고 빗은 곧 칼로 변했다. 존은 직감적으로 그녀가 자신을 해치려 한다고 느꼈다. 그는 도망가려고 했지만 마치 발이 땅에 붙은 듯 움직이지 않았다. 여인의 눈알이 하얗게 빛나면서 여인이 칼을 던지려는 순간 존은 비명을 지르며 잠에서 깨어났다.

기분 나쁜 악몽을 꾼 거라고 마음을 다잡은 존은 다시 잠을 청했다. 그러나 똑같은 악몽이 계속되었다. 돌빗 때문에 악몽을 꾸는 거라 생각한 그는 침대 옆에 있던 빗을 부엌에 놓고 돌아와 다시 잠을 자기 시작했다. 하지만 악몽은 멈추지 않았다.

뜬눈으로 밤을 지새운 존은 다음날 아침, 아내에게 어젯밤 있었던 일을 얘기했다. 그녀는 존에게 다시 한 번 빗을 도로 가져다놓으라고 애원했다. 끔찍한 악몽에 시달린 존 역시 아내의 말에 순순히 그렇게 하겠다고 대답하고는 빗을 가지러 부엌으로 갔다. 그런데 식탁 위에 놓아둔 빗은 온 데 간 데 없고 그 자리에는 고양이 발자국만이 남아 있었다. 아마도 고양이가 빗을 물어간 것 같았다. 혹시 근처에 떨어져 있을지도 모른다는 생각에 샅샅이 훑었지만 끝내 찾을 수 없었다.

전날 밤 잠을 설친 존은 너무 졸려 낮에 잠깐 잠이 들었다. 그런데 이번에도 역시 어젯밤과 똑같은 악몽이 찾아왔다. 이번에도 역시 정체불명의 여인에게 칼을 맞기 직전 깨어난 그는 빗을 꼭 찾아야겠다고 다짐했다.

그날 밤 새벽 3시, 잠에서 깬 테레사는 남편의 침대가 비어 있는 것을 보았다. 또 악몽을 꾼 건 아닌가 싶어 걱정이 된 그녀는 남편을 찾기 위해 거실로 나가다 존이 복도에서 가슴을 움켜쥔 채 쓰러져 있는 것을 발견했다. 이미 숨은 끊어진 상태였다.

경찰에 신고한 그녀는 자초지종을 설명한 후 돌빗을 찾아 채석장에 버려달라고 부탁했지만 경찰들은 그녀의 말을 믿지 않았다.

경찰은 존이 심장마비로 사망한 것으로 결론을 내리고 사건을 마무리했다.

그 후 버빙턴에서는 갑자기 심장마비로 죽는 사람들이 생겨났다. 그들에게는 한 가지 공통점이 있었다. 모두 돌빗을 주운 뒤 악몽에 시달렸던 것이다.

대체 돌빗에는 어떤 저주가 걸려 있는 것일까?

어쩌면 죽음의 망령이 깃든 돌빗은 지금도 어딘가에서 다음 희생자를 기다리고 있는지도 모른다.

원혼이 깃든 마녀동굴

미국 테네시 주의 작은 시골마을 아담스(Adams)에는 예로부터 '마녀동굴'이라 불리던 동굴이 있다.

이 동굴은 서부개척시대 말기, 기병대가 인디언들을 몰살했던 곳이다. 억울하게 희생된 인디언의 원혼이 서린 탓인지 이 동굴에서는 이상한 현상이 끊이지 않았다. 칠흑 같은 밤, 아무도 없는 동굴에서 밝은 빛이 새어나오고 노랫소리가 들리는가 하면, 동굴에서 하얀 모습의 사람 형체가 나와 근처에 사는 사람들의 집으로 가서 안에 있는 사람들을 노려보곤 했다.

1800년 말엽, 당시는 영국에서 이주해 온 사람들이 터를 잡기 시작하던 시기였다. 아담스 역시 마찬가지여서 이곳에 정착한 대부분의 사람들은 동굴에서 있었던 비극적인 사건에 대해선 전혀 알지 못했다.

영문도 모른 채 이상한 현상들을 접하게 된 사람들은 이곳을 '마녀동굴'이라 불렀다. 동굴에서 벌어지는 현상이 마녀의 저주 때문이라고 믿었기 때문이다. 그들은 곧 악령을 퇴치하는 신부를 불러 동굴에 붙어 있는 악령을 쫓으려 했다.

동굴 안에서 신부와 그의 조수가 악령을 물리치기 위해 주문을 외우자 동굴 안이 환해지더니 기온이 내려갔다. 그리고 갑자기 인디언의 북소리가 들렸다. 신부와 조수는 더욱 큰 소리로 주문을 외워보았지만 아무 소용 없었다.

다음날 아침 신부와 조수를 찾으러 동굴 안으로 들어간 마을 사람들은 쓰러져 있는 두 사람을 발견했다. 조수는 이미 사망한 후였고 신부 역시 혼수상태였다. 병원에서 치료를 받으며 잠시 정신을 차린 신부는 사람들에게 "당장 저 동굴 입구에 관을 만들던 나무로 울타리를 치시오"라고 말하고는 세상을 떠났다. 사람들은 신부의 말대로 동굴에 울타리를 쳤고 그 후 이상한 일은 일어나지 않았다.

하지만 동굴에서 수많은 인디언들이 죽었다는 사실을 알게 된 몇몇 사람들은 인디언이 동굴 안에 금을 숨겨놓았을지도 모른다고 생각했다. 당시 인디언들이 금으로 만든 장신구를 착용했기 때문이다. 결국 금에 욕심이 생긴 그들은 나무 울타리를

부수고 동굴 안으로 들어갔고, 영원히 돌아오지 못했다.

그 후 이 동굴은 나무 울타리에 둘러싸인 채 폐쇄되었고 사람들의 기억 속에서 사라져갔다. 하

마녀 동굴 근처에 있는 흉가

지만 1993년 오랫동안 잊혀졌던 '마녀동굴'이 그 모습을 드러내게 되었다.

당시 랜디는 옛 무법자들이 숨겨놓은 금괴를 찾아 산속을 헤매고 있었다. 너무 깊숙이 들어온 탓인지 아무리 해도 차를 놓아둔 곳을 찾을 수가 없었다. 그때 길을 잃은 그의 앞에 큰 저택이 나타났다. 랜디는 현관문을 두드렸다.

안에서 "누구요?"라고 묻는 노파의 목소리가 들렸다. 랜디는 "길을 잃었습니다. 좀 도와주세요"라고 말했지만 아무 대답도 없었다. 집주인의 태도에 실망한 그는 혼자 길을 찾아보려 했지만 헛수고였다. 이미 해는 져서 어두웠고 알 수 없는 짐승들의 울음소리가 여기저기서 들리고 있었다. 그렇게 두려움에 떨며 숲을 돌아다니던 그에게 저 멀리 작은 불빛이 보였다. 반가운 마음에 뛰어가 보니 처음 문을 두드렸던 바로 그 저택이었다.

그는 절박한 마음에 다시 문을 두드렸다. 그때 현관문이 조금 열리며 머리가 하얗게 센 노파의 얼굴이 보였다. 랜디는 노파에게 "길을 잃었으니 전화 한 통화만 하게 해주세요"라고 부탁했다. 그러나 노파는 "우리집엔 전화가 없으니 돌아가시게나"라며

문을 닫으려고 했다. 그는 노파에게 제발 도와달라며 매달렸다. 결국 노파는 집 앞 움막에서 하룻밤 보내는 것을 허락했다.

 추운 움막에서 밤을 지새운 그는 다음날 아침 노파에게 감사의 말이라도 하고 떠날 생각으로 다시 저택의 문을 두드렸다. 하지만 아무리 불러도 노파는 나오지 않았다. 랜디는 노파가 잠시 집을 비웠나 보다고 생각하고 그곳을 떠났다.

 잠시 후 숲을 걷던 랜디는 어렵지 않게 자신의 자동차가 있던 곳을 찾게 되었다. 어젯밤 그렇게 찾아도 보이지 않던 자동차는 근처 가까운 곳에 있었다.

 며칠 후 랜디는 친구들과 함께 노파의 집을 다시 찾았다. 그러나 저택의 모습은 요전에 랜디가 봤던 것과는 영 딴판이었다. 불이 환하게 밝혀져 있던 거대한 저택이 다 쓰러져가는 흉가로 변해 있었다. 그리고 그가 하룻밤 지낸 움막은 보이지 않고 그 자리엔 썩은 나무로 입구가 막힌 동굴만이 있었다.

 랜디는 친구들과 함께 저택에 들어가 "누구 안 계세요" 하며 노파를 찾았다. 그때 갑자기 "나가!"라는 고함과 함께 알 수 없는 짐승의 울음소리가 들려왔다. 기겁을 한 랜디 일행은 서둘러 그곳에서 도망쳤다.

 그 일이 있은 후, 랜디는 폐쇄된 동굴과 동굴 앞 저택에 대해 알아보았다. 그 결과 저택은 오래 전 할머니 혼자 살다가 할머니가 죽은 후 흉가가 되었다는 것과, 자신이 움막인 줄 알고 하룻밤을 지냈던 폐쇄된 동굴이 사실은 괴이한 현상이 일어났던 마녀동굴이라는 것을 알게 되었다.

 이렇게 마녀동굴은 폐쇄된 채 지금도 쓰러져가는 흉가와 함께 그 자리를 지키고 있다.

 레인보우 프로젝트의 비극

'레인보우 프로젝트(Rainbow Project)'에 대해 들어본 적이 있는가? 없다 하더라도 공간이동에 대해서는 들어봤을 것이다. 아침에 늦게 일어나 지각을 하게 생겼을 때 한 번쯤 상상해 보곤 하는, 그 공간이동 말이다. 레인보우 프로젝트는 바로 미국에서 실제 이뤄졌던 최초의 공간이동 실험의 이름이다.

1943년, 전쟁 중에 유럽으로 물자를 수송하던 미국의 수송선은 계속 독일 U보트에 격침되고 있었다. 보급이 원활하게 이뤄지지 못하면 전쟁에서 승리하는 것은 불가능했다. 연합군은 절체절명의 위기를 맞고 있었다.

이 위기를 타개하기 위해 고민을 하던 미 해군정보국은 공간이동을 시도하자는 의견을 내놓았다. '레인보우 프로젝트'가 시작된 것이다.

그 해 10월, 군함 엘드리지(Eldridge) 호에 코일을 매달아 강력한 전기를 일으켜 필라델피아 해군기지에서 노퍽(Norfolk) 항까지 공간이동을 하는 실험이 시작되었다. 실험이 시작되자 엘드리지 호는 눈부신 섬광과 함께 사람들의 눈앞에서 사라졌다가 잠시 후 다시 나타났다. 그리고 곧이어 노퍽 항에 엘드리지 호가 나타났다가 사라졌다는 보고가 이어졌다. 실험은 성공한 것 같았다. 흥분한 과학자들은 함선의 갑판으로 올라갔다. 그러나 갑판 위의 상황은 처참했다.

그곳은 마치 유령선 같았다. 여기저기 널려 있는 승무원 시체

공간이동 순간의 엘드리지 호

들 중 일부는 쇠와 함께 녹아 끔찍한 모습이었으며, 배의 방사능 수치도 위험수위를 넘어서 있었다. 실종된 사람들도 꽤 있었다.

이후 엘드리지 호에는 이상한 일이 계속되었다.

1953년, 노후된 함선들의 정기점검을 하던 선박검사관 엘리어트는 점검을 하기 위해 동료와 함께 엘드리지 호에 승선했다. 당시 배 안에는 엘리어트와 동료뿐, 다른 사람은 없었다.

기관실에서 기계들을 점검하던 엘리어트는 어두운 구석 한켠에서 발소리를 듣고 손전등을 비춰보았다. 그곳에는 여기저기 불에 탄 자국이 있는 제2차 세계대전 당시의 군복을 입은 사람이 서 있었다. 엘리어트는 그에게 "누구냐? 이름과 소속을 말하라"고 외쳤다. 그러자 군인은 갑자기 눈을 허옇게 뒤집더니 공중에 떠올라 천장으로 사라져버렸다. 그 모습을 본 엘리어트와 동료는 공포에 질려 밖으로 뛰어나오고 말았다.

1973년에도 비슷한 일이 있었다. 기지에 정박돼 있던 배들을 순찰하던 군인이 엘드리지 호 근처를 지나고 있을 때였다. 순찰하던 군인의 귀에 염소와 돼지 같은 동물들의 울음소리가 들려왔다. 엘드리지 호 갑판에서 들리는 소리였다. 처음에는 누군가가 장난치는 거라 생각했다. 그러나 갑판 위에 올라선 그는 꿈에도 상상하지 못했던 장면을 목격하게 된다.

제일 처음 눈에 들어온 것은 온몸에 화상을 입은 가축들이 갑판을 이리저리 뛰어다니는 모습이었다. 그리고 가축들 사이로 사람의 모습이 보였는데, 그 사람은 머리를 쇠로 된 벽에 처박고는 고통에 몸부림치고 있었다.

너무 놀라 비명조차 지르지 못했던 군인은 하늘을 향해 총을 쏘았다. 총소리가 울려퍼지자 가축들은 울음을 멈추고 제자리에 서서 그를 쳐다보았다. 머리를 박고 서 있던 사람도, 고개를 들어 그를 보았다. 그리고는 다음 순간 가축들과 함께 사라지고 말았다.

다음날 군인은 이유 없이 총을 발사한 혐의로 조사를 받게 되었다. 그는 수사관들에게 자신이 본 것을 자세히 설명했다. 수사관들은 군인에게 갑판 위에서 보았던 남자의 얼굴을 기억할 수 있겠느냐고 묻고 몇 장의 사진을 보여줬다. 군인은 사진들 속에서 어젯밤 보았던 사람을 어렵지 않게 찾아낼 수 있었다. 그가 찾아낸 인물은 바로 '레인보우 프로젝트'의 실종자였다. 30년 전에 사라졌던 사람이 변함 없는 모습으로 나타났던 거였다.

1993년 필라델피아 해군기지 본부에는 항구에 있어야 할 엘드리지 호가 기지 근처를 항해하고 있다는 신고가 들어왔다. 사건을 조사하기 위해 현장에 투입된 군인들은 엘드리지 호가 신비한 초록빛으로 휩싸인 채 바다를 떠다니는 것을 발견하고는 곧장 배 근처로 접근했다. 그때 함선 갑판에서 몸에 큰 화상을 입은 사람이 머리를 내밀더니, "어서 저리 비켜!"라고 소리치며 그들을 내쫓으려 했다. 의아한 생각이 들어 주위를 둘러보던 군인들의 눈에, 기지에 묶여 있는 또 한 척의 엘드리지 호가 보였다.

군인들은 사건을 보고하기 위해 두 척의 엘드리지 호가 함께 담긴 사진을 찍었고, 엘드리지 호는 마치 기다렸다는 듯이 사라져버렸다. 후에 사진을 현상해 보았지만 초록빛에 휩싸여 항해를 하던 엘드리지 호의 모습은 어디에서도 찾을 수 없었다. 사진에 찍힌 것은 정박되어 있던 낡은 엘드리지 호뿐이었다.

    과연 1943년 실험 당시, 엘드리지 호 안에서는 어떤 일이 벌어졌던 것일까? 잠시나마 공간을 이동했던 엘드리지 호, 혹시 지금까지도 시공간을 떠돌고 있는 것은 아닐까?

맨체스터의 식스센스, 귀신을 보는 소년

유령을 보는 아이를 소재로 한 영화 〈식스 센스(The Sixth Sence)〉를 기억하는가? 영화의 주인공처럼 우리 눈에도 죽은 사람의 영혼이 보인다고 생각해 보자. 남들에겐 없는 능력을 가졌다고 기뻐할 수 있을까?

죽었을 때의 모습 그대로, 자신이 죽은 것도 모른 채 나타나는 유령과 그 모습을 보고 두려움에 떠는 아이. 영화에서나 나올 법한 이야기이지만 실제로 이런 일을 겪은 아이가 있다.

귀신을 보는 소년 마이클

1999년 6월 미국 코네티컷 주 맨체스터(Manchester)에 사는 열한 살의 소년 마이클은 친구 톰이 자전거를 타고 가다 차에 치어 죽었다는 소식을 듣게 되었다.

친구의 갑작스런 죽음이 슬프긴 했지만 귀신이 더 무서웠던 마이클은, 혹시라도 톰이 귀신이 되어 나타날까봐 걱정이 되었다. 방을 환하게 해놓고 잠을 청해 보았지만 마음속에서 커져만 가는 두려움 때문에 도무지 잠을 잘 수 없었다. 결국 마이클은 잠을 자게 해주는 전설 속의 요정 샌드맨(Sandman)을 부르며 잠이 오게 해달라고 기도했다.

그런데 그 순간 진짜 샌드맨이 마이클의 눈앞에 나타났다. 샌드맨은 방 안을 이리저리 돌아다니더니 마이클이 켜놓은 불을 하나씩 끄기 시작했다. 그 모습을 지켜보던 마이클은 샌드맨이 마지막 불을 끌 때 자기도 모르게 잠이 들었다.

다음날 밤, 잠들기 전 마이클은 침대 근처에서 누군가가 작게 웃는 소리를 들었다. 깜짝 놀라 자리에서 일어나 불을 켜보았지만 아무도 없었다. 그때 누군가가 벽을 두드리는 소리, 1층 계단을 뛰어올라오는 소리가 들리더니 방문이 저절로 여닫혔다. 그런 뒤 누군가가 엄마를 부르는 소리가 들려왔다. 그리고 그 소리는 점점 마이클과 가까워지고 있었다.

한편 아들의 방에서 이상한 소리를 들은 마이클의 아버지는 아이 방의 문을 열려고 했다. 그러나 문은 꿈쩍도 하지 않았다. 결국 문을 부수고 난 후에야 방에 들어갈 수 있었다.

아버지가 들어왔을 때 마이클은 여기저기 찢어져 넝마가 된 잠옷을 입고는 반쯤 넋이 나간 듯, 멍하게 침대 위에 앉아 있었다. 방 안은 마치 폭풍우라도 몰아쳤던 것처럼 엉망으로 어질러져 있었다.

며칠 뒤 톰의 장례식에 참석한 마이클은 그가 죽기 전 계속 엄마를 찾았다는 이야기를 들었다. 어젯밤 자신의 방에서 들리던 엄마를 찾던 목소리는 톰이 분명했다.

그 후 마이클에게 이상한 일이 계속되었다.

장롱 속에서 엄마를 찾는 누군가의 목소리가 들렸고, 침대와 의자 같은 가구가 공중에 떠서 날아다니기도 했으며, 갑자기 상처가 나 피가 흐르는 일도 심심치 않게 일어났다.

아이의 몸에 멍과 상처가 끊이지 않자 마이클의 부모는 그 이유를 물었다. 그러나 아이는 귀신의 짓이라고만 대답할 뿐이었다. 마이클이 걱정된 부모는 아이를 병원에 데려가 검사를 받게 했다. 혹시 정신적 충격으로 인해 헛것을 보고 자해를 하는 건 아닐까라고 생각했기 때문이었다. 그러나 검사 결과 마이클에게는 아무 이상이 없었다.

친구의 죽음이 준 충격 때문일지도 모른다고 생각한 부모는 멀리 이사를 가보았지만 상황은 나아지지 않았다.

결국 마이클의 부모는 초현상 전문가들을 찾았다. 이들의 소개로 엑소시즘을 전문적으로 하는 가톨릭 신부를 만난 엄마 아빠는, 아들에게 붙어 있는 귀신을 없애달라고 부탁했다. 결국 엑소시즘은 성공해서 그 동안 마이클을 괴롭힌 귀신을 쫓아낼 수 있었다. 그러나 귀신의 정체가 무엇인지 왜 마이클을 따라다니며 괴롭혔는지는 밝혀내지 못했다.

귀신 들린 인형

사람과 같은 모습을 한 채 오랫동안 사랑을 받아왔던 인형. 그래서인지 인형에 얽힌 이야기는 영화로, 책으로 어렵지 않게 접할 수 있다. 한때 엄청난 흥행을 하고 그 인기에 힘입어 지금까지도 속편이 제작되고 있는 영화 〈사탄의 인형(Child's Play)〉 역시 마찬가지이다.

머리카락이 자라는 만염사의 인형

　1972년 10월, 영국 리버풀(Liverpool)에 사는 회사원 카일은 퇴근길 들른 벼룩시장에서 딸 제인에게 주려고 귀여운 인형을 하나 구입했다. 집으로 돌아오는 길, 인형이 담긴 비닐봉투 안에서 뭔가가 움직이는 느낌을 받은 그는 벌레라도 들어갔나 싶어 봉투를 열어봤는데, 방금 새로 산 인형 말고는 아무것도 찾을 수 없었다.

　제인에게 인형을 선물한 뒤 텔레비전을 보던 카일과 아내 줄리에게 제인이 몸을 떨며 다가왔다. "인형이 자꾸 무서운 표정을 지어요." 그러나 인형은 처음 사왔을 때와 같은 표정으로 웃고 있었다. 잘못 본 거라고 아이를 달래보았지만 헛수고였다. 제인은 인형을 갖고 놀기는커녕 함께 있는 것조차 무서워했다. 결국 카일은 자기가 인형을 데리고 자겠다며 딸을 안심시켰다.

　그날 밤, 인형을 침대 옆 의자에 올려놓고 잠을 청하던 카일의 귀에 키득거리며 웃는 소리가 들렸다. 놀라 주위를 둘러보았더니 인형을 놓았던 의자 위에 어린 소녀가 앉아 키득거리고 있었다. 깜짝 놀란 그는 옆에서 자던 아내를 깨우려고 했다. 그러나 소녀는 얼굴을 찡그리더니 손가락을 입에 대고 조용히 하라는 시늉을 했다. 그 순간 카일이 스탠드 불을 켰다. 그러나 소녀가 있던 자리에는 똑같이 생긴 인형이 놓여 있을 뿐이었다.

　카일은 인형을 상자에 넣고 자물쇠를 채우고는 침대에 누워 다시 잠을 청했다. 그러자 그때부터 상자를 발로 차는 소리가 들리기 시작했다. 마치 인형이 꺼내달라며 상자를 발로 차는 것 같았다. 결국 카일은 한숨도 잘 수 없었다.

다음날 카일은 인형이 든 상자를 평소에 알고 지내던 심령학자에게 보냈지만, 당시의 공포가 워낙 컸던 탓에 한동안 정신과 치료를 받아야만 했다.

귀신 들린 인형이 서양에만 있는 것은 아니다. 일본 홋카이도의 만엽사라는 절에도 귀신 들린 인형이 있다. 민속의상을 입고 서 있는 이 인형에는 겨우 세 살의 나이에 병에 걸려 죽은 기쿠코 스즈끼의 혼령이 붙어 있다. 기쿠코는 살아 있을 당시 이 인형을 자신의 분신처럼 사랑했으며, 숨을 거둘 때에도 인형을 끌

어안고 죽었다고 한다.

이상한 일은 기쿠코가 죽은 후부터 시작되었다. 마치 살아 있는 생물인 양 계속 인형의 머리카락이 자라기 시작한 것이다. 1년에 한 번씩 머리카락을 잘라주던 가족들은 어느 날부터 인형이 입을 조금씩 벌리는 것을 발견했다. 예사롭지 않은 일이라 생각한 가족들은 인형을 사찰에 바치고 그곳에서 죽은 아이의 제사를 지내며 혼령을 달래고 있다.

얼마 전에는 인터넷 경매에 귀신 붙은 인형이 올라와 화제가 된 적이 있다. 자신의 이름을 밝히지 않은 판매자는 인형을 경매에 내놓게 된 이유를 이렇게 설명했다.

그는 딸에게 선물로 주려고 중고물품을 파는 바자회에서 인형을 샀다. 하지만 아이는 자꾸만 밤에 인형이 혼자 벌떡 일어나 자신을 노려본다고 했다. 그가 인형을 빈방에 옮겨놓자 그곳에서 "엄마!"라고 외치는 비명이 들렸다. 이처럼 이상한 일이 끊이지 않자, 그는 인형의 내력에 대해 조사해 보았다. 조사 결과 인형의 전 주인이 버스 충돌사고로 죽었으며, 사망 당시 이 인형을 갖고 있었다는 것이 밝혀졌다.

그는 이때 죽은 소녀의 영혼이 아끼던 인형 속으로 들어간 것이 아닌가 생각한다며 가족들이 인형을 두려워해 경매에 내놓게 됐다고 말했다.

경매 결과가 어떻게 되었는지, 이 인형이 새로운 주인을 만났는지는 알려지지 않았다. 어쩌면 몇 년 후, 우리는 귀신이 붙어 있는 인형에 대한 새로운 이야기를 들을 수 있을지도 모른다.

Part 2

영원히 풀리지 않는 공포의 미스터리

지중해를 떠도는 유령선

영화 〈캐러비안의 해적: 망자의 함(Pirates of the Caribbean: Dead Man's Chest)〉에는 17세기 항해 중 침몰한 것으로 알려졌지만 20세기 초까지 여기저기에 모습을 보인 유령선, '플라잉 더치맨(Flying Dutchman)' 호가 나온다.

이렇듯 저주를 받아 영원히 바다를 떠도는 유령선은 영화와 문학, 오페라 등 예술작품의 단골소재이다. 그래서 우리는 쉽게 유령선을 전설이나 괴담으로 치부해 버린다. 하지만 유령선은 실제로 존재하며 지금까지도 뱃사람들에게 목격되고 있다.

1861년 캐나다 노바스코샤(Nova Scotia) 주에서 건조된 쌍돛 범선 아마존(Amazon) 호는 첫 출항부터 불행한 일이 끊이지 않았다. 출항한 지 이틀 만에 선장이 심장마비로 죽었고, 장례식 후 관을 바다로 떨어뜨리다 발목에 밧줄이 감겨 항해사가 물에 빠져 시체조차 찾지 못한 것이다.

졸지에 선장과 항해사를 잃은 배는 길을 잃고 헤매다 암초에 부딪혔고 이 사고로 배 앞부분에 구멍이 뚫렸다. 겨우 침몰만은 피해 간신히 가까운 항구에 도착한 선원들은 배를 수리한 후, 임시로 새 선장과 항해사를 구해 물건들을 잔뜩 싣고 다시 떠났다. 하지만 불행은 끝나지 않았다. 출항한 지 며칠 지나지 않아 다른 배와 충돌한 것이다. 간신히 침몰은 면했지만 선원들은 불길한 예감에 사로잡혔다.

그 후에도 아마존 호에는 크고 작은 사고가 끊이지 않았다. 게

다가 배에서 항해사와 선장의 유령이 끔찍한 몰골로 나타나기 시작했다. 두려움에 떨던 선원들은 1867년 결국 바다 한가운데 배를 버려둔 채 구명보트를 타고 도망치고 말았다.

저주받은 배, 메리 셀레스테 호

아마도 선원들은 배가 혼자 표류하다 태풍이나 해일을 만나 바다 밑으로 가라앉아버리길 바랐을지도 모른다. 하지만 조종하는 사람 하나 없었던 아마존 호는 홀로 항구로 되돌아왔다.

항구 근처에서 배를 발견한 뱃사람들은 보트를 타고 배에 올라가려다가 밧줄이 끊어져 크게 다치고 말았다. 배가 혼자 항구까지 온 것도 기이한데 승선하려는 사람들마저 다치고 나니 어느 누구도 아마존 호에 접근하려 하지 않았다. 결국 아마존 호는 모래사장에 박혀버렸고 그렇게 오랫동안 버려져 있었다.

1872년 미국인 사업가 벤 브릭(Ben Briggs)은 멀쩡한 배가 버려진 것을 보고, 이 배를 헐값에 구입했다. 그리고는 파손된 부분을 보수하고 내부도 새로 단장한 후 배의 이름을 메리 셀레스테(Mary Celeste)로 바꾸었다.

그 해 11월, 브릭은 가족들과 함께 메리 셀레스테 호를 타고 지중해 여행을 떠났다. 당시 배에는 선원 여덟 명과 브릭, 그리고 그의 아내와 딸이 타고 있었다. 그러나 항해를 시작한 지 얼마 되지 않아 메리 셀레스테 호는 행방불명되고 만다. 사람들은 모두 배가 풍랑을 만나 침몰했을 거라고 생각했다. 하지만 그것은 착각이었다. 배는 얼마 후 이탈리아 항구에서 멀쩡한 모습으로 발견되었던 것이다. 하지만 배 안에는 아무도 없었다. 또다시 배는 혼자서 항구로 돌아온 것이다.

　브릭 가족과 선원들의 실종을 조사하기 위한 수사가 시작되었다. 수사관들은 우선 항해일지를 살펴보았다. 하지만 허사였다. 배 안의 물건들이 모두 멀쩡했던 것으로 보아 폭동이 있었던 것 같지는 않았다. 그렇다고 폭풍우를 만나 배가 침몰할 것을 염려해 탈출했을 거라는 가정도 들어맞지 않았다. 식수와 비상식량, 그리고 구명보트 등이 모두 그대로였기 때문이다.

　결국 수사관들은 탑승자들이 모두 해적들에게 살해된 것으로 추정하고 사건을 마무리하려 했다. 그리고 메리 셀레스테 호는 새로운 주인이 생길 때까지 항구에 보관하기로 결정했다.

　그러던 어느 날 밤, 수사관들에게 메리 셀레스테 호를 묶어놓

았던 줄이 풀려 배가 저절로 바다로 나가고 있다는 보고가 들어왔다. 그들은 순시선으로 메리 셀레스테 호의 뒤를 쫓았다. 한참을 추격하던 수사관들의 눈에 놀라운 장면이 펼쳐졌다. 바다 한가운데에서 배가 갑자기 사라져버린 것이었다.

배에 탄 사람들을 사라지게 하고, 사람이 조종하지 않아도 혼자 항해하는 메리 셀레스테 호. 그 미스터리는 밝혀지지 않고 있지만 지금도 지중해를 항해하는 선박들은 가끔씩 홀연히 나타났다가 사라지는 메리 셀레스테 호를 목격하곤 한다.

엘비스 프레슬리의 죽음과 전설

록의 황제 엘비스 프레슬리(Elvis Presley).

명실상부한 로큰롤의 황제로 군림하던 그는 1977년 8월 16일 갑작스러운 심장마비로 세상을 뜨고 말았다. 그의 나이 마흔둘. 팬들은 모두 그의 죽음을 애통해했다.

하지만 그의 죽음에는 석연치 않은 구석이 있었다.

그의 장례식에 참석한 친구들은 비석에 '엘비스 아론 프레슬리(Elvis Aron Presley)'라는 이름이 아닌 '엘비스 아아론 프레슬리(Elvis Aaron Presley)'라고 쓰여 있는 것을 발견했다. 그리고는 그의 아버지에게 비문이 잘못되었다고 말했다. 그러나 엘비스의 아버지는 그저 조용히 하라는 시늉만 했을 뿐, 아무 말 없

닉슨 대통령과 만난 엘비스

이 차를 타고 사라져버렸다. 가족들의 태도가 이상하다고 느낀 친구들은 엘비스의 사망증명서를 확인해 보았다. 놀랍게도 사망증명서 역시 잘못되어 있었다. 엘비스의 사망 당시 체중은 110킬로그램 정도. 그런데 사망증명서에 적힌 체중은 80킬로그램이었다.

친구들은 이런 의문점을 가족들에게 확인해 보려 했지만 엘비스의 가족 어느 누구도 그의 죽음에 대해서는 언급하지 않으려 했다. 가족들의 이런 태도는 상황을 더욱 의심스럽게 만들었다. 친구들은 보다 철저히 조사하기로 결심했다.

조사 결과, 엘비스가 장례식 때 누워 있던 관에 대한 비밀이 밝혀졌다. 그 관은 특수제작된 것으로 관의 무게만 350킬로그램이 넘었다. 에어컨과 전자동 산소공급기가 설치되어 있었기 때문이다. 게다가 엘비스가 죽기 얼마 전부터 인적이 드문 이른 새벽이나 한밤중에 정체를 알 수 없는 사람들이 장례식장을 찾아와 뭔가를 의논하는 것을 목격했다는 증언들이 줄을 잇기 시작했다. 이 모든 의혹은 한 가지 가능성을 말해 주고 있었다. 바로 엘비스 프레슬리의 죽음은 거짓이고 그가 살아 있을지도 모른다는 것이다.

친구들은 텔레비전 쇼에 출연해 엘비스의 죽음에 공식적으로 의문을 제기했다. 그리고 살아 있다면 자신들을 찾아달라고 호소했다. 그러나 영영 엘비스로부터 아무런 연락도 받지 못했다.

세월이 흘러도 의혹은 사라지지 않았다. 살이 빠진 노년의 엘비스처럼 생긴 사람을 목격했다는 사람들도 속속 생겨났다.

얼마 전 미국의 캔자스시티(Kansas City)에서는 도날드 힌튼(Donald Hinton)이라는 의사가 텔레비전에 출연해 엘비스 프레슬리가 현

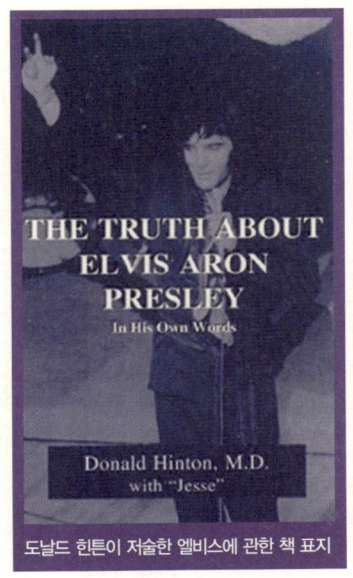

도날드 힌튼이 저술한 엘비스에 관한 책 표지

재 살아 있으며 유전자 검사를 통해 그가 진짜 엘비스라는 사실을 확인했다고 말했다.

5년 전 엘비스가 두통을 치료하기 위해 힌튼의 병원을 찾아오면서 둘의 만남이 시작되었다. 처음에는 그저 평범한 노인인 줄 알았다. 그러나 치료차 노인의 집을 드나들면서 힌튼은 그의 정체에 대해 의문을 품기 시작했다. 노인의 집에서 종종 엘비스 프레슬리의 딸인 리사 마리 프레슬리(Lisa Marie Presley)를 만났기 때문이었다. 게다가 얼굴은 많이 바뀌었지만 노인의 목소리만은 엘비스와 똑같았다.

그러던 어느 날 힌튼은 노인에게 "혹시 당신이 엘비스 프레슬리입니까?"라고 물었다. 처음에 노인은 웃으며 "나도 내가 엘비스였으면 좋겠구면"이라고 둘러댔다. 하지만 시간이 흐르면서

친분이 쌓이자, 어느 날 경계를 풀고는 엘비스를 어떻게 생각하느냐고 물었다. 그 질문에 힌튼은 "열성팬은 아니지만 그의 노래를 늘 좋아했습니다"라고 대답했다. 이 말을 들은 노인은 자신이 엘비스 프레슬리라고 털어놓았다.

그는 당시 전속으로 매여 있던 라스베이거스의 클럽에서 탈출하기 위해 죽음을 위장했다며, 신분을 숨기고 숨어 살아야 했던 지난날의 삶을 얘기해 주었다.

엘비스는 1977년 사망 사건 직후 성형수술로 얼굴을 바꾸고는 오리온스라는 이름으로 새로운 인생을 시작했다. 처음에는 마스크를 쓰고 얼굴을 숨긴 채 노래를 하는 '마스크 가수'로 활

동했지만, 어느 날 목소리를 알아들은 열성팬에게 얼굴을 들킨 후부터는 가수생활을 그만둔 채 살고 있었다. 지금은 죽은 쌍둥이 동생의 이름인 제시로 이름도 다시 바꾸고 정체를 드러내지 않으려고 조심하며 살고 있다고 했다.

그는 현재 자신의 건강상태가 좋지 못하다며 힌튼에게 책을 써달라고 부탁했다. 사람들에게 왜 지난 세월 숨어서 살아야 했는지를 털어놓고, 용서를 빌고 싶다고 했다.

힌튼은 이 방송에서 엘비스 프레슬리가 살아 있다는 증거로 그와 공동으로 저술했다는 『엘비스 아론 프레슬리의 진실(The Truth about Elvis Aron Presley: In His Own Words)』이라는 책을 보여주었다.

이 방송은 엄청난 반응을 일으켰다. 로큰롤의 황제가 살아 있다는 사실에 흥분한 사람들도 있었지만, 대부분은 힌튼을 엘비스를 팔아 돈을 벌려는 사기꾼이라 여겼다. 방송국에서는 힌튼의 주장이 사실인지를 알아보려고 조사를 시작했다. 우선 그가 진짜 의사인지를 알아보려 보건청에 문의했다. 그 결과 힌튼이 자신의 병원을 가진 현직 의사임이 밝혀졌다.

또 책을 출간하며 얼마나 돈을 벌었는지를 알아보기 위해 출판사를 찾았다. 출판사 사람들은 그가 책으로 돈을 벌 생각이 전혀 없다며 출판비용도 자비로 지불했다고 답변했다.

도날드 힌튼이 사기꾼이라는 증거는 어디에도 없었다.

그렇다면 과연 엘비스는 도날드 힌튼의 주장대로 지난 35년간 은둔생활을 했던 것일까? 아마도 진실은 엘비스의 가족만이 알고 있을 것이다.

미스터리 서클, 신의 메시지인가 멸망의 전주곡인가?

스리 얀트라와 오레곤 주에서 발견된 미스터리 서클

미스터리 서클(Mystery Circle)이란 밀이나 보리 같은 곡물이 일정한 방향으로 뉘어져, 위에서 보았을 때 특정한 문양으로 보이는 현상이다.

어제까지도 멀쩡했던 밭에 나타난 거대한 문양. 그 크기나 정교함으로 보아 사람이 한 일이라고 믿어지지 않기에 사람들은 미스터리 서클이 신의 계시이거나 외계인의 메시지일 거라 추측했다. 미스터리 서클 중 유독 종교적 상징이나 외계인 모습의 문양이 많이 발견된다는 것도 이런 추측을 뒷받침하고 있다.

그 중 하나가 1990년 8월 19일 미국의 오레곤(Oregon) 주에서 발견된 고대 힌두교의 상징인 스리 얀트라(Sri Yantra) 모양을 한 미스터리 서클이다. 스리 얀트라는 우주를 축소한 모형으로 힌두교에서 명상을 할 때 사용되는 것이다. 지름만 약 350미터인 이 미스터리 서클은 이른 새벽 순식간에 만들어진 것으로 판명되었다.

물론 미스터리 서클의 문양이 힌두교의 상징물에 국한되는 것은 아니다. 1999년 3월 31일 영국의 들판에는 요한계시록 1장 12절에 나오는 '일곱 개 촛대' 형상의 문양이 새겨졌으며, 1999년 8월 20일 영국에서 외계인 머리 모양의 미스터리 서클이 발견되기도 했다.

몇 년 전, 두 농부가 방송에 출연해 미스터리 서클은 자신들이 만든 것이라고 주장하며 판자와 밧줄 같은 간단한 도구로 미스터리 서클을 직접 만드는 모습을 보여주었다. 이렇게 미스터리 서클에 대한 비밀도 모두 풀리는 것 같았다. 그러나 조사 결과 새로운 사실이 드러

오망성 모양의 미스터리 서클

태양계 모양의 미스터리 서클

났다. 미스터리 서클 중 유난히 방사능 수치가 높게 나타나는 것들이 발견되었기 때문이다. 특히 이런 미스터리 서클의 경우 곡물이 꺾여 있는 모양 그대로 계속 자란다는 사실도 알게 되었다. 사람이 판자로 눌러서 만든 경우에는 한번 꺾인 곡물은 살아나지 못했다. 결국 모든 미스터리 서클을 사람이 만든 것은 아니었다.

그렇다면 도대체 미스터리 서클은 누가, 왜 만든 것일까?

몇몇 사람들은 그 해답을 고대 켈트인의 전설에서 찾고 있다.

영국 월트셔(Wiltshire) 주에 있는 실베리힐(Silbury Hill)은 4천여 년 전, 이곳에 살았던 고대 켈트인들이 만든 인공언덕이다. 고대 켈트인들이 믿었던 드루이드교의 성지인 이곳은 주기적으로

DNA 형상의 미스터리 서클

사상 최대의 방사능 오염치를 보인 미스터리 서클

미스터리 서클이 생기는 곳으로도 유명하다. 드루이드교의 전설에 의하면 이곳에는 지옥으로 들어가는 문이 있었다고 한다. 이 문은 2천 년에 한 번씩 열리는데, 기원전 2000년 경 구멍이 열려, 이곳을 통해 사탄이 세상에 나와 사람들을 해치고 전염병을 퍼트렸다. 재앙이 계속되자 드루이드교의 사제들은 목숨을 건 사투 끝에 사탄을 다시 문 안쪽으로 집어넣었다. 당시 사탄은 2천 년 후 다시 돌아와 엄청난 재앙을 내리겠다고 했다. 때문에 사제들은 다시 문이 열리는 것을 막기 위해 이곳에 거대한 언덕을 만들고 후손들에게 "2천 년 주기를 조심하라"고 당부했다.

이 전설을 알고 있었던 사람들은 유독 실베리힐 근처에서 자주 나타나는 미스터리 서클이 혹 지옥으로 연결되는 문이 다시 열리려는 조짐은 아닐까 하고 생각하게 되었다.

그리고 2000년 1월 1일 새 밀레니엄이 시작될 즈음 실베리힐 근처의 주민들은 공포에 떨었다. 하지만 막상 밀레니엄의 첫날은 아무 일 없이 평화롭게 흘러갔다. 그러나 다음날 아침, 실베리힐에 새로운 미스터리 서클이 생겨났다. 이를 본 주민들은 과연 이 미스터리 서클이 무엇을 의미하는지, 혹 나쁜 징조는 아닐지 걱정했다. 그리고 다섯 달 뒤, 실베리힐 정상에 정체를 알 수 없는 구멍이 뚫렸다. 지름 2미터, 깊이는 알 수 없었다.

과연 이것이 전설에 나오는 지옥으로 통하는 문일까? 그리고 미스터리 서클은 이를 경계하라고 신이 보내준 메시지일까?

지금도 실베리힐 근처 주민들은 이 정체를 알 수 없는 구멍에 대해 경계를 늦추지 않고 있다.

링컨과 케네디의 묘한 인연

에이브러햄 링컨과 존 F. 케네디. 이들의 전기를 연구한 학자들은 두 대통령의 출생과 성장, 그리고 암살과 관련된 여러 상황들이 기막히게 일치한다는 사실을 발견했다. 우연이라고 보기엔 너무 절묘하게 맞아떨어지는 그들의 공통점을 살펴보자.

- 두 사람 모두 머리에 총을 맞고 사망했다. 뒤에서 총을 쏴서 암살범의 얼굴을 보지 못했다는 것도 일치한다.
- 링컨은 포드 극장에서, 케네디는 포드에서 만든 '링컨' 자동차에서 암살됐다.
- 링컨 대통령의 암살범 부스는 극장에서 총을 쏜 뒤 도망가다 창고에서 잡혔고, 케네디 대통령을 저격한 오스왈드는 창고에서 대통령을 쏘고 극장으로 도망가 그곳에서 잡혔다.
- 링컨의 뒤를 이어 대통령이 된 사람은 앤드류 존슨(Andrew

겹쳤을 때 거의 일치하는 두 대통령의 얼굴

Johnson)이고 케네디의 뒤를 이은 것은 린든 존슨(Lyndon Johnson)이다. 두 사람 모두 당시 부통령으로 있다가 갑작스럽게 대통령 자리를 물려받게 되었다. 둘 다 성이 존슨이며 남부 출신 정치가이다.

- 두 대통령 모두 흑인들의 인권을 위해 많은 노력을 했다. 링컨은 노예해방을 주창했고, 케네디는 흑인에게도 정치에 참여할 권리를 주자며 '공민권 법안'을 국회에 제출했다.
- 링컨은 1846년에, 케네디는 1946년에 하원의원에 당선됐다.
- 링컨은 1860년에, 케네디는 1960년에 대통령에 당선됐다.
- 두 사람은 모두 금요일에 죽었고, 암살 당시 아내와 함께 있었으며, 암살범들 역시 둘 다 남부 출신이었다.
- 링컨의 뒤를 이은 앤드류 존슨 부통령은 1808년생이고 케네디의 뒤를 이은 린든 존슨 부통령은 1908년생이다.
- 링컨의 암살범 존 윌크스 부스는 1839년생이고 케네디 대통령의 암살범 리 하비 오스왈드는 1939년생이다.
- 두 사람 모두 백악관에 있을 때 자식 중 한 명을 잃는 아픔을 겪었다.
- 이름의 알파벳 글자 수에도 놀라운 공통점이 있다. 링컨 대통령과 케네디 대통령의 이름의 알파벳 글자 수는 둘 다 일곱 개이고, 두 사람의 뒤를 이어 대통령이 된 앤드류 존슨과

린든 존슨의 철자 수는 열세 개이다. 또 암살범인 존 윌크스 부스와 리 하비 오스왈드의 철자 수는 열다섯 개이다.
- 링컨 대통령의 비서 이름은 케네디였고, 케네디 대통령의 비서 이름은 링컨이었으며, 사건 당일 두 비서들은 모두 그곳에 가지 말라고 만류했다.
- 두 암살범이 모두 재판을 받기 전 의문사 당했다.

미국 역사에 굵은 획을 그은 두 대통령. 그들의 일생이 이토록 비슷한 것은 과연 우연일까? 혹시 케네디 대통령이 링컨 대통령의 환생이었던 것은 아닐까?

냉동인간, 불가능에 도전하다

현대의학으로 고칠 수 없는 병에 걸려 고통받는 사람들을 볼 때, 사람을 냉동시켰다가 의학이 발달한 미래에 되살려서 치료할 수 있는 세상이 오면 좋겠다는 생각을 하곤 한다.

소설이나 영화에나 나올 법한 이야기지만 아주 황당하고 허무맹랑한 가정만은 아니다. 이미 18년 전에 최초의 냉동인간을 되살리는 실험이 실제로 이루어졌기 때문이다.

1988년 봄 아이슬란드 남쪽 800마일 해상에서 소련의 북해함대 소속의 구축함이 순찰을 하고 있었다. 갑판 위에서 빙산을 관측하던 한 병사는 배 앞으로 떠내려오는 빙산 속에서 검은 물체를 발견했다. 자세히 관찰한 결과 그 물체가 사람의 시신이라는 것을 확인해 이를 곧 상황실에 보고했다. 보고를 받은 함장은 시신을 인양했다.

빙산 속에 있던 것은 젊은 여성의 사체였다. 이십대 중반에서 삼십대 초반으로 보이는 여인의 시신에는 상처 하나 없어, 마치 살아 있는 것처럼 보였다. 해군은 시체의 신원을 조사하기 위해 휴대품을 조사하다가 탑승권 한 장을 발견하게 되었다. 바로 1912년 4월 캐나다 할리팩스(Halifax) 앞 해상에서 침몰한 타이타닉 호의 탑승권이었다. 그녀는 타이타닉 호에 탔다가 희생된 사람 중 하나였던 것이다.

이 사실은 즉시 함대 사령부로 보고되었고, 사령부에서는 시신을 잘 냉동해서 레닌그라드(Leningrad) 생물학연구소로 이송하라고 명령했다. 시신을 인수한 생물학연구소의 의료진들은 오랜 시간이 흐르긴 했지만 보존 상태가 좋다는 점에 희망을 걸고 소생실험을 시작했다.

침몰하는 타이타닉 호

1950년대 후반부터 시작된 냉동인간에 대한 연구는 늘 제자리걸음이었다. 동물을 냉동했다가 되살리는 것은 성공했지만, 더 이상 발전하지 못하고 있었다. 어쩌면 당연한 일이었다. 살아 있는 사람을 냉동했다가 해동시킬 수는 없는 노릇이었기 때문이다. 따라서 이 시신은 최초로 냉동인간 소생실험을 할 기회였다.

의료진들은 우선 특수 유리관 안에 시신을 눕힌 뒤 해동했다. 그리고 시신이 적정 체온에 도달하자 체내의 혈액을 새 특수혈액으로 대체하고 혈액순환펌프를 작동시켰다. 펌프가 작동되고 열네 시간이 지나자 처음에는 약하게 잡히던 맥박이 정상으로 뛰기 시작했다. 뒤이어 실험대 위에 누워 있던 여인이 갑자기 눈을 뜨고 서서히 눈동자를 움직였다. 그녀가 눈을 깜빡이는 것을 본 의료진은 소생실험이 성공했다고 확신했다.

그들이 감격에 차 여인을 향해 손을 흔드는 순간, 갑자기 맥박이 멎더니 모든 생체반응이 멈춰버렸다. 놀란 의료진들은 전기충격기로 심장을 자극했지만 여인은 다시 눈을 뜨지 못했다. 이렇게 첫 번째 냉동인간 소생실험은 실패로 막을 내렸다.

실패한 원인은 폐에 물이 차 있는 것을 모른 채 전기충격까지 가해 폐가 손상되었기 때문이었다. 의료진들은 의학이 발달해 장기만 대체할 수 있으면 되살릴 수도 있을 거라 생각하고는 후일을 기약하며 그녀를 다시 냉동시켰다.

　최초의 냉동인간 실험이 실패한 후 18년이라는 세월이 흘렀다. 그간 의학은 눈부신 발전을 했고 인공장기도 속속 개발되고 있다. 그렇다면 과연 타이타닉 호에 탑승했던 여인은 지금 어떻게 되었을까? 소생실험에 성공해 지구상 어디에선가 살고 있을까, 아니면 아직도 냉동상태로 있을까?

죽음의 검은 산, 칼카자가

 호주의 노스퀸즐랜드(North Queensland) 주 쿡타운(Cooktown)에는 '죽음의 검은 산'이라 불리는 칼카자가(Kalcajagga) 산이 있다. 이곳에 이런 무서운 이름이 붙은 것은 산 근처에서 사람이나 짐승이 자주 행방불명되기 때문이다.

죽음의 검은 산 칼카자가 전경

 1977년 9월 2일, 쿡타운에 사는 폴 그레이너는 동료와 함께 소를 몰고 목장으로 가고 있었다. 그가 잠시 한눈을 파는 사이 소 한 마리가 칼카자가 산 쪽으로 달리기 시작했다. 그는 다른 소들을 동료에게 부탁한 후 도망간 소를 찾아 달려갔다. 그리고는 영영 돌아오지 못했다.

 1980년 6월 12일, 수배 중이던 차량을 순찰차로 추격하던 라이안 경관은 용의자가 차에서 내려 칼카자가 산 쪽으로 도망치자 본부에 그를 뒤쫓겠다는 무전을 보냈다. 그리고 다시 돌아오지 못했다. 수배 중이던 범인과 경관 모두 행방불명된 것이다.

 그로부터 몇 년 후 청년 두 명이 미스터리를 풀겠다며 산으로 들어갔다가 실종되었고 다른 사람들이 그들을 구하겠다며 따라

갔다가 역시 사라졌다.

이렇게 계속 사람이 실종되자 어느 누구도 산 근처에는 얼씬도 하지 않으려 했다. 칼카자가 산은 사람도 짐승도 피하는 그야말로 죽음의 산이 되어가고 있었다.

그러다가 최근 다시 실종 사건이 일어나기 시작했다.

인근에서 주유소를 운영하는 해리 오웬스는 소 한 마리가 갑자기 산을 향해 뛰어가는 것을 보고 말을 타고 쫓아갔다가 실종되었고, 함께 일하던 주유소 직원은 경찰에 신고한 후 직접 해리를 찾아 나섰다가 함께 사라졌다. 신고를 받고 현장에 도착한 경찰이 산 근처를 수색해 보았지만 아무것도 찾을 수 없었다. 경찰은 수색팀을 꾸려 사람들이 사라진 지점으로 추측되는 칼카자가 산기슭에 있는 동굴로 들여보냈다. 하지만 동굴로 들어간 지 몇 시간 만에 수색팀의 무전이 끊겨버렸다. 연락이 끊긴 동료를 구하기 위해 다른 사람들이 동굴 안으로 들어가야 하는 상황이었지만 어느 누구도 나서지 않았다. 결국 수색팀은 돌아오지 못했다.

그렇다면 칼카자가 산에서 살아서 돌아온 사람은 한 명도 없는 걸까?

지금까지 칼카자가 산에 갔다가 무사히 돌아온 사람은 리로이라는 금광탐험가 한 사람뿐이다. 그는 칼카자가 산에서 무엇을 보았냐는 질문에 이렇게 대답했다.

"한 손엔 권총 다른 손엔 손전등을 들고 산을 탐험하기 시작했죠. 칼카자가 산에 관한 전설도 들었고 실종된 사람들 얘기도 듣긴 했지만 겁은 나지 않았어요. 소문이 좀 부풀려졌을 거라고 생각했거든요. 어쨌든 저도 산전수전 다 겪은 탐험가였으니까요.

산 근처 숲을 지나가는데, 너무 조용해 이상한 기분이 들더군요. 새소리조차 없었어요. 많은 숲을 다녀봤지만 그렇게 아무 소리도 들리지 않는 곳은 처음이었어요. 숲을 지나 동굴로 들어갔죠. 무척 깊더군요. 내리막길이 계속되었는데 가면 갈수록 폭이 좁아졌어요. 한 15분을 계속 내려갔는데 통로가 바위로 막혀있더군요. 잘 살펴보니 오른쪽에 사람 하나가 지나갈 만한 공간이 있더라구요. 그래서 거기로 들어갔죠. 천장이 낮아서 계속 허리를 굽히고 걸어가야 했어요. 계속 걸어가는데 이상한 느낌이 들었어요. 누군가가 나를 쳐다보고 있는 것 같은 느낌, 딱 그

런 느낌이 드는 거예요. 아주 오싹했어요. 혹시 뭐가 있는 건 아닌가 해서 여기저기에 전등을 비춰봤죠. 하지만 손전등의 빛이 약해져서 제대로 볼 수도 없었어요. 그때였어요. 뭔가가 내 머리 위로 움직이는 것 같은 느낌이 들었죠. 바로 몸을 숙였는데 어둠 속에서 뭔가가 움직이는 소리가 들려왔어요. 때마침 손전등 불빛이 약해지더니 아주 꺼져버렸죠. 아무것도 보이지 않는데 뭔가가 다가오는 느낌, 정말 미칠 것 같았어요. 그런데 이상한 냄새가 나더군요. 아주 기분 나쁜 냄새였어요. 냄새만 맡아도 등에 소름이 끼칠 정도의 악취였지요. 너무 놀란 난 무조건 왔던 길로 뛰기 시작했죠. 그런데 그 악취를 풍기는 물체는 계속 내 뒤를 쫓아왔어요. 그렇게 한참을 달리니 저 멀리 작은 빛이 보이더군요. 출구였어요. 미친 듯이 출구 쪽으로 달려 동굴을 빠져나왔어요. 바닥에 쓰러져 동굴 쪽을 보니 빨간 눈알 두 개가 번쩍였다가 사라지는 게 보였어요. 너무 무서웠던 나는 마을까지 쉬지 않고 달렸죠. 지금도 이렇게 내가 살아서 돌아왔다는 게 믿어지지가 않아요."

리로이가 본 빨간 눈을 하고 악취를 풍기던 물체는 과연 무엇이었을까?

근처에 사는 원주민들 사이에는, 칼카자가 산의 동굴 안에 외계인이 살며 텔레파시로 동물이나 인간을 불러들여 잡아먹는다는 괴담이 돌고 있다. 그러나 확인된 것은 아무것도 없다. 이 산의 미스터리는 아직도 베일에 싸여 있다.

접근하는 모든 생명체들을 산 채로 삼켜버리는 악명 높은 칼카자가 산. 지금 이 순간에도 그곳에서는 사람들이 하나둘 사라지고 있다.

비잔틴 성화의 수수께끼

얼마 전, 러시아의 상트페테르부르크 시에 있는 에르미타슈미술관(State Hermitage Museum)에서 상설전시관에 걸려 있던 국보급 비잔틴(Byzantin) 시대 성화(聖畵) 한 점이 철거되었다. 사실 미술관에서 전시품을 바꿔놓는 것은 별일이 아니다. 문제는 철거된 이유였다. 미술관 측은 "그림에서 인체에 치명적인 영향을 미

에르미타슈미술관이 소장한 그리스도 성화

치는 에너지가 나와 지금까지 세 명의 직원이 사망했고, 정확한 피해상황은 집계되지 않은 상태이다. 더 이상의 피해를 막기 위해 철거를 결정했다"고 발표했다.

맨 처음 예수 그리스도의 얼굴이 그려진 이 비잔틴 성화에 문제가 있을지도 모른다고 의심한 사람은 바로 미술관의 러시아관 책임자인 보리스 사프노프(Boris Sapunov)였다. 문제의 그림이 걸려 있는 구역에서 근무를 하던 직원이 알 수 없는 병으로 사망하는 일이 계속되자 혹시 그림이 사람의 몸에 악영향을 주고 있을지도 모른다고 생각한 것이다. 마침 당시 그림 근처에

서 근무를 하던 직원이 알 수 없는 병으로 고생하고 있다는 소식을 듣게 된 사프노프는 그 직원의 근무처를 그림과 먼 곳으로 바꿔주었다. 그리고 얼마 후 직원의 병이 나아 지금은 건강하다는 소식이 들려왔다.

그는 그림이 직원들의 건강에 영향을 미친다고 확신하게 되었고 미술관 측에 자신의 생각을 전했다. 그러나 어느 누구도 그의 말을 믿으려 하지 않았다. 사프노프는 너무도 난감했다. 미술관 측을 설득하기도 힘들었고 그렇다고 가만히 있자니 계속 사람들이 희생될 게 분명했기 때문이었다. 그는 우선 보다 많은 사람들에게 이 사실을 알려야겠다고 생각했다. 신문에 나서 여러 사람들이 알게 되면 정확한 조사가 이루어질 것이고 그러다 보면 문제도 해결될 것이라 생각했던 것이다. 그래서 사프노프는 자신의 생각을 《프라우다(pravda)》에 제보했다.

사프노프의 생각대로 기사는 큰 관심을 불러일으켰다. 그리고 그림에 대한 정밀분석이 시작되었다. 성화를 분석했던 상트페테르부르크 시의 의사 바체슬라브 구바노프(Vyacheslav Gubanov)는 그림에서 알 수 없는 에너지가 나오는 것을 발견했다. 바체슬라브는 에너지의 정체를 밝히기 위해 우선 성화의 자료를 조사했다. 그러나 목판과 접착제 그리고 여러 가지 안료 같은 평범한 재료들에서 문제점을 찾기란 쉽지 않았다. 결국 그는 성화에서 정체불명의 에너지가 나온다는 것만을 밝혀냈을 뿐, 이것이 어떠한 이유로 사람의 몸에 해를 끼치는지는 알아내지 못한 채 조사를 마무리했다.

일부 학자들은 그림에 사용된 안료 중 황금색 안료에 주목했다. 황금색 안료 속의 석고와 금속성 광택제 등이 세월이 흐르

며 변질되어 유독성분을 내보냈을지도 모른다는 가능성을 제기한 것이다. 그러나 아직 이를 증명할 자료를 찾아내지는 못하고 있다.

2003년 9월 3일, 러시아의 알타이(Altai) 기술대학교의 파벨 고스코프(Pavel Goskov) 교수는 영국의 신문《텔레그라프(Tele-graph)》와의 인터뷰에서 오래된 유물일수록 더 강한 에너지를 뿜어내는데, 그 중에서도 성화가 가장 강력한 에너지를 만든다는 사실을 실험을 통해 알아냈다고 밝혔다. 문제의 그림 앞에 물을 한 컵 따라놓고 10분간 놔둔 뒤 곡식 씨가 담긴 두 개의 그릇을 가져와 하나에는 그림 앞에 있던 물을 붓고, 다른 그릇에

는 보통 물을 붓는 실험을 했는데 그림 앞에 놓여 있던 물로 키운 씨가 훨씬 빨리 자랐다는 것이었다. 그는 이것이 성화에서 나오는 에너지 때문이라 주장했다.

모든 사물은, 그것이 살아 있는 생물이든 혹은 무생물이든, 서로의 에너지장 내에서 특유의 진동신호를 만들어내기 마련이다. 고스코프 교수는 이런 사실에 착안해 사람이 어떤 사물과 마주했을 때 만들어내는 파장이 인체에 영향을 준다는 사실을 알아냈다. 이때 인체에 미치는 영향은 사람에 따라, 또 그가 마주한 사물에 따라 좋을 수도 나쁠 수도 있는데, 에르미타슈미술관에 있는 성화는 여러 사람에게 안 좋은 영향을 끼친 아주 드문 경우였던 것이다.

지금도 문제의 성화는 일반인에게 공개되지 못한 채 에르미타슈미술관의 보관실 한쪽에 자리하고 있다.

또 다른 나, 도플갱어

길을 가다가 나와 똑같은 사람과 마주쳤다고 상상해 보자. 어떤 기분이 들까?

나와 똑같이 생긴 존재가 하나 더 있다는 것은 결국 그것이 나를 대신할 수 있다는 의미이기도 하다. 결국 내 존재를 위협하는 것이니 좋은 기분일 수는 없을 것이다.

현실에서 자신과 똑같은 대상과 마주하게 되는 현상 도플갱어(Doppelganger). 전설에 의하면 도플갱어를 만난 사람은 자기 모습을 빼앗긴 채 사라져버린다고 한다. 실제로 도플갱어를 목격한 사람들을 어렵지 않게 만날 수 있었는데, 그들 중 상당수가 도플갱어를 만났을 때 죽을 뻔했다고 털어놓았다.

1942년 미국 몬타나(Montana)에 사는 주부 엘리스와 그녀의 아들 피터는 백화점을 다녀오다 기이한 체험을 했다. 횡단보도를 건너려고 기다리다가 지나가는 택시 안에 또 다른 자신들이 똑같은 옷을 입고 앉아 있는 모습을 본 것이다. 깜짝 놀란 그들은 다른 택시를 타고 쫓아가기 시작했다. 그러다 그만 차가 빗길에 미끄러지는 바람에 교통사고가 났고, 엘리스와 피터는 크게 다쳤다. 후에 엘리스는 당시 도플갱어를 만나지만 않았어도 택시를 타지 않았을 것이니, 교통사고도 나지 않았을 거라고 말했다.

1956년 영국 런던에 사는 네 살짜리 몽고메리는 자신과 똑같이 생긴 아이가 장난감을 가지고 노는 모습을 보았다. 그 아이에게 가까이 가서 말을 걸었으나 대꾸조차 하지 않았다. 무안해진 몽고메리는 장난감을 공중에 던졌다 받으며 혼자 놀기 시작했다. 그 순간 갑자기 장난감이 허공에서 부서지더니 작은 조각 하나가 몽고메리의 입으로 들어가 목에 걸리고 말았다. 숨을 쉴 수 없어 컥컥거리던 몽고메리는 도와줬으면 하는 마음으로 자신과 꼭 닮은 아이를 쳐다보았는데 그 아이는 오히려 몽고메리가 괴로워하는 모습을 웃으며 쳐다보고 있었다고 한다. 한참을 괴로워하던 몽고메리가 겨우 장난감 조각을 뱉어내자, 방금 전까지 서 있던 아이는 사라져버렸다.

1962년 미국 뉴욕, 자신의 사무실에서 열심히 일을 하던 잭슨은 점심을 먹기 위해 잠시 외출했다가 돌아왔다. 그가 사무실로 들어오자 비서가 깜짝 놀라더니 언제 밖으로 나갔었냐고 물었다. 잭슨은 비서에게 조금 전에 식사하려고 나갔었다고 대답하고는 사무실 문을 열고 들어섰다. 그 순간 그는 자신의 책상에서 자신과 똑같이 생긴 사람이 열심히 일하고 있는 모습을 보게 되었다.

너무 충격을 받은 그는 그만 쓰러지고 말았다. 곧바로 병원으로 옮겨진 잭슨은 치료를 받고 깨어나긴 했지만 놀란 가슴은 진정이 되지 않았다. 그는 훗날 자신이 본 것이 도플갱어였으며 죽을 뻔했다는 사실을 알게 되었다.

그러나 모든 도플갱어가 사람을 해치려고 나타나는 것은 아니다. 스페인 마드리드에서는 한 남자가 도플갱어 덕에 목숨을 구하기도 했다.

1987년 어느 날, 늦은 밤 혼자 자동차를 몰고 가던 안드레는 백미러를 보다가 차의 뒷좌석에 누군가 앉아 있는 것을 보곤 놀라 차를 세웠다. 진

정하고 다시 보니 자신과 똑같은 얼굴을 한 사람이 눈을 부릅뜬 채 자신을 노려보고 있었다. 도플갱어였다. 너무도 무서웠던 그는 그 자리에서 기도를 하기 시작했다. 기도를 끝내고 눈을 떠 보니 자신을 노려보던 존재는 사라지고 없었다. 그제야 안심이 된 그는 출발하기 위해 앞을 보았다. 그리고 소스라치게 놀랐다. 차 앞에 도플갱어가 서 있었던 것이다. 순간 겁이 난 그는 차를 조금 뒤로 뺐고, 그 순간 도플갱어는 사라졌다. 혹시나 어디선가 또 나타나지는 않을까 걱정이 된 그는 하이빔을 켜고 주변을 살폈다. 그런데 놀랍게도 불과 40미터 앞의 길이 산사태로 끊겨 있었다. 만약 계속 달렸더라면 큰 사고가 날 뻔한 상황이었다. 도플갱어가 자신을 구했다는 사실을 깨닫게 된 안드레는 그에게 깊이 감사했다고 한다.

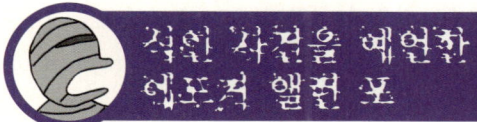
침몰 사건을 예언한 예도적 앨런 포

1884년 7월 25일 영국 울스톤(Woolston), 상선 미뇨넷(Mignonette) 호가 긴 항해를 시작했다. 배 안에는 올해 열일곱 살이 된 리처드 파커(Richard Parker)도 타고 있었다. 그는 미뇨넷 호의 선원으로 이제 막 첫 항해를 시작하고 있었다.

그러나 호주로 가던 배는 대서양 남동쪽 해상에서 풍랑을 만나 침몰했고, 선장 더들리와 선원 세 명만이 구명보트에 올라타

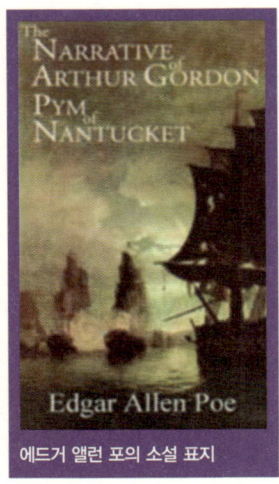
에드거 앨런 포의 소설 표지

겨우 목숨을 구할 수 있었다. 거기엔 리처드 파커도 포함되어 있었다. 처음 그들은 물에 빠져 죽지 않은 것에 감사했다. 하지만 그들을 기다리고 있는 것은 뜨거운 태양과 굶주림뿐이었다. 음식도 물도 없이 바다 위를 떠다닌 지도 열아흐레가 넘어갔다. 선장은 끔찍한 결정을 내렸다. 이미 탈진해 혼수상태였던 파커를 죽여 식량으로 삼은 것이다.

그렇게 남은 사람들은 리처드 파커의 몸을 먹으며 한 달도 더 넘게 버티다가 근처를 지나던 몬테주마(Montezuma) 호에게 발견되었다. 기나긴 표류의 나날이 끝나는 순간이었다. 구출 당시 구명보트에는 파커의 시신이 일부 남아 있었다. 침몰사고에 대해 조사를 하던 호주 경찰은 더들리 선장에게 시신에 대해 물었다. 선장은 파커가 자연사한 것이 아니라 자신들이 살아남기 위해 혼수상태의 파커를 죽여 시체를 먹었다고 자백했다. 호주 경찰 당국은 사건의 진상을 수사하기 위해 그들을 영국으로 압송했다.

더들리 선장은 다 함께 죽을 수는 없었기에 가장 상태가 나빴던 파커를 선택했다고 증언했지만 경찰은 그 말을 믿지 않았다. 그들은 파커가 그냥 놔둬도 죽을 것 같아서가 아니라 가장 나이도 어리고 제일 마지막으로 배의 선원이 되어 선원들과 지낸 시간도 가장 짧았기 때문에 살해되었을 거라 판단했다. 그리고 생존자 모두에게 사형을 선고했다. 그러나 생존자들은 계속 결백을 주장했다.

재판이 진행되던 도중 피고 측 변호사는 소설 한 권을 증거물로 제출했다. 그것은 미국의 소설가 에드거 앨런 포가 1837년에 발간한 소설 『아서 고든 핌의 모험(The Narrative of Arthur Gordon Pym of Nantucket)』이었다. 47년 전에 쓰여진 이 소설 속에는 대서양을 항해하던 배가 풍랑을 만나 침몰하는 대목이 나온다. 표류한 지 열아흐레 되던 날 소설 속 생존자들은 제비뽑기로 희생자 한 명을 뽑는데, 이때 뽑힌 사람이 열일곱의 리처드 파커라는 소년이었다고 쓰여 있었다.

발간년도를 무시한다면 마치 미뇨넷 호 사건을 보고 쓴 것 같았다.

처음 재판관은 혹시 선장이 이 소설을 읽고 소설 속 희생자의 이름과 같은 소년을 살해한 건 아닐까를 의심했다. 하지만 조사 결과 선장은 글을 읽을 줄 모르는 문맹으로 밝혀졌다. 결국 재판부는 소설과 실제 사건이 그대로 맞아떨어지게 된 것을 기막힌 우연의 일치라고 결론을 내렸다. 오히려 소설을 읽으며 당시의 처절했던 상황을 이해하게 된 재판부는 사형을 선고했던 이전 판결을 뒤집고 6개월 중노동형으로 감형해 주었다.

47년 전 에드거 앨런 포가 조난자들의 극한 상황을 묘사한 소설 덕에 미뇨넷 호의 생존자들이 목숨을 구하게 된 것이다.

조나 델 실렌치오의 미스터리

멕시코의 두랑고(Durango) 주에 있는 조나 델 실렌치오(Zona Del Silencio) 사막. 여기에는 사람들이 '고요의 장소'라고 부르는 곳이 있다. 황량한 사막에 이토록 낭만적인 별명이 붙은 데는 나름의 이유가 있다.

1960년, 정부에서 일을 하고 있던 해리는 석유를 탐사하기 위해 탐사요원들과 함께 조나 델 실렌치오 사막으로 갔다. 그런데 사막을 달리던 도중 그들을 태우고 가던 트럭이 원인 모를 고장을 일으켜 멈춰버렸다. 해리는 사고 소식을 상부에 보고하려 했지만 무전기는 먹통이었고 전기 관련 장비들도 모두 작동을 멈춘 상태였다. 결국 해리와 탐사요원들은 트럭을 밀어서 사막을 벗어나기로 했다. 사고 지점에서 100미터 정도 벗어나자 장비들이 정상으로 작동했고, 트럭도 움직이기 시작했다. 해리는 이 기이한 현상을 상부에 보고했다. 그리고 그때부터 이곳은 '고요의 장소'라고 불리게 되었다.

이후에도 조나 델 실렌치오 사막에서 이상한 경험을 한 사람들의 제보는 끊이지 않고 있다.

1975년, 디아즈 부부는 고요의 장소 일대에서 광석을 채집하고 있었다. 이곳은 유난히 운석 파편과 희귀한 광석표본이 많이 발견되는 곳이었다. 채집을 마치고 다음 장소로 이동하러 트럭에 올라 막 출발했을 때 갑자기 거센 비바람이 몰아치기 시작했다. 비바람은 곧 그쳤지만 그만 트럭이 작은 늪에 빠져 꼼짝 못하게 되었다. 난감해하던 그들 앞에 두 명의 청년이 손을 흔들며 다가왔다. 노란색 비옷에 모자를 쓴 젊은이들은 트럭을 밀어 늪에서 빼내주었다. 그들의 도움으로 위기에서 벗어나게 된 디아즈 부부는 감사인사를 하기

초현상이 목격되는 조나 델 실렌치오

위해 트럭에서 내렸다. 그런데 사막 어디에서도 방금 전까지 자신들을 도와준 청년들의 모습을 찾을 수 없었다. 더 기이했던 것은 비가 와 질척했던 바닥에 청년들의 발자국이 남지 않았다는 점이었다. 바닥에는 트럭 바퀴자국과 디아즈 부부의 발자국만이 찍혀 있을 뿐이었다.

1979년 친척집을 방문하려고 조나 델 실렌치오 사막을 가로질러 지름길로 달리던 루벤 로페즈도 이곳에서 기이한 경험을 했다. 그가 타고 가던 밴의 엔진이 갑자기 꺼지며 차가 멈춰버린 것이었다. 다시 시동을 걸어보려 했지만 쉽지 않았다. 결국 도움이 필요하다고 생각한 로페즈는 무전기를 꺼내 들었다. 그런데 아침에 충전해서 가지고 나온 무전기가 아예 켜지지도 않았다. 지나가는 차라도 있었으면 하는 마음으로 주변을 둘러보던 로페즈의 눈에 이상한 모습이 보였다. 수십여 미터 떨어진 곳에서 키 작은 사람 다섯 명이 그를 향해 오고 있었던 것이다. 그들은 모두 은색 옷에 헬멧을 착용하고 있었는데 키는 네 살짜리 어린아이 정도로 작았지만 얼굴만은 어른의 모습이었다.

그들이 다가올수록 로페즈는 왠지 모를 불안감에 휩싸였다. 그 순간 로페즈의 머리에 좋은 생각이 떠올랐다. 로페즈의 차가 멈춘 곳은 오르막길이었다. 사이드 브레이크를 풀고 후진기어를 넣으면 차를 뒤로 움직일 수 있겠다는 생각이 들었던 것이다. 그는 곧바로 차를 후진했다. 그의 차가 움직이는 것을 본 키 작은 사람들 역시 제각기 다른 방향으로 사라져버렸다. 그들이 사라진 후 무전기가 정상으로 작동했고 차도 다시 움직이기 시작했다. 로페즈는 곧바로 사막을 빠져나와 자신이 겪은 일을 신문에 제보했다.

1972년 4월 11일 오후, 친구와 함께 말을 타고 조나 데 실렌치

오 부근을 산책하던 루이스는 언덕 너머 목초지에서 연기가 치솟는 것을 보고 깜짝 놀라 달려갔다. 그러나 현장에 도착해 보니, 어디에서도 연기는 나지 않았다. 혹시 불씨라도 있는 건가 싶어 그는 바닥을 살폈다. 그런데 갑자기 주위에 정체를 알 수 없는 섬광이 번쩍이기 시작했다. 놀란 루이스는 서둘러 그곳을 빠져나왔다. 그 후 친구에게 자신이 겪은 일을 이야기하던 그는 혹시 자신이 본 빛이 감춰진 보물에서 나온 것일지도 모른다고 생각하게 되었다. 이 고장에는 원주민이 숨겨놓은 보물에 관한 전설이 내려오고 있었다. 루이스는 그곳에서 보물을 찾아보리라 마음을 먹고는 삽과 곡괭이를 들고 사막으로 향했다.

현장에 도착해 땅을 파기 시작한 후 얼마 지나지 않아 저 멀리서 안개가 끼는 것이 보였다. 그리고 안개 속에서 쇠로 만들어진 갑옷을 입고 큰 창을 든 사람들이 행진하는 모습이 보였다. 이상한 생각에 주위를 둘러본 루이스는 깜짝 놀랐다. 방금 전까지만 해도 아무것도 없던 언덕이 울창한 숲으로 바뀌어 있었기 때문이다. 우선 숨어야겠다는 생각이 들었던 루이스와 그의 친구는 나무 뒤에 숨어 갑옷 입은 사람들을 살피기 시작했다. 그때 행군하던 병사 중 하나가 그들이 숨어 있는 곳을 주시하고 있다는 것을 알게 되었다. 그들은 용기를 내어 앞으로 걸어나와 기병에게 누구냐고 물었다. 그러나 기병은 말 없이 쳐다보기만 하다 갑자기 "저기 그들이 있다!"고 소리를 질렀다. 그 순간 여기저기서 원주민들이 나타났고 곧 전투가 벌어졌다. 루이스와 친구는 그저 두려움에 떨며 그 피 튀기는 장면을 쳐다보고 있었다. 그렇게 한참을 싸우던 그들은 나타났을 때처럼 갑자기 사라졌고 다시 황량한 사막이 펼쳐졌다.

전투가 벌어지는 내내 겁에 질려 엎드려 있던 두 사람은 돌아와 자료를 찾아보았다. 그리고 17세기 말 그곳에서 스페인 군인과 원주민들 사이에 전투가 벌어졌다는 사실을 알게 되었다. 결국 그들은 과거에 실제로 벌어졌던 전투를 목격한 것이었다.

이 밖에도 갑자기 하늘에서 내리는 자갈 비, 아무 말 없이 가만히 서 있다가 사람이 다가가면 사라져버리는 사람과 이상한 옷을 입은 키 작은 사람 등, 지금까지도 조나 델 실렌치오 사막에는 기이한 일들이 계속되고 있다.

조사 결과 이곳에는 다른 곳에서 찾아보기 힘든 강력한 자력이 발생한다는 사실이 밝혀졌다. 이 자력이 무전기나 텔레비전, 라디오 같은 방송 전파를 차단하고 전자장비와 통신기 등을 먹통으로 만든 것이었다. 그러나 이곳에서 목격되는 정체를 알 수 없는 사람들이 누구인지, 왜 이곳에 자력이 발생하는 것인지에 대해서는, 지금도 학자들이 연구를 계속하고 있지만 더 이상 밝혀지지 않았다.

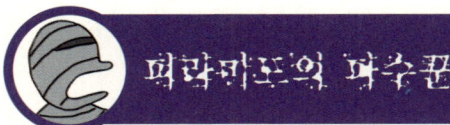

피라미드의 파수꾼

1989년 이집트 리슈트(Lisht)에서는 독일 발굴조사팀이 1894년 발굴된 이후 버려져 있던 고대 이집트 12왕조의 파라오 세누스렛 1세(Senusret I)의 피라미드를 조사하고 있었다. 그들은 새로 개발된 초음파탐지기로 아직도 발견되지 않은 방이 있는지를 알아보고 있었다. 탐사 첫날 피라미드의 지하 일부 지역에서 이상반응이 감지되었

세누스렛 1세의 피라미드

다. 그들은 숨겨진 밀실이 있을지도 모른다고 생각했고 이를 확인하기 위해 중장비로 피라미드 바닥을 뚫기 시작했다. 10미터 이상을 파내려가던 드릴이 갑자기 밑으로 쑥 빠지며 헛돌았다. 바닥에 빈 공간이 있었던 것이다. 발굴팀은 우선 구멍에 조명장치가 달린 초미니 비디오카메라를 내려보냈다.

숨을 죽이고 비디오카메라가 잡은 영상을 주시하던 일행은 보물로 추정되는 물체를 발견했다. 환호를 지르려던 찰나, 보물이 놓여 있는 벽에 정체를 알 수 없는 그림자가 서서히 몸을 일으키는 모습이 보였다. 발굴팀은 그림자의 정체를 확인하기 위해 카메라 초점을 맞췄다. 그 순간 밀실 안에서 무엇인가가 카메라 줄을 잡아당겼고 그 때문에 지상에 있던 촬영장비들이 모두 바닥에 쓰러졌다. 그리고 지하에서는 짐승이 내는 것 같은 이상한 소리가 들렸다. 놀란 발굴팀은 카메라를 다시 끌어올렸다. 카메라 렌즈와 조명기구의 끝이 누군가가 씹어놓은 것처럼 납작하게 찌그러져 있었다. 지하에 뭔가가 있다고 확신한 발굴팀은 다시 카메라를 내려보내 관찰해 보았다. 그러나 아무것도 발견하지 못했다.

그 후 발굴팀은 보물을 끌어올리기 위해 사람이 들어갈 만큼

구멍을 뚫어 인부들을 내려 보냈다. 그런데 내려간 사람들이 서로 보물이 자기 것이라며 싸우기 시작했다. 인부들이 유물을 몰래 빼낼 수도 있다고 생각한 학자들은 군인들의 도움을 받아 구멍을 철문으로 막았다. 그리고 도난을 막기 위한 대책을 논의하고 있었다.

그때 철문을 지키던 군인 하나가 밖으로 뛰어나와, 누가 지하에서 철문을 두드리고 있다고 보고했다. 그러나 발굴팀원 중에 없어진 사람은 아무도 없었다. 혹시나 싶어 철문을 열어보려 했지만 마치 안에서 무엇인가가 잡아당기는 것처럼 꿈쩍도 하지 않았다. 겁이 난 학자들은 우선 철문을 용접해 놓고 다음날 다시

조사를 하기로 했다. 다음날 아침 현장에 도착한 일행에게 밤새 보초를 섰던 군인이 "다시 이상한 소리가 났다"고 보고했다. 가서 보니 뭔가 뚫고 나오려 했던 것처럼 철문이 흉하게 찌그러져 있었다. 겁에 질린 일행은 문 위에 겹겹으로 무거운 물체를 올려놓고는 발굴작업을 계속 할 것인가를 고민하다 결국 철수하기로 결정했다. 거기엔 이 보고를 받은 정부의 철수 명령이 크게 작용했다.

철수한 후에도 당시 발굴현장에 있었던 사람들에게 이상한 일이 일어났다. 모두 어두운 피라미드 지하에 갇혀 한없이 철문을 두드리는 악몽에 시달렸던 것이다. 당시 모든 조사가 중단되었기 때문에 지하에서 철문을 찌그러뜨리고 카메라를 망가뜨린 존재에 대해서는 더 이상 밝혀진 것이 없다.

현재 세누스렛 1세의 무덤 주위에는 바리케이트가 세워져 있고, 철판으로 용접된 지하 입구의 출입은 금지되어 있다.

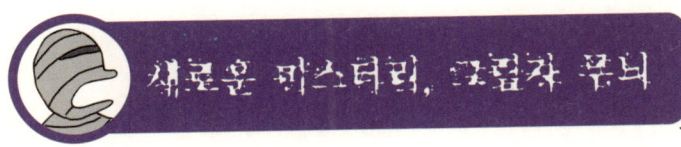

새로운 미스터리, 그림자 무늬

세계 곳곳에서 정체를 알 수 없는 그림자 무늬가 계속 목격되고 있다. 거울로 빛을 반사시켜 벽에 비출 때 나타나는 모양처럼 보이는 이것은 원형, 사각형, 별 모양 등 다양한 형태를 하고 있으며, 주로 여러 개가 한꺼번에 나타난다. 1997년 미국 버몬

독일 베를린에서 촬영된 괴현상

오스트리아 잘츠부르크에서 촬영된 괴현상

트(Vermont) 주에서 처음으로 목격되었지만 그 원인은 아직까지 밝혀지지 않았다.

영국 호브(Hove)에 사는 릴리는 자신의 집 담벼락에 여러 개의 그림자 무늬가 나타난 것을 발견하고 이상하게 생각해 신고했다. 그러나 시청 직원들이 왔을 때 이 이상한 무늬는 이미 사라지고 없었다. 그래서 그녀는 빛이 들어와 우연하게 생긴 무늬를 보고 괜한 호들갑을 떨었다고 생각했다. 2002년 2월 18일 아침, 릴리는 출근하려고 집을 나서다 사람들이 자기 집을 쳐다보고 있는 모습을 보았다. 무슨 일인가 싶어 뒤를 돌아보았더니 몇 년 전 보았던 그림자 무늬가 선명하게 나타나 있었다. 놀란 그녀는 집으로 들어가 카메라를 가지고 나와 벽의 무늬를 찍어서는 현지 신문에 제보했다. 릴리의 집 담벼락에 나타난 무늬는 한동안 사라지지 않았고 기사를 본 사람들이 곳곳에서 찾아와 이 신기한 현상을 촬영해 갔다.

이후 이 이상한 그림자가 여기저기에 나타나기 시작했다. 처음 전문가들은 이 현상이 대기권에 떠 있는 인공위성 같은 물체에 태양빛이 반사되어 생기는 것이라고 설명했다. 하지만 그림자는 먹구름이 낀 흐린 날에도 없어지지 않았고 움직이는 자동차와 사람의 옷에도 나타났다가 사라지곤 했다. 도저히 자연현상이라고는 생각되지 않았다.

1988년 5월 27일, 캘리포니아 주 파사디나(Pasadena)의 《스타 뉴스(Star News)》는 엘몬테(El Monte)에 있는 한 아파트 화장실 유리창에 'X'자처럼 보이는 기이하고 밝은 금빛 형상이 생겨났다고 보도했다. 집주인 마가렛 로메로는 유리를 바꿔 끼워보기도 했지만 금빛 형상은 사라지지 않았다고 했다. 그 후 며칠 간격으로 로스앤젤레스 시에서만 열두 개가 넘는 동일한 그림자 문양이 목격되었다. 하지만 어느 누구도 이러한 현상에 대해 속시원한 설명을 하지 못했다.

영국 길포드에서 촬영된 그림자

캐나다 에드몬톤에서 촬영된 괴현상

미국 콜로라도에서 촬영된 괴현상

크기와 모양이 제각각인 이 알 수 없는 그림자 무늬는 미스터리 서클처럼 인류가 풀어야 할 새로운 숙제가 되었다.

고대 이집트 금광의 저주

투탕카멘 미라를 조사하는 H. 카터

1922년 11월, 왕들의 계곡에서 투탕카멘(Tutankhamen) 왕의 무덤을 발견한 고고학자 H. 카터(H. Carter) 일행은 이번 발굴에서 숨겨진 보물을 찾게 될 거라 기대했다. 그리고 그들의 기대는 빗나가지 않았다. 투탕카멘 왕의 무덤에서는 왕의 미라가 들어 있는 관을 비롯해 엄청난 부장품들이 발굴되었으며, 이는 고고학 사상 최고의 성과로 손꼽힌다.

이때 부장품과 미라 말고도 지도가 함께 발견되었다. 학자들은 이것이 고대 파라오들이 도굴을 피해 보물을 숨긴 금광의 위치를 표시한 지도라는 사실을 밝혀냈다. 그들은 이 지도에 대해서는 함구하고 금광의 위치를 비밀리에 조사하기 시작했다. 발굴한 유물을 영국으로 가져가기 위해서는 이집트 정부에 발굴 사실이 알려지지 않는 쪽이 좋았기 때문이었다.

끈질긴 노력 끝에 학자들은 나일 강 건너 사막 한가운데서 광산 유적지를 찾아낼 수 있었다. 즉각 본격적인 발굴이 시작되었다. 그리고 얼마 지나지 않아 고대 이집트의 돌무덤 입구를 발견하게 되었다. 입구 기둥에는 '이곳에 들어오려는 사람은 악어에게 잡아먹히고 배가 뒤집혀 물에 빠져 죽을 것이다'라고 쓰여 있었다. 이 글을 본 인부들 중 몇몇은 저주를 받을까 두려워 현장에서 도망쳤다. 그러나 학자들에게 이런 경고문은 아무 영향도 주지 못했다. 그저 고대 파라오들의 보물창고를 찾았다는 사실이 마냥 기쁠 뿐이었다.

학자들은 본격적인 발굴작업에 들어가기 위해 인부들에게 강 건너에서 장비를 실어오라고 지시했다. 그리고 얼마 후, 오매불망 장비를 기다리던 학자들에게 뜻밖의 소식이 들렸다. 장비를 싣고 나일 강을 건너던 배가 뒤집혀 배에 탄 사람들이 모두 물에 빠져 악어밥이 됐다는 것이다. 그때만 해도 고고학자들은 침

몰사고가 돌기둥에 쓰인 저주 때문이 아니라 그저 우연한 것이라고 생각했다. 그러나 다음날 돌기둥 주변에서 잠을 자던 인부들 두 명이 시체로 발견되면서 학자들 역시 두려움을 느끼게 되었다.

발굴이 계속되며 돌무덤 입구에 널려 있던 돌조각에 쓰인 글씨들이 하나둘 해석되기 시작했다. '전갈' '황새' '죽음'이라는 단어들이 보였다. 그때 죽은 두 명의 시신에서 전갈들이 기어 나왔다. 이를 본 인부들은 겁에 질려 현장에서 도망쳐버렸다. 돌조각의 글과 마치 그 내용을 증명이라도 하듯 시체에서 나온 전갈들. 이젠 더 이상 우연으로 생각하기 힘든 상황이었다.

그때 갑자기 하늘에서 하얀 황새 한 마리가 내려와 돌무덤 입구에 앉았다. 그리고 곧바로 사막에 모래폭풍이 불기 시작했다. 사람들은 폭풍을 피해 도망치기 시작했는데 미처 피하지 못한 몇 명은 "누가 모래 밑에서 내 다리를 잡아당긴다!"라고 소리치며 모래 속으로 빨려들어가고 말았다.

이 사고 후 탐사는 중단되었고 지도 역시 자취를 감추었다.

지금도 왕들의 계곡에서는 세계 각국에서 온 고고학자들이 현재까지 알려지지 않았던 새로운 왕의 무덤과 보물을 찾기 위해 탐사를 계속하고 있지만 사막의 금광 유적지만은 그날 이후 버려져 방치되고 있다.

고대 비밀병기와 사용된 결포컨

 1988년, 이라크에 새로 발견된 고대 바빌론 유적지를 발굴하기 위해 세계 각지에서 학자들이 모여들었다. 당시 이라크 정부는 이들에게 연구비를 제공하며 유적지 발굴을 후원했다. 정부의 후원을 받은 고고학자들은 고대 바빌론 제국을 지배했던 여왕의 무덤과 숨겨진 보물을 찾기 위해 총력을 기울였다.

 첫 성과를 올린 것은 영국 고고학팀이었다. 그들은 '바빌론 제국의 병사'라는 비석이 있는 지하무덤을 발굴했는데, 그곳에서 손바닥만한 돌조각들을 발굴했다. 처음에는 그것들이 깨진 도자기인 줄 알고 무덤 밖으로 보냈다. 그런데 발굴을 계속하다가 비어 있는 무덤 속에서 같은 크기의 돌조각들로 만들어진 벽을 발견하게 되었다. 벽에는 고대 바빌론의 문자가 빼곡하게 적혀 있었다. 고고학자들은 무덤 밖으로 내보냈던 돌조각들을 다시 들여와 벽에 끼워 맞췄고 그제야 겨우 돌 벽에 새겨진 내용을 해석할 수 있었다.

 돌 벽에는 다음과 같은 내용이 새겨져 있었다.

 주(Zu)는 기원전 1000년 바빌론의 뒤를 이어 생겨난 니푸르(Nippur)의 왕으로 신과 동일시되던 인물이었다. 그는 붉은 얼굴을 하고 머리에는 양처럼 뿔이 나 있었는데 늙지도 죽지도 않는 몸이었다고 한다. 오랫동안 니푸르 왕국을 다스리던 주는 외국의 침략으로 나라가 망하자 자신이 갖고 있던 보물을 고대 바빌론 제국 여왕의 무덤 안에 숨겨놓고는 사라져버렸다. 돌 벽에는 여왕의

이라크의 니푸르 왕국 유적지

니푸르 왕 '주'의 모습

무덤이 있는 장소에 대해서도 자세히 적혀 있었다.

1990년 5월, 영국 고고학자들은 자신들이 알아낸 사실을 이라크 정부에 넘겨주었다. 그리고 이라크 정부는 같은 달 '마침내 8천 년 묵은 바빌론 여왕의 무덤을 찾게 됐다'고 발표했다. 그 후 이라크 정부의 태도가 변하기 시작했다.

사실 여왕의 무덤을 찾을 수 있었던 것은 외국 고고학자들이 서로 힘을 합쳐 열심히 일한 덕분이었다. 그런데 이라크 정부는 정작 가장 중요한 여왕의 무덤을 발굴할 때는 외국 학자들은 나라 밖으로 몰아낸 채 이라크 고고학자들에게만 발굴을 허락했다.

결국 다른 나라의 고고학자들은 그저 인공위성으로 발굴작업을 지켜봐야만 했다. 이라크 발굴팀이 유물을 훼손하고 있었지만 달리 방법이 없었다. 돌 벽에 여왕의 시신을 건드리면 하늘에서 우뢰와 벼락이 쏟아질 거라고 경고하는 내용이 적혀 있었지만 이라크 학자들은 이를 무시한 채, 시체에서 장신구들을 빼내는 데 혈안이 되어 유골을 집어던지고 뼈를 헤집어놓았다.

이라크 학자들에게 여왕의 유골은 중요한 것이 아니었다. 그들이 애타게 찾고 있던 것은 다름 아닌 주의 '지하시계'였다. 이것은 성서에 나오는 솔로몬 왕의 성궤와 비슷한 위력을 가진 무기로 바빌론의 역사서에는 '그 무기를 사용하는 군대는 반드시 전쟁에서 승리한다'고 적혀 있었다.

1991년, 드디어 이라크 학자들은 여왕의 유골 옆에서 지하시계를 찾았고, 이를 사담 후세인 대통령에게 전달했다. 그리고 얼마 후 이라크는 쿠웨이트를 공격했다. 걸프전이 시작된 것이다. 그러나 결과는 참담했다. 이라크는 여왕의 경고처럼 하늘로부터 우뢰와 벼락이 비오듯 쏟아지는 것 같은 공격을 받았고, 결국 참패하고 말았다.

과연 이라크가 발굴한 주의 비밀병기는 아무 효과가 없었던 것일까? 아니면 여왕의 시체를 함부로 건드렸기에 저주를 받아 패배한 것일까?

지상의 버뮤다 삼각지대, 비버

'버뮤다 삼각지대'는 항해하는 배들이 사라지는 신비한 장소이다. 그런데 땅 위에도 이처럼 사람들이 사라지는 곳이 있다.

미국 오클라호마(Oklahoma) 주에 있는 비버(Beaver) 모래언덕에는 가끔 초록색 번개가 친다. 그리고 이런 번개가 칠 때에는 근처에 있던 사람들이 일순간에 사라져버린다. 그래서 이 고장 사람들은 모래언덕에 가지 않는다. 그들은 사라진 사람들이 다른 차원으로 갔다고 믿고 있다.

최초로 초록색 번개에 대해 기록을 남긴 사람은 후안 데 파딜라(Juan De Padilla)라는 수도사였다. 그는 1540년 멕시코 누에바 갈리시아(Nueva Galicia) 주의 주지사 프란시스코 바스케스 데 코로나도와 함께 금을 찾기 위한 탐사에 참여했다. 이 탐사 도중 초록색 번개를 접한 그는 당시의 일에 대해 일기에 상세하게 기록해 놓았다.

코로나도는 금을 찾으라는 스페인 왕실의 명령을 받아 천여 명의 군사를 이끌고 오늘날 미국 텍사스 주와 오클라호마 지역을 탐사했다. 그는 탐사 도중 비버 모래언덕 근처를 지나다 현지 원주민들을 만나게 되었다. 원주민들은 언덕의 한 지점을 손으로 가리키며 저곳은 위험한 곳이니 가지 말라고 했다. 그러나 코로나도는 원주민들의 경고를 무시했다. 그곳에 값진 보물이 숨겨져 있거나 아니면 금광이 있을 거라고 생각한 것이다. 코로나도는 문제의 그 지점을 탐사하기로 결정했다.

오클라호마 비버 모래언덕 전경

뜨거운 낮을 피해 밤에 모래언덕으로 행군하던 그는 멀리 떨어진 곳에서 초록색 번개가 치는 것을 보게 되었다. 마른하늘에 번개가 치는 것도 이상했지만 초록색 번개는 처음 보는 것이었다. 이상한 생각이 들어 번개가 친 장소로 움직이기 시작했다. 그런데 번개가 친 장소에 가까워질수록 이상한 일이 계속되었다. 우선 갑옷 안쪽의 피부가 이상하게 가려웠다. 또 말들이 어느 정도 가까이 가자 더 이상 움직이려 하지 않았다. 결국 부대원들은 말에서 내려 걸어가야만 했다.

한참을 가던 도중 모래 위에 이상한 자국이 생겨나는 것을 발견했다. 마치 모래 밑으로 거대한 뱀이 기어가고 있는 것처럼 이상한 자국이 계속 생겨나고 있었다. 코로나도는 모래 밑에 뭔가가 있다고 판단하고 병사들에게 확인해 보라고 명령했다. 병사들이 모래자국에 접근하려는 순간이었다. 갑자기 밤하늘이 열리듯 눈앞에 초록색 번개가 번쩍였다. 그와 동시에 당시 선두에 서서 걷고 있던 비스카이노(Viscaino), 로마노(Romano), 그리고 무노즈(Munoz)라는 세 병사가 갑자기 사라졌다. 결국 이 사고로 그들은 모두 이곳에서 철수했고 사라진 병사들은 다시 돌아오지 않았다.

　과학자들은 이곳에서 계속 사람이 사라지는 이유에 대해 이곳에 알려지지 않은 전자방어 장치나 공간이동 장치가 묻혀 있는 건 아닐까를 의심하고 있다. 그러나 가까이 접근하는 것조차 불가능해 연구가 진전되지 못했다. 지금도 이곳에서는 밤늦은 시간 초록색 번개가 치는 것을 쉽게 볼 수 있다.

Part 3
믿을 수 없는 기이한 존재, 괴물

◆ 대형 참사를 일으키는 모스맨 ◆ 남태평양에서 발견된 인어 ◆ 스코틀랜드의 난쟁이 로로우 ◆ 하늘을 나는 괴물, 가고일 ◆ 전설 속의 괴물 추파카브라 ◆ 공포의 초대형 식인 곰 ◆ 피를 빨는 의서아 흡혈거미 ◆ 자바섬의 좀비, 한부 토롱 ◆ 어둠 속의 늑대인간 ◆ 공포의 그림자인간 ◆ 뉴저지의 상징 저지 데블 ◆ 극극의 얼음, 신비한 황금기록 ◆ 비행기를 들이받는 그렘린 ◆ 기괴한 울음소리의 염소인간 ◆ 브라질에 나타난 외계괴물 ◆ 날아다니는 분어괴물 무호노조와 ◆ 공포의 녹색 괴물 ◆ 바다의 악마, 가라다이브로

대형 참사를 알려주는 모스맨

비행기 추락사고, 건물 붕괴, 지진과 해일. 연일 뉴스를 장식하는 재난과 그로 인해 고통받는 사람들의 모습을 접할 때 '재난을 미리 알려주는 존재가 있다면 얼마나 좋을까?'라고 생각하게 된다. 그렇다면 그 존재는 과연 어떤 모습일까? 사람의 생명을 구하는 좋은 일을 하니까 어쩐지 천사를 닮았을 것만 같다. 하지만 그것은 오산이다.

실제로 대형 참사가 있기 전 나타나 이를 경고하는 존재가 있다. 그러나 이들은 전혀 아름답지 않다. 가슴에 크고 빨간 두 눈이 있는 이 천사는 나방인간 또는 모스맨이라고 불린다.

1928년 미국 캘리포니아 주의 한 가정집에서 한 아이가 엄마에게 방금 천사를 보았다고 말했다. 엄마는 딸에게 천사가 어떻게 생겼냐고 물어보았다. 아이는 천사의 몸은 온통 검은색이고 가슴에 빨간 두 눈이 있다고 말했다. 뭔가 이상하다고 생각한 엄마는 "어째서 천사라고 생각하는 거니?"라고 물었다. 그러자 아이는 "천사님이 오늘 밤 자정에 뒷산에 올라가면 홍수를 피할 수 있댔어요"라고 대답했다. 하늘은 맑았고 큰 비소식도 없었다. 홍수가 날 거란 딸의 말을 믿기는 힘들었지만 그렇다고 무시해 버리자니 뭔가 께름칙했다.

속는 셈치고 한번 믿어보자고 결심한 엄마는 그날 저녁 아이와 함께 산 위에 올라가 마을을 내려다보고 있었다. 자정이 가까워졌지만 아무 일도 일어나지 않았다. 엄마는 속으로 '내가 뭐

하는 건지 모르겠네'라고 생각했다. 그녀는 한심한 생각에 시계를 보았다. 막 시계의 분침이 11시 59분을 알리고 있었다. 그때 갑자기 먼 산에서 뭔가 폭발하는 소리가 들리더니 엄청난 물기둥이 순식간에 마을 전체를 뒤덮어버렸다. 마을 사람들은 미처 피하지 못하고 대부분 사망했다. 인근 산의 대형 댐이 무너진 것이었다.

위험을 경고하는 모스맨

언덕 위에서 이 모든 광경을 목격한 모녀는 자신들을 구해준 그 천사에게 끝없이 감사의 기도를 했다.

1978년에도 비슷한 일이 있었다. 독일 프라이베르크(Freiberg) 탄광, 이른 아침 조업을 하기 위해 갱도로 들어가던 광부들은 이상한 생물을 목격했다. 팔이 없고 빨갛게 빛나는 두 눈이 가슴에 있는 이 생물은 갱도 입구에 서 있다가 광부들이 갱 안으로 들어가려고 하면 갑자기 몸에서 소름끼치는 쇳소리를 냈다. 깜짝 놀란 광부들은 이 생물체가 무서워 안으로 들어가지도 못한 채 탄광 주위를 서성이고만 있었다. 그렇게 얼마간의 시간이 흘렀을 때, 갑자기 엄청난 소리를 내며 탄광이 무너져버렸다. 만약 이 생물체가 길을 막지 않아서 평소대로 일을 하고 있었다면 아마 모두 탄광에 생매장되었을 것이다. 괴물이 자신들의 목숨을 구해준 것을 깨달은 광부들은 그를 찾기 위해 주위를 둘러보았다. 그러나 방금 전까지만 해도 갱도 입구에 서 있던 괴물은 온 데 간 데 없이 사라져버리고 말았다.

1997년 4월 미국 웨스트버지니아(West Virginia) 주에 살고 있던 젊은 부부는 밤에 텔레비전을 보던 도중 밖에서 정체를 알 수 없는 동물의 울음소리를 들었다. 이상한 느낌이 들어 불을 켜고 집 밖으로 나온 부부는 숲속에서 빨간색으로 빛나는 뭔가가 자신들을 쳐다보고 있는 것을 발견했다. 제대로 보기 위해 들고 있던 손전등을 붉은 형상에 비춘 부부는 깜짝 놀라 비명을 지르고 말았다. 거기엔 머리가 없고 가슴에 큰 눈 두 개가 달린 괴물이 있었기 때문이다. 비명소리에 놀란 괴물은 곧바로 하늘로 날아가버렸다.

1998년 뉴욕 시에서는 하수구 공사를 하려던 인부들이 모두 혼비백산하는 사건이 있었다. 당시 인부들이 도망치는 모습을 본 현장감독은 무슨 일이냐고 물었다. 그는 "하수구 안에 괴물이 있다"는 인부들의 말에 코웃음을 쳤다. 그리고는 직접 확인해보겠다며 하수구로 들어갔다. 그리고 인부들이 괴물을 보았다는 쪽으로 가보았다.

얼마 후 어딘가에서 으르렁거리는 소리가 들려왔다. 고개를 들어서 보니 하수구 멀리 어두운 지점에서 뭔가가 커다란 눈으로 그를 쳐다보고 있었다. 분명 누군가 장난치는 것이라고 생각한 그는 좀더 사물에게 가까이 다가갔다. 그 순간 갑자기 하수구 안에 있던 모든 조명이 한꺼번에 꺼졌고 그는 그 물체의 모습을 제대로 볼 수 있었다. 그것은 인간이 아닌 커다란 괴물이었다. 놀란 그는 황급히 도망쳐 나왔다.

1999년 8월 새벽 웨스트버지니아 주 고속도로에서 도로공사를 하던 인부 아놀드는 작업을 하며 무전기로 동료들과 대화를 하고 있었다. 그런데 갑자기 무전기에서 잡음이 나기 시작했다.

아놀드는 그때 아스팔트 롤러를 몰고 있었는데 롤러의 시동도 갑자기 멈춰버렸다. 고장이라도 난 건 아닐까 싶어 롤러를 들여다보고 있는데 그의 귀에 찢어지는 듯한 날카로운 소리가 들렸다. 소리가 난 쪽을 돌아보자 거기에는 2미터가 넘는 키에 머리가 없고 가슴에 빨간 눈이 달린 괴물이 있었다. 한참 동안 아놀드를 쳐다보던 괴물은 갑자기 하늘로 날아갔다.

2002년 3월 14일 미국 조지아(Georgia) 주, 출근하려고 밖으로 나온 제이슨은 자동차 지붕에 이상하게 생긴 검은 새가 앉아 있는 것을 봤다. 그는 새를 쫓기 위해 집 앞에 있던 정원 손질용 고무호스로 물을 뿌렸다. 지붕에서 꾸벅꾸벅 졸던 새는 물을 맞고 놀라 자동차 지붕에서 벌떡 일어섰다. 제이슨은 그 순간 자

신이 보고 있던 게 새가 아니라는 사실을 깨달았다. 그것은 가슴에 빨간 두 눈이 달린 털복숭이 괴물이었다. 그는 괴물의 사진을 찍기 위해 카메라를 가지러 집으로 뛰어들어갔다. 하지만 괴물은 곧바로 어딘가로 날아가버렸다. 우선 출근이 급했던 그는 그대로 차를 몰아 고속도로를 달렸다. 그런데 그날따라 이상하게 차가 밀렸다. 그때 저 멀리 연기가 피어오르는 모습이 보였다. 사고라도 났나 싶어 라디오를 켠 그는 불과 몇 분 전 고속도로에서 백여 대가 넘는 자동차들이 연쇄충돌하는 사고가 일어나 많은 사람들이 다치고 죽었다는 뉴스를 듣게 되었다. 그 이상한 검은 괴물이 아니었더라면 그 역시 사고의 한가운데에 있었을 게 분명했다.

재앙을 경고하기 위해 사람들 앞에 나타나는 모스맨. 최근 세계 각지에서 모스맨을 보았다는 제보가 많이 늘었다고 한다. 과연 그는 무엇을 경고하기 위해 나타나는 것일까?

남태평양에서 발견된 인어

인어라는 단어에서 우리는 상반신은 여성, 하반신은 물고기 모양을 하고 길게 머리를 늘어뜨린 채 바위 위에 앉아 노래하는 모습을 떠올린다. 이것은 아마도 상당 부분 디즈니와 안데르센의 영향일 것이다.

사실 인어는 동서양을 막론해 전 세계의 전설에 등장하는 존재이다. 그리스신화에서는 노래로 선원들을 유혹해 배를 난파시키는 모습으로 나타나고, 일

남태평양에서 포획된 사람 모양의 물고기

본에서는 인어고기를 먹으면 불로불사한다는 전설이 전해진다.

인어를 직접 목격했다는 증언도 상당히 많다. 학계에서는 고래나 듀공 같은 바다생물을 착각한 걸로 여기고 인어의 존재를 인정하지 않고 있지만 모두 착각이라고 치부하기에는 미심쩍은 부분들이 많다.

1949년 피지(Fiji) 섬 근처에서 조업하던 인도네시아 원양어선 어부들은 깊은 바다 한가운데에서 정체불명의 사람이 헤엄치는 것을 목격했다. 깜짝 놀란 어부들이 구명튜브를 던져 구조하려고 했지만 수영을 하던 사람은 고개를 저으며 묘한 미소만 짓고 있었다. 선원들은 이상한 생각이 들어 그 남자를 자세히 살펴봤다. 짧고 검은 머리에 검은 눈동자, 언뜻 보면 평범해 보였다. 그런데 놀랍게도 그의 목 주위가 아가미처럼 여닫히고 있었다. 어부들은 깜짝 놀라 물에 비친 그의 하체로 눈을 돌렸다. 남자의 하반신은 돌고래 꼬리 모양이었다. 자신들이 지금 인어를 보고 있다는 사실을 깨달은 어부들은 그물과 작살로 인어를 잡으려고 했지만 인어는 순식간에 물속으로 사라져버리고 말았다.

1970년 남태평양 해상에 배를 멈추고 쉬고 있던 원양어선의 선원들은 갑판 위에서 들리는 이상한 쇳소리에 놀라 갑판으로

뛰어나왔다. 어쩐 일인지 갑판 위의 조명은 모두 꺼진 상태였다. 그 중 한 선원이 그만 뭔가에 걸려 넘어지고 말았다. 그가 넘어지는 순간 달빛을 가리고 있던 구름이 걷히며 자신을 넘어지게 한 정체를 볼 수 있었다. 갑판 위에는 동양인의 얼굴을 한 괴한이 넘어진 어부의 다리를 잡고 있었다. 선원이 비명을 지르자 괴한은 몸을 일으켜 배 밖으로 도망쳤는데, 몸을 일으키는 순간 보인 그의 하반신은 물고기 꼬리 모양을 하고 있었다.

1979년 남태평양 솔로몬 제도의 작은 섬을 방문한 미국 자선단체 소속 자원봉사자 제임스는 원주민이 잡은 이상하게 생긴 물고기를 보게 되었다. 물고기의 상반신은 인간의 모습을 하고 있었다. 두 개의 팔이 달렸고, 눈알은 하얀색이었다. 그러나 코에는 작은 구멍만 있을 뿐 콧대는 없었고 귀도 없었다. 제임스는 원주민에게 대체 이게 무슨 물고기냐고 물었다. 그러자 원주민들은 '바다 인간'이라고 대답했다. 순간 이것이 전설에 나오는 인어라 생각한 그는 원주민들에게 "내게 줄 수 없냐?"고 물어보았다. 원주민들은 흔쾌히 "선물이니 가져가라"고 말했다. 제임스는 미국으로 돌아와 수산청에 돈을 받고 인어를 넘겼다. 그 후 미리 찍어놓은 인어 사진을 언론사에 팔려고 했으나 이미 누군가가 그의 숙소를 뒤져 사진과 필름을 모두 훔쳐갔다고 한다.

몇 해 전 카스피 해에서 조업하던 아제르바이잔 선박 바쿠(Baku) 호의 선원들은 기이한 물고기를 목격했다. 선장 가사노프(Gasanof)는 신문과의 인터뷰에서 이렇게 말했다.

"커다란 생물체가 배를 계속 따라다녔습니다. 처음에는 그냥 큰 물고기인 줄 알았습니다. 그런데 자세히 보니 사람처럼 생긴 머리에 털이 나 있고 지느러미가 괴상하게 생겼더라구요. 게다

가 상체에는 이상하게 생긴 팔이 달려 있었습니다."

보도에 따르면 근래 카스피 해의 유전 개발이 활발해지면서 기괴하게 생긴 반인반어 생물체가 자주 목격된다고 한다. 목격자들은 모두 괴물의 생김새가 약 150~180센티미터 크기에 사람 같은 머리에 검거나 초록색 머리털이 나 있으며 몸의 윗부분에 팔이 달려 있는데, 그 끝에는 물갈퀴 같은 손이 있고, 불룩하게 돌출된 단단하게 생긴 배와 투박한 지느러미를 가졌다고 말했다. 또 아랫입술은 아가미가 있는 목과 자연스럽게 연결되어 있다고 묘사했다.

이 신문은 또한 인어를 목격한 사람들의 증언이 일치하는 것

으로 보아 목격자들의 말은 사실인 것 같다는 말로 기사를 마무리했다.

넓고 광대한 바다는 신비로 가득 차 있다. 그 바다 한가운데에 지금껏 우리에게 알려지지 않은 생물이 있을 가능성은 얼마든지 있다. 어쩌면 지금도 남태평양 어딘가에서 인어들이 모여 살고 있는지도 모른다.

 스코틀랜드의 난쟁이 트로우

1943년 12월 2일 스코틀랜드 오크니(Orkney)의 호이(Hoy) 섬, 근무지로 가던 정찰병 윌리엄 소너의 귀에 이상한 소리가 들렸다. 노랫소리였다. 혹시 독일군 스파이가 아닐까 의심한 소너는 조심스럽게 소리가 들리는 곳으로 다가갔다. 그러다 그만 땅에 있던 나뭇가지를 밟아 기척을 내고 말았다. 그러자 언덕 위에서 들리던 노래 역시 멈추었다. 곧바로 언덕으로 달려가 보았지만 그곳엔 아무도 없었다. 다만 언덕 위 풀밭에 동그란 모양으로 발자국들만이 찍혀 있을 뿐이었다. 그는 누군가가 방금 전까지 노래를 부르다 자신이 다가오는 소리를 듣고 도망갔다고 생각했다.

다음날 아침 소너는 상관에게 지난 밤 있었던 일을 보고했다. 그러자 상관들은 깜짝 놀라 거기가 어디냐고 물었다. 언덕 위에서 동그랗게 찍힌 발자국을 본 그들은 소녀에게 "이것은 독일군 스파이가 아니라 트로우(Trow)가 한 짓 같다"고 얘기했다.

상관들 중 한 명은 소녀에게 또다시 트로우들의 노래가 들려도 무시해야 하며, 혹시라도 그들을 보게 되더라도 그들이 그린 원을 밟거나 그 안으로 들어가서는 안 된다고 당부했다.

다음날 저녁 같은 장소를 지나던 소녀는 언덕 너머에서 여러 색

스코틀랜드에서 목격된 트로우

의 빛이 나오는 것을 보고 달려가보았다. 거기엔 못해도 열네 명은 넘어 보이는 난쟁이들이 원을 그리며 춤을 추고 있었다. 난쟁이들의 키는 보통 사람의 무릎 정도 높이였고, 얼굴은 사람처럼 생겼지만 귀가 쫑긋하게 길었으며, 길고 짙은 회색 머리에 중세풍의 옷을 입고 있었다.

또다시 트로우를 만나면 그들을 무시하라고 당부했던 상관의 말대로 그는 본부로 돌아가려고 했다. 그 순간 갑자기 노래가 멈췄다. 뒤돌아보니 춤을 추던 트로우들이 모두 화난 표정을 하고 그를 노려보고 있었다. 한참을 자기들끼리 중얼거리던 트로우들은 하나씩 절벽으로 기어 내려가기 시작했다. 마지막까지 남아 있던 트로우 하나가 손을 내밀어 뭔가를 보여줬다. 그것은 바로 생쥐만한 크기로 작아진 세 명의 사람이었다. 놀란 소녀는 곧바로 본부로 돌아와 이를 보고했고 곧바로 수색을 시작했지

만 그 어디에서도 트로우들의 자취를 찾을 수 없었다.

1971년 7월 28일 스코틀랜드의 최북단의 세틀랜드(Shetland) 섬에 노르웨이 오슬로(Oslo)에 사는 스벤이라는 남성이 아내의 친척들을 만나기 위해 섬을 방문했다.

영어를 잘 못 했던 그는 친척들에게 스코틀랜드 민요를 연주해 주려고 오래 전부터 연습을 해왔다. 그리고 그날 밤, 스벤을 환영하기 위한 흥겨운 파티가 벌어졌다. 스벤은 오랫동안 준비했던 바이올린을 연주했고 많은 박수를 받았다. 파티가 계속되던 도중, 급히 소변이 마려웠던 그는 볼일을 보기 위해 숲속으로 걸어갔다. 소변을 보고 다시 걸어 나오는데 멀리서 누군가가

다가오는 모습이 보였다. 그 사람은 스벤에게 능숙한 노르웨이어로 어디서 바이올린을 배웠냐고 물었다. 멀리 떨어진 외국의 섬에서 같은 나라 사람을 만났다는 기쁨에 스벤은 그 남자에게 가까이 다가갔다. 그 순간 수풀 그림자에 가려져 있던 남자의 얼굴이 드러났다. 그는 갈색 얼굴에 뾰족한 귀를 하고 있었고 옷차림도 이상했다.

손에 바이올린을 들고 있던 청년은 자신을 드미트리라고 소개하고 스벤에게 결혼식에 참석해 바이올린을 연주해 줄 것을 부탁했다. 스벤은 뭔가 이상하다는 걸 느꼈지만 드미트리가 손짓을 하며 따라오라고 하자 자기도 모르게 그를 따라 걷기 시작했다.

드미트리를 따라 도착한 곳은 드넓은 동굴로, 그곳에는 수백여 명이 넘는 사람들이 있었는데, 모두 전설에 나오는 요정의 모습을 하고 있었다.

그들은 스벤에게 바이올린을 주며 결혼식을 하는 중이니 노래를 연주해 달라고 했다. 스벤은 무대로 올라가 열심히 바이올린을 켰다. 요정들이 춤을 추며 즐거워하는 것을 보자 스벤도 신이 났다. 약 한 시간 뒤 요정들은 스벤에게 고맙다고 말하며 이제 돌아가도 좋다고 했다. 다시 드미트리를 따라 숲 밖으로 나왔는데, 헤어지기 직전 드미트리는 고맙다며 작은 항아리를 선물로 줬다.

마을로 돌아온 그는 파티장이 깨끗이 치워진 채 아무도 없는 것을 보고 의아해했다. 숙소로 돌아와 아내를 만나서야 스벤은 자신이 이틀 동안 실종됐었다는 사실을 알게 되었다. 자초지종을 들은 가족들은 그가 트로우들에게 납치됐었던 거라며 무사히 돌아온 것을 다행스러워했다.

그들의 말에 따르면 트로우는 지하에 사는 요정들로 잘해 주면 큰 보답을 받지만 멸시하거나 피해를 입히면 농장에서 가장 좋은 소를 잃는다는 것이었다. 그는 자신이 잘해 줬나 못해 줬나를 생각하다 손에 들고 있던 항아리 안을 들여다보았다. 그 안에는 무게가 3킬로그램도 넘는 백금덩어리가 있었다.

지금도 스코틀랜드인들은 한밤중에 사람이 사라지면 트로우에게 납치되어 요정나라로 끌려간 것이라고 믿고 있다.

하늘을 나는 괴물, 가고일

유럽의 오래된 성당 지붕에는 날개 달린 괴물의 조각상이 있다. 이 괴물의 이름이 바로 가고일이다. 그런데 이 가고일과 비슷한 괴수들이 최근 중남미 일대에서 자주 목격되고 있다.

1999년 푸에르토리코 폰세(Ponce)의 어느 도로, 차가 없어 한적한 길을 달리던 필라토의 자동차 지붕에 뭔가가 올라타는 소리가 들렸다. 필라토는 놀라 급히 차를 세웠다. 순간 자동차 지붕 위에 올라탔던 인물이 운전석 앞으로 뛰어내렸다. 놀랍게도 그것은 사람이 아닌, 박쥐 같은 얼굴에 날카로운 송곳니 그리고 큰 날개를 가진 괴물이었다. 곧 그는 그 괴물이 성당 지붕에 조각된 가고일과 비슷하다는 사실을 깨달았다. 필라토를 쳐

다보며 고개를 갸우뚱거리던 괴수는 날카로운 발톱으로 자동차의 창문을 긁다가 멀리서 다른 자동차가 달려오자 날개를 펴고 숲으로 날아갔다.

괴수가 사라진 후 그는 경찰서로 가서 이상한 생물이 나타났다고 제보했다. 그러나 이미 많은 사람들이 괴수에 대해 제보한 후였다. 몽타주까지 작성되었지만 여기저기 출현하는 괴수에게는 속수무책이었다.

파리 성당에 있는 가고일 조각상

2003년 9월 칠레에 있는 CUFOC(Calama UFO Center)의 조사원 자이메 페레는 미국 마이애미의 UFO센터에 가고일로 추정되는 생물체를 목격한 목격자들의 증언자료를 보냈다. 그가 보낸 자료는 곧 인터넷을 통해 공개되어 큰 파장을 불러일으켰다. 당시 공개된 자료는 칠레의 한 농장에서 인간과 유사하게 생긴 괴수 여섯 마리가 농장에 있는 양들을 공격하는 광경을 본 소년들이 당시 상황을 증언한 내용이었는데, 목격자들이 각자 보고 느낀 괴수의 겉모습과 행동을 증언한 것들 중 공통되는 사항을 UFO센터의 전문가가 정리한 것이었다.

그 동안 중남미 일대에서는 괴수를 만난 사람들의 목격담이나 가축들이 공격받거나 사라지는 피해상황이 보고된 적이 많았다. 그러나 이렇게 괴수의 정체가 정확하게 파악된 적은 없었다. 때문에 자료가 공개되자 전 세계 사람들의 이목이 집중되었다.

이 자료로 두 종류의 괴수가 파악되었다. 그 중 하나는 검은 피부에 키는 1.5미터, 날개 길이 3.5미터, 큰 머리와 까맣고 작은 눈, 박쥐나 익룡 같은 모양새에, 강인해 보이는 다리 끝에는 갈고리 같은 발톱이 매달린 것이었다.

 보다 작은 종류도 있었는데 이 소형 괴수들은 60센티미터의 키에 어두운 회색 피부, 커다란 두 개의 귀, 작은 달걀형 눈, 큰 코 그리고 누렇고 뻐드러진 이빨을 내보이며 쉰 목소리로 웃고 있었다고 한다. 이들의 몸에서는 썩은 달걀이나 유황 냄새 같은 악취가 났고, 가축을 공격할 때 가축 위에 올라가 발톱으로 목

을 찍는데 이때 가축들은 최면이라도 걸린 것처럼 아무 저항도 못했다고 한다.

자이메는 보고서의 말미에서 이렇게 괴수가 출현하는 것을 일부 지역의 문제로 치부해서는 안 되며, 모두 힘을 합쳐 괴수의 정체를 밝혀내고 대책을 마련해야 한다고 주장했다.

2000년 푸에르토리코 폰세 인근의 공군기지에서 화물을 수송기로 옮기던 한 군인은 화물 중에서 철창에 갇힌 이상한 괴물을 발견했다. 철창 속의 괴물은 온몸이 검고 박쥐 같은 얼굴에 가죽날개를 갖고 있었는데, 군인들이 전기충격봉으로 괴물에게 계속 전기충격을 가하고 있었다. 얼마 후 수송기에 태워진 괴물은 어딘가로 실려갔다. 그때 괴물에게 전기충격을 가하던 군인들이 긴급한 연락을 받고 "또 한 마리가 발견되었다"고 소리친 뒤 급히 떠났다고 한다.

중남미 일대에서 사람을 놀라게 하고 가축을 해치는 가고일과 비슷하게 생긴 괴수의 정체는 아직 정확하게 파악되지는 않았다. 게다가 직접 피해를 입고 있는 남미 국가에서도 피해상황과 그 대처방법, 그리고 지금까지 알려진 상황에 대해 공식적인 발표를 꺼리고 있기 때문에 괴수의 정체가 드러나기는 쉽지 않을 것으로 보인다.

전설 속의 괴물, 추파카브라

1980년대 이후 남미 일대에서는 가축들이 목에 구멍이 난 채 죽는 사건이 계속되었다. 몸속의 피를 모두 빨려 죽은 가축을 본 사람들은 이를 흡혈괴물의 짓이라고 생각했다. 그리고 이들은 이 정체불명의 괴물에게 '염소 피를 빤다'는 의미로 '추파카브라(Chupacabra)'라는 이름을 붙였다. 그 후 추파카브라로 추정되는 괴물을 목격한 사람들이 하나둘 등장하기 시작했다. 목격자들의 증언은 모두 하나같이 일치했다. 빨갛고 큰 눈에 온몸이 털로 뒤덮여 있고 두 발로 뛰어다니는 이제껏 본 적 없는 괴물이 바로 목격자들이 말하는 추파카브라의 모습이다.

지금도 남미 곳곳에서 추파카브라에 의한 피해가 계속 보고되고 있다.

2000년 9월 칠레의 칼라마(Calama) 시 인근에서 목장을 경영하고 있는 농부 페드로는 어느 날 밤, 집 밖에 있는 화장실을 가기 위해 마당을 걷다가 가스가 새는 것 같은 소리를 듣게 되었다. 소리는 토끼장 근처에서 들렸다. 페드로는 소리를 좇아 토끼장으로 가보았다. 누군가 토끼장 문을 열고 들어가 토끼들을 쳐다보고 있었다. 페드로는 "도둑이야"라고 소리치며 토끼장으로 달려갔고, 그 순간 토끼장에 있던 사람이 돌아서서 그를 쳐다봤다. 어둠 속에서 드러난 그 얼굴은 인간의 것이 아니었다. 빨간 눈과 털로 가득 뒤덮인 얼굴, 입에는 토끼 피를 빨아먹기 위한 대롱 같은 것이 나와 있었다. 놀란 페드로는 그대로 집으로 들어가 아침까지 두려움에 떨며 뜬눈으로 밤을 보냈다.

2001년 4월 칠레의 탈카(Talca) 시에 살고 있는 에밀리오는 집에서 쉬다가 문득 누군가가 자신을 보고 있다는 느낌에 창이 있는 쪽을 쳐다보았다. 창밖에선 추파카브라가 안을 들여다 보고 있었다. 놀란 그는 기르고 있던 투견 두 마리를 풀어 추파카브라를 공격하게 했다. 자신에게 달려오는 투견들을 보고 놀란 추파카브라는 나무 위로 뛰어 올라간 뒤 기이한 소음을

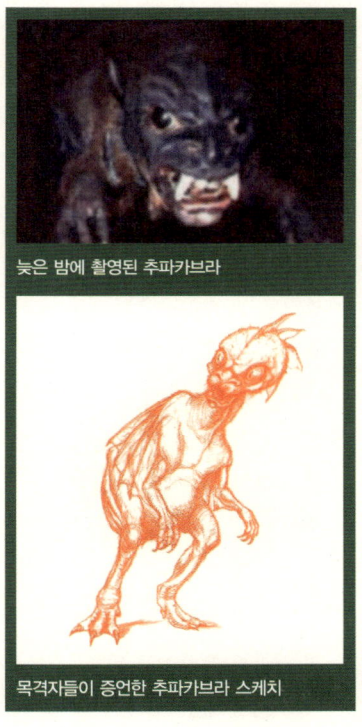

늦은 밤에 촬영된 추파카브라

목격자들이 증언한 추파카브라 스케치

냈다. 마치 가스가 새는 것 같은 소리였다. 그러자 나무 밑에서 짖던 개들이 갑자기 몸이 굳어 쓰러졌고 이를 지켜보고 있던 에밀리오 역시 배에 엄청난 통증을 느껴 그 자리에 주저앉아 계속 토했다. 정신을 차려보니 추파카브라는 이미 자취를 감춘 뒤였다.

2001년 5월 4일 칠레의 칼라마 시에 있는 작은 마을에서 사는 로드리게즈는 자신의 집 뒷마당에서 일을 하다가 부엌에 있던 애완견들이 사납게 짖는 소리를 듣고 집 안으로 들어오다 이상한 광경을 목격하게 되었다. 당시 부엌에는 애견 두 마리가 키 40센티미터 정도의 초록색 생물체를 에워싸고 사납게 짖고 있

었으며, 문제의 생물체는 날카로운 이빨을 보인 채 찢어지는 것 같은 소리를 내며 개들을 위협하고 있었다. 그는 이 괴물이 뉴스에 이따금씩 보도되던 추파카브라와 닮았다고 생각했다.

그러다 개 한 마리가 괴물의 다리를 물었다. 괴물은 깜짝 놀라 이리저리 뛰어다니더니 문 앞에 서 있는 로드리게즈 쪽으로 달려오기 시작했다. 아무래도 부엌문을 통해 밖으로 나가려는 것 같았다. 그는 부엌문 밖으로 뛰어나가는 괴물의 다리 한쪽을 붙잡았다. 괴물은 팔을 허우적대며 소리를 지르다 도망쳤고, 부엌 바닥에는 괴물의 털이 떨어져 있었다. 그는 이 털을 비닐봉투에 잘 담아서는 경찰에 신고했다.

다음날 아침 마을 주민들은 마을 전체에 울려퍼진 이상한 비

명에 놀라 집 밖으로 뛰어나왔다. 그들의 눈에 검은 양복을 입은 신사들이 거칠게 움직이는 무언가가 담긴 대형 자루를 검정색 트럭에 싣는 장면이 목격되었다. 방금 전 땅에 뒹굴기라도 한 듯 그들의 양복은 흙투성이였고 자루 속의 생물은 심하게 꿈틀거리고 있었다. 마을 사람들은 자루 속에 잡힌 생물이 전날 저녁 로드리게즈의 부엌에 들어왔던 추파카브라이고 그것을 잡아간 사람들은 맨 인 블랙이 분명하다고 믿고 있다.

공포의 초대형 식인 쥐

1935년 미국의 디트로이트(Detroit) 시, 어느 날 걸인들이 하수구에서 거의 뼈만 남은 시체를 발견해 경찰에 신고했다. 죽은 사람의 신원을 조사하던 경찰은 시체에서 몇 가지 이상한 점을 발견했다. 시체의 옷이 갈기갈기 찢겨져 있고 구두를 신은 발을 제외한 몸 전체의 살점이 무엇인가에 의해 뜯겨 뼈만 남아 있었다.

그때 하수구에서 시신 한 구가 더 발견됐다는 신고가 들어왔다. 두 번째 시체 역시 첫 번째 경우와 비슷했다. 사망자의 신원을 탐문하던 경찰은 두 희생자 모두 하수구 안에서 살고 있던 걸인들이었음을 확인할 수 있었다.

사건을 담당한 강력계 형사 맥그렛은 시신 주위의 쥐똥을 보고 누군가가 피해자들을 계획적으로 살해한 뒤 하수구에 버렸다고 생각했다. 시신의 다리뼈를 관찰하던 그는 늑대 같은 대형 맹수의 것으로 추정되는 이빨자국을 발견했다. 하지만 도심의 하수구에 맹수가 있을 리 없었다. 그때 멀리 하수구 쪽에서 경찰의 비명이 들렸다.

맥그렛은 동료들과 함께 소리가 들린 곳으로 뛰어갔다. 거기에는 최소한 백여 마리는 넘어 보이는 검은 쥐 떼가 하수구 안을 이리저리 뛰어다니고 있었다. 생명의 위협을 느낀 일행은 곧장 사다리를 타고 하수구 밖으로 나와서 전문적으로 쥐를 잡는 사람들을 불렀다.

단순히 쥐 한 마리를 잡는 줄 알고 쥐약 몇 통만 가져온 쥐잡이들은 하수구 밑에 수백 마리의 쥐 떼가 있다는 말을 듣고는 고개를 저었다. 그들은 그렇게 많은 쥐를 잡으려면 화염방사기로 무장한 군인을 불러야 할 거라고 말한 후 그곳을 떠나버렸다.

난감해진 맥그렛 일행은 임시방편으로 하수구의 모든 출입구들을 철망으로 막아 쥐 떼가 밖으로 나오는 것을 막으려 했다. 하지만 쥐 떼들은 철망공사를 하던 인부들을 습격했고 겁에 질린 인부들은 공사를 중단했다.

고민하던 맥그렛은 맨홀 뚜껑을 연 채로 그 안을 들여다보며 동료와 대책을 의논하고 있었다. 그때 갑자기 양만한 크기의 검은 생명체가 사다리를 타고 땅 위로 기어올라 오더니 맹수 같은 울음소리를 내며 그들에게 달려들었다. 일행은 이 생물에게 총을 쏘았고 총소리를 들은 생물은 다시 맨홀로 들어가려고 했다. 맥그렛은 이 생물이 맨홀로 머리를 넣는 순간 뒤통수에 총알을 명중시켰다. 총을 맞은 생물체는 비틀대다 맨홀 속으로 떨어졌다.

떨어진 생물이 무엇인지 확인하기 위해 하수구에 손전등을

비추던 맥그렛 일행은 그만 기겁을 하고 말았다. 하수구에서 수천 마리의 쥐 떼가 사다리를 타고 지상으로 올라오고 있었기 때문이다. 땅 위로 올라온 쥐 떼는 무리지어 인근 옥수수밭으로 도망쳤다.

쥐들이 도망친 뒤 하수구 안을 들여다본 맥그렛은 문제의 생물체가 엄청난 크기의 쥐라는 사실을 알게 되었다.

그 후 시청 직원들은 옥수수밭에 불을 놓아 쥐 떼를 소탕했고 시 당국은 시민들이 두려워할 것을 염려해 사건을 발표하지 않았다. 당시 맥그렛이 죽인 초대형 식인 쥐는 박제로 만들어져 보관되고 있다.

남아프리카공화국의 마넨버그(Manenberg) 지방에서는 고양이만한 쥐들이 사람을 잡아먹은 사건이 발생했다.

2003년 1월 11일 침대에 누워 몸을 움직이지 못하던 환자 아그맛이 정체를 알 수 없는 들짐승에게 다리의 일부를 뜯어먹힌 채 발견되었다. 그는 발견 당시 피를 많이 흘려 혼수상태였는데 곧바로 인근 병원으로 옮겨 치료를 했지만 다음날 아침 사망하고 말았다.

아그맛의 사망 소식을 신문에 발표한 병원 측은 그의 죽음이 2년 전 같은 동네에서 살다가 초대형 쥐 두 마리에게 하반신을 먹힌 뒤 숨진 빌리 프랭크와 비슷하다고 주장했다.

남아프리카에서는 몇 년 전부터 거대한 크기의 쥐들이 떼로 다니며 줄에 묶인 개의 머리를 산 채로 뜯어먹고, 벽을 뚫고 집에 쳐들어가 음식물을 먹어치우는 사건들이 일어나 사람들을 위협하고 있다. 이들은 사람을 만나도 피하지 않으며 오히려 맹수 같은 울음으로 겁을 준다. 이런 대형 쥐들은 보통 크기의 쥐떼를 이리저리 몰고 다니는데, 언제부터 어떤 경로를 통해 대형 쥐가 출현하게 되었는지는 아직 밝혀지지 않았다.

얼마 전 정부에서 놓은 쥐약을 먹고 문제의 대형 쥐가 죽은 채 발견된 적이 있다. 보건당국은 꼬리를 뺀 몸길이만 35센티미터가 넘는 이 대형 쥐의 몸에서 인체에 해로운 균을 발견하고는 현재 이 대형 쥐들을 소탕하기 위해 안간힘을 쓰고 있다.

피를 빠는 러시아 흡혈 박쥐

공포영화에서나 나오는 거대한 거미가 사람을 해치는 사건이 발생해 큰 충격을 주고 있다.

1989년 러시아 레닌그라드의 한 아파트의 승강기 안에서 한 청년이 목에 구멍 두 개가 뚫려 숨진 채로 발견됐다. 당시 청년의 시신을 부검한 의사들은 그의 몸에서 무려 1리터가 넘는 피가 없어진 사실을 확인했다. 이 소식이 신문에 보도되자 주민들은 흡혈귀가 나타났다며 두려움에 떨었다.

한 달 후 같은 승강기에서 열세 살의 여자아이가 4층과 5층 사이에 갇히는 사고가 일어났다. 아이는 계속 살려달라며 고함을 질렀다. 신고를 받고 현장에 도착한 경찰은 5층 승강기 문을 열고 밧줄을 통해 승강기의 동체 지붕에 올라타다가 소름끼치는 비명을 들었다. 아이를 구하기 위해 경찰은 승강기의 지붕을 부수고 안으로 들어갔지만 이미 아이는 얼굴이 하얗게 변한 채 죽어 있었다. 그러나 밀폐된 승강기 안 어디에서도 범인의 흔적은 찾을 수 없었다.

그 후 범인을 잡기 위해 수사관들은 문제의 아파트 승강기 안에서 잠복을 했다. 사흘째 되던 날, 여느 때와 다름없이 승강기에서 서로 대화를 하고 있는데 갑자기 승강기의 불이 꺼지며 승강기가 층과 층 사이에 멈췄다. 그리고는 승강기의 지붕에 무언가가 올라타는 것 같은 '쿵' 하는 소리가 들렸다. 수사관들은 권총을 뽑아 들고 승강기 천장에 손전등을 비췄다. 그때 승강기 천장 일

생김새만큼이나 치명적이기도 한 거미

부가 열리며 검고 거대한 물체가 수사관 중 한 명을 덮쳤다. 다급해진 다른 수사관이 그 물체를 향해 총을 쏘았고, 총을 맞은 물체는 사람에게서 떨어졌다. 그것은 거대한 거미였다. 거미는 굉음 같은 소리를 내며 지붕으로 도망쳤는데, 이때 총에 맞은 다리가 승강기에 떨어졌다.

그 후 수사관들은 구조되었지만 거미에게 피를 빨린 수사관은 살아나지 못했다. 살아남은 수사관은 군 수사대에 근래 일어난 사건이 거대한 흡혈거미의 짓이라는 것을 밝히고 증거로 잘린 다리를 제출했다. 후에 군인들은 주민들을 대피시킨 뒤 대대적인 수색작전을 벌여 거미를 찾아 사살했다. 이후 더 이상 피를 빨려 사람이 죽는 일은 없었다.

자바 섬의 좀비, 한투 포콩

1997년 4월 2일 인도네시아 자바(Java) 섬 퍼워레조(Purworejo) 마을에 사는 농부 산토소는 장을 보고 저녁 늦게 집으로 돌아오다 길 옆 배수로에 흰 옷을 입은 남자가 엎드린 채 물에 잠겨 있는 것을 발견했다. 배수로의 물이 얕긴 했지만 얼굴이 물에 잠긴 채

사람을 찾아 배회하는 좀비

움직이지 않는 것을 본 농부는 혹시 정신을 잃고 쓰러진 건 아닌가 싶어 가까이 다가갔다.

　산토소가 괜찮으냐고 물으며 일으켜주려는데 엎드려 있던 남자가 갑자기 부자연스런 움직임으로 일어나더니 산토소 쪽으로 몸을 돌렸다. 그의 입에서는 악취가 나는 검은 피가 쏟아지고 있었다. 놀란 산토소는 어디가 아프냐고 물었지만 그 남자는 대답 없이 가까이 다가오기만 했다. 그의 몸에서는 썩은 냄새가 진동했으며 눈에는 초점이 없었다. 무서운 생각이 든 산토소는 비명을 지르며 마을로 도망쳤다. 그는 사람들에게 이상한 사람이 나타났다고 소리쳤다. 그리고 사람들과 함께 배수로로 갔다. 하지만 이상한 사람은 어디로 갔는지 없고 그가 있던 자리에서는 계속 심한 악취가 풍겼다.

　마을 사람들은 산토소가 목격한 인물이 전설에 나오는 한투 포콩(Hantu Pocong)인 건 아닐까 걱정했다. 인도네시아 전설에 나오는 한투 포콩은 흑마술사에 의해 되살아난 시체로, 좀비 상태에서 아기들을 잡아먹으러 다니는 사악한 존재이다. 걱정이 된 주민들은 밤새 마을 주변을 샅샅이 뒤졌지만 아무것도 발견하지 못했다.

다음날 밤 한 여인이 온몸에 악취를 풍긴 채 한 손에 칼을 든 괴한에게 쫓기는 사건이 생겼다. 놀란 주민들이 무기를 들고 현장으로 출동했는데, 여인은 자신이 비명을 지르자 괴한이 순간적으로 바나나나무로 둔갑했다며 길가에 서 있는 바나나나무 한 그루를 가리켰다.

이틀 뒤 마을에서는 염소 얼굴에 몸에서는 심한 악취를 풍기는 괴물이 목격됐다. 이 정체불명의 괴물은 목격자가 도망치자 계속 쫓아왔는데 뒤쫓는 내내 예쁜 여성에서 노파까지 여러 가지 모습으로 둔갑했다고 한다.

이렇게 괴물을 보는 사람들이 계속 늘어나고 주민들이 불안

해하자 마을 주민들은 방범대를 조직했다. 그들은 흰 옷을 입거나 낯선 사람이 보이면 둔갑한 좀비로 간주해 마구 폭행했다. 이 때문에 퍼워레조에서는 6월을 전후하여 네 명이 살해되고 여러 명이 중상을 입는 사건이 발생했다. 그 후 자바 경찰국이 본격적인 수사를 시작하면서 한투 포콩은 더 이상 목격되지 않았다. 그러나 경찰은 부패된 동물의 피를 입에 담고 있다가 내뿜어 주민들을 두렵게 하는 괴물의 존재를 믿지 않았다. 그들은 제대로 조사도 하지 않았다. 그리고 그저 이 사건을 유언비어로 인해 마을 전체가 집단 히스테리에 빠져 주민들이 정신착란 증세를 일으킨 것으로 결론 내리고 수사를 마무리했다.

어둠 속의 늑대인간

중세 독일의 산악지방에는 여러 차례 늑대인간이 출몰해 가축과 사람을 잡아먹었고, 주민들은 이 때문에 늘 공포에 떨어야 했다. 마지막으로 늑대인간이 목격된 곳은 1769년 8월 비틀리히(Wittlich) 시에 있는 모르바흐(Morbach) 마을이다. 당시 이곳에 나타난 늑대인간은 그때까지 알려져 있던 늑대인간과는 전혀 다른 행태를 보였다.

본시 늑대인간은 평소에는 사람의 모습으로 있다가 보름달이 뜨면 늑대로 변해 사람을 해친다. 하지만 모르바흐 마을의 늑대

중세시대 그림에 등장한 늑대인간

인간은 사람들을 해치지도 않았고 보름달이 뜨지 않은 밤에도 돌아다녔다. 그들은 몸집이 크고 힘도 좋아서 높은 나무를 단번에 뛰어올랐고, 지능도 뛰어나 주민들이 덫을 설치해 놓으면 그 주변에 다른 덫을 놓아 아침에 확인하러 오는 주민들을 골탕 먹이곤 했다.

이름난 사냥꾼들을 마을에 데려와도 도무지 늑대인간을 잡을 수 없었던 주민들은 언젠가는 잡을 날이 있겠거니 생각하고 늑대인간을 방치하고 있었다. 사실 늑대인간이 주는 피해라곤 밤에 숲을 지날 때 사람들을 놀라게 하는 것이 전부였다. 사람이나 가축을 해치지 않았으므로 그냥 밤에 숲에 가지 않으려 조심하는 것으로도 충분했다.

어느 날 우연히 영국으로 가던 연금술사 노부부가 모르바흐 마을에 묵게 되었다.

흰 수염이 허리까지 내려오고 이상한 모자를 쓴 연금술사는 여관 주인에게 숲을 지나다 괴수의 울음소리를 들었다고 말했다. 주인은 그건 늑대인간의 소리라며 사람을 해치지는 않지만 마을 주변 숲에 자주 나타나는 바람에 장사에 지장이 많다고 사정을 털어놓았다.

연금술사는 늦은 밤 혼자서 숲속에 다녀왔다. 그리고는 마을 사람들에게 늑대인간의 이름을 가르쳐주며 그를 쫓았으니 다시 나타나지 않을 것이라고 말했다. 그리고는 불을 켠 양초를 건네주면서 이것은 마법의 양초이니 마을 어귀에 늑대인간을 달래는 사당을 세우고 그 안에 초를 넣어 꺼지지 않도록 잘 지키라고 당부하고는 마을을 떠났다. 그 후 늑대인간은 더 이상 나타나지 않았다. 주민들은 그의 당부대로 마을 어귀에 사당을 짓고 그곳에 마법의 초를 넣은 후 촛불을 밝혔다.

몇 년 후 마을을 다시 찾아온 연금술사 부부는 초가 꺼지면 늑대인간이 다시 나타나니 조심하라고 경고했다. 마을 사람들은 그의 당부를 잊지 않고 대를 이어 계속 불을 밝혔다. 이 촛불은 제2차 세계대전 중에도 꺼지지 않았다고 한다.

그런데 1988년에 갑자기 촛불이 꺼져버렸다. 깜짝 놀란 마을 사람들은 우선 현지 경찰서와 인근 공군기지에 이 사실을 알리고 늑대인간이 나올지도 모른다고 경고했다.

늑대인간은 바로 그날 밤 다시 나타났다. 공군기지 철조망을 건드렸다가 경보를 듣고 출동한 경비병들에게 목격된 것이다. 경비병들은 어둠 속에서 늑대 같은 짐승이 경보음이 울리는 스피커 앞에 엎드려서 으르렁대고 있는 것을 보고 서치라이트를 비췄다. 그러자 이 짐승이 갑자기 두 발로 서서 으르렁거리기 시작했다. 짐승은 경보음보다 더 큰 소리로 울더니 높이 4미터가 넘는 철조망을 넘어 숲속으로 달아나버렸다. 병사들은 그 후 군견들을 데려와 추적해 보려 했지만 짐승의 냄새를 맡은 군견들은 꼬리를 내린 채 쫓으려 하지 않았다. 결국 적외선장비와 열추적장비를 동원해 수색했으나 끝내 찾지 못했다.

모르바흐 마을에서는 지금도 밤마다 이따금씩 늑대인간이 주민들에게 목격되고 있다.

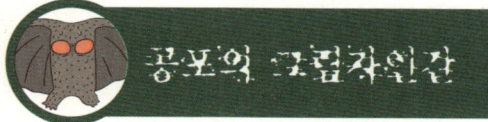

공포의 그림자인간

2000년 9월 미국의 와이오밍(Wyoming) 주에 살고 있는 주부 줄리는 벌써 며칠째 잠을 못 이루고 있었다. 남편이 출장을 가 혼자 집을 지키게 된 어느 날 밤, 자정이 가까워졌을 무렵 그녀는 잠을 자려고 불을 껐다. 그 러데 달빛에 비친 나무의 그림자가 갑자기 인간의 형상으로 변하더니 벽에서 걸어 나오고 있었다. 너무 놀란 그녀는 다시 불을 켰고 안개 같은 이상한 물체가 사라지는 것을 목격했다. 이후 불을 끄기만 하면 그림자인간이 나타났다. 이렇게 며칠을 그림자인간에게 시달리던 그녀는 성당을

목격자가 증언한 그림자인간의 모습

찾았다. 그녀의 부탁을 받은 성직자들이 집에 와 엑소시즘을 한 후 그림자인간은 더 이상 나타나지 않게 되었다.

2000년 11월, 여섯 살 난 톰은 옷장에서 귀신이 나온다며 혼자 자기 싫다고 울었다. 아이를 달래기 위해 옷장을 연 톰의 아버지는 깜짝 놀랐다. 걸려 있던 옷들이 혼자서 움직이고 있었던 것이다. 아이 앞이라 아무런 내색도 하지 않고 옷장 문을 닫고 돌아서는데, 그때 갑자기 정체를 알 수 없는 그림자가 꼭 살아 있는 생물처럼 집 밖으로 나가는 것을 보았다. 그날 이후 아이는 옷장에서 귀신이 사라졌다며 좋아했다. 그러나 그날 밤부터 아버지의 옷장이 저절로 열렸다 닫혔고 방 안에서 뭔가 움직이는 소리도 들렸다. 톰의 방에 있던 존재가 아버지의 방으로 옮겨온 것이었다.

2002년 아르헨티나 가이만(Gaiman)에 사는 알레한드로는 자전거를 타고 친구 집으로 가던 도중 괴한을 만났다. 괴한은 사

람의 형상을 하고 있었으나 몸 전체가 반투명한 검은색이어서 뒤쪽 풍경이 비쳐 보였다. 그는 괴한에게 비키지 않으면 총을 쏠 거라고 경고했다. 하지만 괴한은 꿈쩍도 하지 않았다. 결국 그는 괴한을 향해 두 차례 총을 발사했다. 하지만 총알들은 괴한을 그대로 뚫고 지나가 땅에 박혀버렸다. 놀란 그에게 괴한이 다가왔다. 알레한드로는 밀쳐내려 했으나, 그의 손은 괴한의 몸을 통과해 허공만 휘저을 뿐이었다. 순간 괴한은 알레한드로를 넘어뜨린 후 머리칼을 잡고는 숲속으로 끌고 가기 시작했다. 알레한드로는 계속 비명을 질렀다. 그때 인근에서 밭을 갈던 농부가 그 소리를 듣고 달려왔다. 농부를 본 괴한은 알레한드로의

머리칼을 놓고 숲속으로 사라졌다.

그 후 현장에 도착한 경찰에게 자초지종을 설명하려던 알레한드로에게 경찰이 먼저 상황을 물었다.

"혹시 몸이 투명했나요?"

"그가 당신을 숲속으로 데려가려 했나요?"

놀란 알레한드로는 경찰에게 어떻게 그렇게 잘 아느냐고 물었다. 그러자 경찰은 문제의 괴한이 지난 몇 주 동안 계속 마을 사람들을 공격했다고 대답했다.

근처 병원에 근무하던 간호사 마리는 요 며칠 얼굴에 멍이 들고 온몸에 손톱자국이 난 주민들이 구급차에 실려 오는 일이 잦아졌다는 사실을 알아챘다. 특히나 이런 환자들은 응급처치를 받은 후 경찰관이나 군인에게 여러 차례 조사를 받곤 했다. 이유를 궁금해하던 그녀에게 환자들은 눈에 보이지 않는 그림자인간이 사람들을 공격하고 있으며 자신들도 그림자인간에게 당했다고 말했다.

그날 오후 퇴근하던 마리는 누군가가 자신을 쫓는 것 같은 느낌을 받았다. 그녀는 걸음을 빨리 했지만 그녀를 뒤쫓는 존재는 점점 가까워지고 있었다. 그 순간 뭔가가 그녀의 목덜미를 잡으려 했다. 그녀는 비명을 질렀다. 그때 근처 숲속에 매복하고 있던 군인들이 뛰쳐나와 그녀에게 엎드리라고 소리쳤다. 그리고 군인들은 괴한에게 총을 쏘며 뒤를 쫓기 시작했다. 그녀가 뒤돌아보니 도망치는 반투명한 그림자인간의 뒤를 군인들이 총을 쏘며 쫓고 있었다.

 ## 뉴저지의 상징 저지 데빌

뉴저지의 마스코트 저지 데빌

뉴저지에서 촬영된 저지 데빌

미국 뉴저지 주에는 가는 몸통에 말과 비슷한 머리와 발굽, 박쥐의 날개, 그리고 악마의 꼬리를 가진 두 발로 걷는 마귀 '저지 데빌(Jersey Devil)'의 전설이 전해온다.

뉴저지 주 NHL 프로 아이스하키 팀 '데빌스'의 마스코트이기도 한 저지 데빌은 18세기 중엽부터 파인 배런스(Pine Barrens) 지역을 중심으로 나타나 주민들을 공포에 떨게 했다.

저지 데빌의 탄생에 대해서는 여러 가지 전설이 전해내려오는데 그 중 가장 유명한 것은 바로 저지 데빌이 파인 배런스에 살던 리즈 부인의 열세 번째 아들이라는 것이다. 이미 열두 명의 아이를 낳은 그녀는 열세 번째 아들이 태어나기 직전 더 이상 아기 낳는 것이 싫다며 열세 번째 아기는 마귀한테 주겠다고 소리쳤다. 리즈 부인의 뱃속에서 나온 저지 데빌은 태어나자마자 날개를 펄럭이며 숲으로 날아가 살기 시작했다고 한다.

현지 원주민들에게는 좀 다른 얘기가 전해진다. 그들은 저지 데빌을 오랜 옛날부터 존재했던 용이라고 생각하고 있다.

저지 데빌이 유명해지기 시작한 것은 1840년 농장의 가축들을 잡아먹기 시작하면서부터이다. 주로 닭을 잡아먹었는데 기이한 비명을 지르며 나타나 주민들을 공포에 떨게 했다. 주민들은 이상한 소리가 나면 문을 걸어 잠그고 숨어 있다가 저지 데빌이 날개를 펄럭이고 날아간 후에야 집 밖으로 나왔다. 저지 데빌을 직접 만난 사람들도 있었지만 주민들을 해치지는 않았다.

그 후 한동안 보이지 않던 저지 데빌은 1909년 1월 16일에서 23일 사이 파인 배런스에 집중적으로 나타나기 시작했다. 특히 늦은 밤 창문을 통해 집 안을 들여다보며 비명을 질러서 마을 사람들을 놀라게 했다.

그 뒤 오랫동안 저지 데빌은 나타나지 않았고 그의 존재도 서서히 잊혀져가고 있다. 1951년과 1991년에도 저지 데빌이 목격되었지만 별다른 피해는 입히지 않았다.

저지 데빌은 현재 친근한 존재로 무수히 많은 책과 영화에 등장하고 있다.

구국의 영웅, 신비한 황금거북

베트남의 수도 하노이(Hanoi)에 있는 호수 호안키엠(Hoan Kiem)에는 신비한 거북에 대한 전설이 전해진다.

6백 년 전 당시 안남국, 즉 베트남은 명나라의 침략으로 고통받고 있었다. 독립군 세력을 이끌며 고전하던 안남국의 레로이(Le Loi) 장군은 룩투이(Luc Thuy) 호수에 배를 띄우고 깊은 생각에 잠겨 있었다. 그때 갑자기 호수에 파도가 일더니 거대한 거북이 나타났다. 온몸에서 황금빛 광채를 내고 있던 거북은 "용왕님이 주시는 칼이니 이 칼로 외적을 몰아내고 나라를 되찾으십시오"라고 말하며 장군에게 칼 한 자루를 주고 사라졌다. 그 후 레로이 장군은 용왕의 검으로 명나라와 싸웠다. 그는 십여 년간의 전쟁 끝에 명나라를 몰아내고 새로운 나라 레(Le) 왕국을 세웠다.

호안키엠 호수에 머리를 내놓은 황금거북

 이제 왕이 된 그는 전쟁이 끝나고 신하들과 함께 룩투이 호수를 다시 찾았다. 왕 일행이 호수 위에 배를 띄워놓고 쉬고 있는데 칼을 주었던 황금빛 거북이 물 밖으로 머리를 내놓았다. 황금거북은 "전쟁에 승리하고 나라를 되찾았으니 용왕님이 빌려준 칼을 돌려주시오" 하고 말했다. 왕은 곧바로 차고 있던 칼을 풀어 거북의 입에 물려주었고 거북은 물속으로 들어가 다시는 나타나지 않았다. 레로이 왕은 용왕의 신성한 칼을 가져다준 거북이를 기억하고 호국정신을 되새기기 위해 룩투이 호수의 이름을 '검을 돌려준다'는 뜻의 '호안키엠'으로 바꾸었다. 호안키엠 호수는 오늘날 하노이 최고의 관광명소로 이곳엔 황금거북을 기념하는 기념비도 세워져 있다.

 1998년 3월 24일 베트남 호안키엠 호수에서는 몸길이가 적어도 2미터가 넘는 거대한 거북이 목격되었다. 크기로 보아 문제의 거북은 적어도 수백 살이 넘었을 것으로 추정됐다. 처음에는 물 밖으로 고개를 빼 숨을 쉬는 모습만 보였지만 4월 5일에는 햇볕을 쬐는 모습이 비디오로 촬영되기도 했다.

 비디오에 찍힌 거북의 모습은 흔히 볼 수 있는 보통 거북과는 많이 달랐다. 학자들은 문제의 거북이 이미 멸종된 것으로 알려진 희귀 거북의 일종으로, 부드러운 등껍질에 몸무게 200킬로그램이 넘는 세계에서 가장 큰 거북일 거라 추측했다.

일부 역사학자들은 이 거북이 레로이 왕에게 용왕의 검을 빌려준 황금거북일 가능성도 있다며, 전설이 사실일 수 있음을 시사했다.

거북은 지금도 이따금씩 수면으로 나와 볕을 쬔다. 거북을 연구하기 위해 잠수팀이 호수 바닥을 탐사했지만 성공하지 못했다.

많은 사람들은 호안키엠 호수에서 발견된 거북이 레로이 왕의 전설에 등장하는 황금거북일 거라 기대하고 있다.

비행기를 뜯어먹는 그렘린

귀여운 기즈모 인형으로 많은 사랑을 받았던 영화 〈그렘린(Gremlins)〉. 이 영화의 제목 '그렘린'은 비행기 고장을 일으키는 악마의 이름이다. 하늘을 날아다니다 비행기에 붙어 쇠를 갉아먹기 때문에 비행사들에게 자주 목격되었다.

1943년 미 공군의 B-17 비행대는 프랑스에 있는 독일군 기지를 폭격하기 위해 비행을 하다가 정체를 알 수 없는 파란 불빛이 함께 날고 있는 것을 보았다. 당시 맨 우측에서 비행하던 비행사가 파란 불빛을 향해 기관총을 발사하고는 '시험사격을 해 봤다'고 보고했다. 다른 비행사들은 그의 행동이 무모했다고 생각했지만 이미 늦은 일이었다. 함께 비행하던 파란 불빛들은 갑자기 하얗고 투명하게 변하며 구름 속으로 사라졌다. 그 순간 구름 속에서 수십여 개의 물체가 소름끼치는 소리를 내며 비행대 쪽으로 다가왔다.

파충류 외계인을 닮은 그렘린

괴성 때문에 겁이 난 비행사들은 주위를 둘러보다가 방금 전 기관총으로 사격을 한 폭격기가 갑자기 기수를 좌측으로 틀어 옆 폭격기와 충돌하려는 모습을 보게 되었다. 깜짝 놀란 비행대장은 무전으로 문제의 폭격기를 조종하는 비행사를 호출했다. 그런데 무전기에서는 끔찍한 비명만 들렸다. 뭔가 이상하다고 느낀 비행대장은 다시 문제의 폭격기 바로 옆에서 비행하던 조종사를 호출해서 옆 폭격기에서 어떤 상황이 일어나는지 보고하라고 명령했다.

비행사는 "폭격기가 추락하고 있습니다. 수십여 마리의 날개 달린 괴물들이 비행기에 붙어 쇠를 뜯어먹고 있습니다. 비행사들이 비행기 밖으로 떨어집니다. 발포를 하도록 허락해 주십시오"라고 보고했다. 그때 문제의 폭격기가 땅으로 추락해 엄청난 폭발을 일으켰다. 그리고 비행대 옆에서 들리던 괴상한 소음은 순식간에 사라졌다.

1945년 일본의 군사시설을 폭격하기 위해 남태평양에서 이륙한 미국의 B-29 비행대는 목표지점에 거의 도착한 시점에 그렘린 떼를 만났다. 그렘린 출현에 대비해 비행기 안에 늘 조명탄을 가지고 있던 비행대원들은 하늘에서 괴성이 들리고 폭격기 표면에 뭔가가 달라붙는 소리가 들리자 조명탄을 발사했다. 순간 갑자기 붙어 있던 것이 떨어져나가며 기체가 흔들렸다. 창밖을 보니 눈이 크고 귀가 쫑긋한 초록색 파충류들이 두 팔을 벌리고 비행기 옆으로 날아가고 있었다. 당시 자신들이 목격한 생명체들이 유럽전선에서 수많은 폭격기 조종사들에게 목격된 그렘린인 것을 확신한 승무원들은 기지로 돌아와 기체를 점검했다. 기체의 모습은 처참했다. 그렘린들이 동체 전체를 할퀴는 바람에 거의 넝마가 되어 있었다.

1945년 11월 25일 독일에서 전범재판을 받을 포로들의 프로필을 수집해 수송하던 영국 공군 수송기는 어두운 밤 베를린을 향해 비행하다 갑자기 비바람을 동반한 악천후를 만나게 되었다. 비행기 주위에 번개가 치고 강한 바람이 불었지만, 조종사들은 침착하게 비행기를 조종했다. 그러던 중 갑자기 수송기 뒤쪽 문이 열려 비행기 화물칸이 아수라장이 되었다. 무전기로 화물칸의 병사들을 호출했지만 아무 대답이 없었다. 이상한 느낌이 들어 화물칸으로 나갔던 부조종사는 몇 초 뒤 조종실 문을 부수고 들어와 조종사 옆에 쓰러졌다. 부조종사의 목에는 검은 생물체가 매달려 있었다. 그리고 문제의 생명체는 조종사의 얼굴에 달라붙었고 비행기는 곤두박질치기 시작했다.

괴 생명체는 갑자기 수송기 앞유리를 뚫고 하늘로 날아갔고, 정신을 차린 조종사는 자신의 비행기가 산에 충돌하기 일보직전인 것을 발견하고, 있는 힘을 다해 고도를 높여 겨우 충돌을 피했다. 우여곡절 끝에 베를린에 도착해서 보니 수송기 안의 상

황은 처참하기 그지 없었다. 수송기는 엉망진창으로 부서져 있었고, 운반하던 화물은 모두 사라졌으며 조종사를 제외한 모든 승무원들은 의식불명 상태였다.

1972년 볼리비아에서는 마이애미로 직행하는 여객기를 탄 승객들이 그렘린을 봤다며 여행사 측에 비행기값을 환불해 달라고 소동을 일으켰다. 마이애미공항에 거의 다 도착했을 무렵, 승객들은 비행기가 난기류를 만난 듯 계속 흔들리고 고도를 잃는 것 같은 느낌을 받았다. 난기류가 점점 심해지자 승객들의 두려움은 커져만 갔다. 그러던 중 갑자기 승객 중 한 명이 창밖을 보며 "그렘린이다!"라고 외치며 비명을 지르기 시작했다.

그때까지 창문 커튼을 닫아놓고 있던 승객들은 모두 커튼을 열었다. 그때 승객들의 눈에 정체를 알 수 없는 여러 생명체들이 비행기의 엔진에 붙어 있는 모습이 보였다.

몇 분 뒤 비행기는 마이애미 공항에 도착했고 생명체들은 착륙을 기다리는 다른 비행기를 향해 날아갔다. 후에 확인해 보니 그렘린이 붙어 있던 엔진 근처가 심하게 부서져 있었다고 한다.

기괴한 울음소리의 염소인간

1957년 미국의 메릴랜드(Maryland) 주 일간신문에는 숲속에 고릴라 같은 괴물이 기괴한 울음소리를 내며 돌아다닌다는 기사가 나와 주민들을 놀라게 했다. 기사를 제보한 사람은 마을 보안관이었다. 그는 며칠 전 괴물을 목격한 등산객들의 신고를 받아 수색을 하다 괴물이 나타난 지점에서 이상한 발자국을 발견하게 되었다. 분명 염소 발자국이었는데 발자국이 찍힌 모양은 사람처럼 두 발로 직립보행을 하고 있었다. 이상한 생각이 들어 주변을 조사하다 나무 뒤에서 서성거리던 검은 물체를 보았고, 자신이 본 것을 신문에 제보했던 것이다.

괴물이 나타났다는 소식을 들은 시민들은 저마다 사냥총을 들고 괴물을 잡겠다며 숲으로 들어갔다. 이들 중 한 명은 살찐 염소 얼굴을 한 정체불명의 괴물을 보고 총을 겨누었으나 괴물이 자신을 해치려는 행동을 하지 않아 총을 쏘지 않았다고 말했다. 그의 목격담에 따라 괴물은 염소인간이라 불렸다.

염소인간의 모습을 목격한 사람들의 숫자가 점점 늘어났고 사람들은 점점 숲에 들어가기를 꺼리게 되었다. 종종 숲의 입구에서 사슴 같은 들짐승들의 시체가 발견되곤 했는데 시체 주위엔 언제나 염소인간의 발자국이 찍혀 있었다.

전설에서 묘사된 염소인간

염소인간의 존재를 모르고 숲에 들어선 타 지역 방문객들은 매번 숲에서 들리는 기괴한 울음소리에 놀라 자신들이 들었던 소리에 대해 묻곤 했다. 그러나 자신의 동네가 염소인간 때문에 유명세를 타는 것이 싫었던 시청에서는 '아마도 들짐승 소리 같다'고 애매하게 둘러대곤 했다.

1971년 우리를 탈출한 셰퍼드가 숲으로 들어간 뒤 목이 잘린 채로 발견되었다. 이 사건을 조사한 시청의 수사관은 개의 목이 발견된 곳에 피 한 방울 떨어져 있지 않은 데다 몸통도 찾을 수 없다는 점에서 짐승이 아닌 사람의 짓이라고 단정한 후 본격적인 수사에 착수했다. 개의 머리가 발견된 곳에서 염소의 발자국을 발견한 수사관은 이번 기회에 염소인간의 정체를 파헤치겠다고 결심했다. 그는 마을 사람들과 최첨단장비를 모두 동원했다. 본래 염소인간의 존재를 믿지 않았던 그는 이번 기회에 염소인간이 없다는 것을 사람들에게 증명해 보이려 했다. 그러나 함께 수색하던 사람들 중 대부분은 염소인간의 존재를 믿었으며 그 중에는 실제로 염소인간의 울음소리를 들은 적이 있는 사람도 있었다.

　수색이 계속되고 있을 때였다. 갑자기 산 중턱에서 염소인간의 울음소리가 들렸다. 사람들은 일제히 소리가 들리는 방향으로 총을 발사했다. 그러나 울음소리는 점점 가까워졌다. 염소인간이 다가오는 게 분명했다. 사람들은 모두 한꺼번에 소리가 들

리는 숲을 향해 총을 발사했다. 일순간 수사관과 사냥꾼들의 귀에 괴물이 짤막한 비명을 지르며 도망가는 소리가 들렸다.

비명이 들린 지점을 수색하던 수사관은 인근에서 핏자국을 발견했다. 그는 괴물이 총을 맞았음을 알고는 핏자국을 쫓아 괴물을 소탕하자고 제안했지만, 괴물의 존재를 확인하게 된 사람들은 어느 누구도 그를 따르려고 하지 않았다.

브라질에 나타난 외계 괴물

브라질의 UFO협회는 1998년 9월 21일 브라질의 미나스제라이스(Minas Gerais) 주에 외계인이 출현했다는 제보를 받았다. 협회의 학자들은 사실을 확인하기 위해 9월 22일 작은 농촌도시 발딤(Baldim) 시에 도착했다. 바진하(Varginha)와 인근 발딤 시는 오래 전부터 UFO와 외계인들이 목격되곤 해서 UFO협회에게도 이미 잘 알려진 도시들이었다.

마을의 주민들은 학자들을 보자 "추파카브라!" "괴물!"이라고 흥분해서 외쳤다. 학자들은 사람들을 진정시킨 뒤 차근차근 설명해 보라고 했다. 주민들은 마을 외곽에 있는 몬스터 다 캐버나(Monster da Caverna)라는 동굴에 외계인이 살고 있다고 말했다.

학자들은 마을 사람들이 분명 헛것을 봤을 거라 생각했지만

공포스러운 동굴괴물

일단 문제의 동굴을 탐사하기 시작했다. 마을 사람들은 동굴의 입구에서 동태를 살피고 있었다. 세 명의 학자와 포수 한 명으로 구성된 탐사팀은 비디오카메라와 사진기 그리고 산탄총을 가지고 동굴로 들어갔다. 어둠 속을 걷던 그들은 갑자기 앞에 나타난 정체불명의 빨간 괴물과 마주하게 되었다. 거대한 곤충의 모습을 한 괴물은 그들을 보고 엄청나게 큰 소리로 동굴이 떠나가라 비명을 질렀다.

괴물 바로 앞에 서 있던 린드로는 자신의 머리칼이 괴물의 비명 때문에 뒤로 밀리는 것을 느끼고는 자기도 모르게 비명을 질렀다. 그 순간 괴물은 바위 뒤로 숨었고 이를 본 학자들은 산탄총을 장전하고 괴물을 사살할 준비를 했다. 그러나 빨간 괴물은 큰 바위 뒤에서 더듬이를 빼고 학자들을 쳐다보고만 있었다. 린드로는 총을 쏘지 말라고 하고 괴물에게 가까이 다가갔다. 괴물은 벽을 쳐다보며 린드로를 피하다가 갑자기 비명을 지르며 출구를 향해 전속력으로 도망갔다. 포수가 도망가는 괴물에게 산탄총을 발사했지만 총알이 튕겨나왔고 괴물은 그대로 사라졌다. 일행이 안도의 한숨을 쉬고 있을 때였다. 갑자기 뒤에서 누군가 중얼거리는 소리가 들렸다.

뒤돌아보니 바위틈 사이에 머리가 상당히 크고 신체 골격이 인간과 다른 정체불명의 괴물이 총을 들고 있는 포수에게 뭐라고 계속 중얼거리고 있었다. 학자들은 괴물의 모습을 촬영했다. 그리고는 괴물을 쫓아버리기 위해 산탄총으로 괴물 옆의 벽을 쏘았다. 그러나 두 번째 괴물은 총소리를 듣고도 도망가지 않았다.

괴물은 뭐라고 계속 중얼거리며 바위틈 사이를 기어오른 뒤 포수에게 뛰어내렸다. 괴물에게 공격을 당한 포수는 바닥에 넘어지며 총을 떨어뜨렸다. 그는 총을 주우려고 했지만 그만 괴물에게 빼앗기고 말았다. 총을 주워 조심스레 살펴본 괴물은 총을 돌려주며 뭐라고 중얼거렸다. 괴물에게서 총을 건네받은 포수

는 조심스레 일어난 뒤 뒷걸음쳐 도망쳤다. 이미 다른 사람들은 모두 도망간 뒤였다. 그는 뒤돌아 괴물에게 괴롭혀서 미안하다고 말했다. 그러나 괴물은 손가락으로 입구를 가리키며 알아들을 수 없는 말로 중얼거리기만 했다.

브라질로 돌아간 학자들은 그들이 목격한 두 종류의 괴물 사진을 일간지에 공개했다. 그들은 자신들이 만난 괴 생명체가 어떤 존재인지 밝혀내지는 못했지만, 그 괴물이 UFO를 타고 지구에 떨어진 외계 생명체일 가능성이 크다고 말했다.

날아다니는 곤충괴물 무흐노츠와

2002년 8월 19일 인도의 우타르프라데시(Uttar Pradesh) 지방에서 수천 명의 성난 주민들이 경찰서 앞에 모여 거세게 시위를 했다. 경찰서 앞에 모인 주민들은 마을에 출몰해 일곱 명의 선량한 시민들의 목숨을 앗아간 무흐노츠와(Muhnochwa)를 잡으라며 항의했다.

분노한 시민들은 경찰서로 들어가려고 했고, 시위대의 행동에 위험을 느낀 경찰은 위협사격을 가했다. 시위현장은 난장판이었다. 결국 이날의 시위로 시위대 중 열세 명이 총상을 입었고 그 중 한 명이 목숨을 잃고 말았다.

대체 무흐노츠와가 뭐기에 주민들이 그렇게나 분노한 걸까?

2002년 여름, 당시 우타르프라데시에는 밤마다 무흐노츠와, 또는 문어괴물이라고 불리는 정체불명의 괴물이 출몰하고 있었다. 더위를 견뎌보려 집 밖에서 잠을 자던 시민들은 갑자기 얼굴과 몸에 통증을 느끼고 잠에서 깨어났다. 눈앞에는 문어처럼 생긴 비행괴물이 있었다. 이 괴물은 얼굴을 할퀴거나 광선을 내뿜어 사람을 해치고 있었다. 이 괴물의 이름이 인도어로 '얼굴을 긁는 이'를 뜻하는 무흐노츠와인 것도 사람들의 얼굴을 다치게 했기 때문이다.

 처음 사람들은 문어를 닮은 비행괴물의 존재를 믿지 않았다.

그러나 밤마다 무흐노츠와 때문에 사람이 죽어나가자 두려움은 커져만 갔다. 경찰과 정부 당국에 도움을 요청해 보기도 했지만 괴물이 변종곤충이라느니 또는 일종의 자연적인 현상이라는 성의 없는 대답만이 돌아올 뿐이었다. 정부의 무관심함에 분노한 주민들은 스스로 방범단을 조직해 밤마다 마을을 직접 순찰하기 시작했다.

사태가 심각해지자 인도 정부는 정보국 요원들을 현장에 파견했다. 요원들은 이상한 괴물이 강력한 빛을 내뿜으며 밤하늘을 자유자재로 날아다니는 것을 목격하고는 이 모습을 카메라에 담았다. 그들은 사진을 학자와 전문가에게 보내 분석을 의뢰했다. 학자들은 사진만 보고 번개의 일종이라는 의견을 내놓았다. 그러나 실제로 직접 목격한 요원들은 괴물이 지구 생물이 아닐 가능성이 높은 것으로 결론을 내렸다.

한때 무흐노츠와가 전파에 의해 조종된다는 소문이 돌았고, 이 소문 때문에 주민들이 너도나도 집 밖에 있는 위성접시, 텔레비전 안테나 등을 모두 떼어내는 진풍경이 빚어지기도 했다.

한동안 나타나지 않던 무흐노츠와가 2004년 8월 초 우타르프라데시 일대에 또다시 출현하기 시작했다. 어린이들의 얼굴을 긁고 다니던 무흐노츠와는 마을 곳곳에 CCTV가 배치되고 무장 경찰대가 순찰을 강화하면서 다시 자취를 감추었다.

이곳 주민들은 여름마다 무흐노츠와가 다시 나타나지 않을까 가슴을 졸이고 있다.

공포의 녹색 괴물

1955년 미국의 오하이오(Ohio) 강에서 수영을 하던 다윈 존슨은 누군가 물속에서 다리를 잡아 아래로 끌어당기는 느낌을 받았다. 물속으로 끌려 들어가다가 당기는 힘이 약해진 순간을 틈타 존슨은 있는 힘을 다해 머리를 물 밖으로 내놓고 숨을 몰아쉬었다.

인간에게 목격된 파충류인간

그때 다시 뭔가가 다리를 붙잡아 물속으로 끌고 가기 시작했다. 그러다 그녀가 물속에서 더 이상 견디기 어려워 마구 허우적거리자 그녀를 끌고 가던 존재는 다시 한 번 놓아주었다가 다시 잡아당겼다. 그 순간 그녀는 친구의 고무튜브를 붙잡고 버티면서 살려달라고 소리를 질렀다. 사람들에게 구조되어 물 밖으로 나온 그녀는 곧바로 정신을 잃었다.

몇 시간이 지나 그녀는 정신을 차렸고 사람들은 어떻게 된 일이냐고 물었다. 그녀는 물속에서 누군가가 자신을 끌어당겼다고 말하고는 다리를 보았다. 다리에는 정체불명의 초록색 손자국이 남아 있었다.

1956년 마을의 판사 안드레 맥퀴는 오하이오 강 근처에서 오리 사냥을 하고 있었다. 그런데 총에 맞은 오리를 물어오기 위해 강가를 달리던 사냥개가 무엇엔가 놀란 듯 멀리 도망쳐서는 계속 짖기만 했다. 아무리 돌아오라고 해도 소용 없었다. 결국 안드레는 직접 오리를 가져오기 위해 강가로 갔다.

그런데 오리가 엽총을 맞고 떨어진 지점에는 핏자국만 있을 뿐 오리는 찾을 수 없었다. 그 순간 강물에서 첨벙거리는 소리가 들렸다. 무심코 소리가 들린 방향으로 고개를 돌린 그의 눈에 온몸이 초록색인 생물체가 손에 오리를 들고 물속으로 들어가는 모습이 보였다. 그는 초록색 생물체에게 엽총을 쏘았다.

그런데 문제의 생명체는 총을 맞고도 쓰러지기는커녕 다시 강가로 나오기 시작했다. 안드레는 그 모습을 보고 너무 놀라 있는 힘을 다해 도망쳤다.

1971년 밭에 씨를 뿌리던 농부 빌리 와그너는 농장 안의 가축들이 갑자기 울타리를 뛰어넘으려 하는 광경을 목격했다. 빌리는 이들을 달래기 위해 울타리로 가까이 가서 사료를 주었지만 가축들은 사료는 입에도 대지 않은 채 무엇에 놀란 듯 모두 한 방향을 보고 있었다. 거기는 농장에서 멀리 떨어진 지점이었는데 누군가가 빌리가 설치한 올가미를 만지고 있었다. 좀도둑일 거라고 생각한 빌리는 고함을 질러 올가미를 가만 놔두라고 경고했다.

그때 올가미를 만지던 사람이 빌리를 쳐다보았다. 빌리는 그제야 그가 인간이 아니라는 사실을 깨닫게 되었다. 온몸이 초록색인 정체불명의 생명체는 파충류 같은 모습을 하고 있었다. 잘 살펴보니 문제의 생명체는 그가 만들어놓은 올가미에 걸려 있는 상태였다.

빌리는 우선 올가미에서 생물체를 풀어줘야겠다고 생각했다. 그가 집에서 올가미를 풀기 위해 칼을 가지고 나왔을 때, 이미 그 생물은 어디론가 사라진 후였다. 올가미에는 정체를 알 수 없는 초록색 액체만이 떨어져 있었다.

바다의 악마, 가라디아블로

1974년 8월 12일, 푸에르토리코의 라구나 아구아스 프리에타스(La-guna Aguas Prietas) 지역에서 해저동굴을 탐험하던 체육교사 알프레도 가르시아 과라멘디(Alfredo Garcia Garamendi)는 정체불명의 바다생물에게 공격을 받았다.

푸에토리코에서 촬영된 가라디아블로

바다생물은 꼬리로 과라멘디의 목을 졸랐는데 당시 물속이 어두웠고 문제의 바다생물이 워낙 빨리 움직였던 탓에 생물의 모습도 제대로 보지 못했다. 과라멘디는 바다생물이 처음 공격을 했을 때 휴대용 작살을 발사했다. 그러나 괴물은 작살을 맞은 채 계속 그를 공격했다. 결국 그가 허리춤에 차고 있던 스쿠버용 칼로 괴물을 찌른 후에야 숨이 끊어졌다. 가르시아는 정신을 차린 후 더 이상 움직이지 않는 괴물의 시체를 끌고 물 위로 올라왔다.

그는 밝은 곳에서 괴물을 자세히 살펴보았다. 문제의 바다생물은 4년 전 자신이 생포한 적이 있는 가라디아블로(Garadiablo)였다. 가라디아블로는 남미의 전설에 나오는 괴물로 마귀어라고도 불리는데 가르시아는 4년 전에도 해저동굴 근처에서 이 괴물을 만나 격투 끝에 생포했었다. 그는 당시 마귀어를 대학으로 가져가 연구해 보려 했지만 학교 측에서 허락하지 않아 집으로 가져왔다가 정부 관리에게 빼앗기고 말았다.

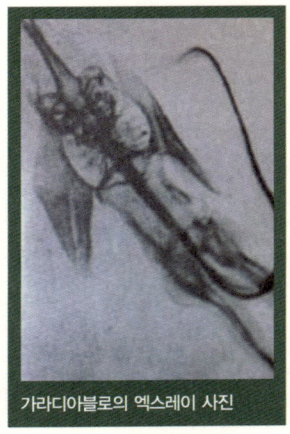
가라디아블로의 엑스레이 사진

첫 번째 가라디아블로를 빼앗긴 것이 몹시도 안타까웠던 그는 두 번째로 잡은 것을 박제로 만들어 전시하고는 기자들과 이웃들을 초청해 전설에 나오는 괴물의 모습을 보여주곤 했다.

하지만 그러던 어느 날 원인 모를 화재가 일어나 박제를 잃게 되었다. 낙심한 그는 한 번 더 가라디아블로를 생포하기 위해 해저동굴을 계속 탐험했지만 다시는 만날 수 없었다.

Part 4

세계가 숨긴 음모와 미스터리

◆ KAL 007, 풀리지 않는 의혹 ◆ 인간의 달 여행은 가짜였다? ◆ 지구 구원 프로젝트 얼터너티브 3 ◆ 히틀러는 자살하지 않았나? ◆ 제3차 세계대전 시나리오 ◆ 누가 JFK를 쏘았는가? ◆ 존 웨인의 죽음을 둘러싼 미스터리 ◆ CIA와 KGB를 만든 나치 ◆ 신체 일부를 바꾸는 생체실험 ◆ 황금알을 낳는 거위, 카메라 ◆ 지구 궤도를 바꾸는 딥 임팩트 미션 ◆ 원거리 투시를 이용한 스타게이트 프로젝트 ◆ 사람을 조종하는 마인드 컨트롤 ◆ 007의 모태 MI6의 정체 ◆ 9.11 테러의 진조들 ◆ 죽은 자를 되살리는 좀비 프로젝트 ◆ 비극으로 끝난 공간이동 실험

KAL 007, 풀리지 않는 의혹

1983년 9월 1일, 소련의 전투기 미사일 공격을 받고 사할린(Sakhalin) 상공에서 격추되어 탑승객 269명이 전원 사망한 KAL 007 여객기 참사. 근래 들어 이 끔찍한 사건에 관한 새로운 사실들이 속속 공개되면서 그와 더불어 의혹들도 눈덩이처럼 커져가고 있다.

1992년 10월 16일 러시아의 뉴스 일간지 《이스베스챠(Izvestia)》 228호는 러시아의 대통령 보리스 옐친이 기밀분류에서 해제한 KAL 007기와 관련된 소련의 문서들을 공개하여 많은 사람들의 관심을 모았다. 공개된 문서는 충격적인 내용으로 가득 차 있었다. 그 중에는 KAL기를 격추시킨 조종사가 국제긴급수신채널(IERF)로 KAL기와 교신도 하지 않았고, 조명탄이 섞인 기관총으로 KAL기 주변에 경고사격도 하지 않았다는 내용이 있었다. 이는 소련이 민간여객기를 아무런 사전경고도 하지 않고 공격했다는 의미였다. 또한 소련이 KAL기의 블랙박스를 찾았지만 유리 안드로포프(Yuri Andropov) 서기장이 미국과 일본 측에 발견 사실을 고의적으로 숨겼다는 내용도 있었다.

가장 큰 논란을 일으킨 것은 함께 공개된 사진들이었다. 그 중에는 무사히 비상착륙을 한 것 같은 KAL 007기의 모습이 있었다. 지금까지는 KAL 007기가 미사일에 맞아 곧바로 바다에 떨어졌기 때문에 생존자는커녕 제대로 된 여객기 파편조차 찾을 수 없었던 것으로 알려졌었다. 그러나 이 사진이 사실이라면 생존자가 있을 가능성은 충분했다. KAL 007기 참사로 장인을 잃은 버트 쉴러스버그(Bert Schlossberg)는 현재 그가 운영하고 있는 웹사이트 Rescue007.org에서, KAL 007기가 알려진 것처럼 소련의 전투기에 의해 격추되어 전원 사망한 것이 아니라 사할린의 모네론(Moneron) 섬 해안에 무사히 불시착했다고 주장하고 있다. 그는 사건 당시 사고현장을 지휘한 소

KAL기 격추 조종사 오시포비치

련군 장군과 공군 관제소의 고급장교들의 교신내용, 그리고 헬기와 민간선박을 긴급히 투입한 당시의 구조활동 상황 등을 상세히 소개하면서 자신의 주장을 뒷받침하고 있다. 그는 그간 수집한 모든 자료를 토대로 2001년 『007기를 구하라 : KAL 007기의 알려지지 않은 이야기들과 생존자들(Rescue 007 : The Untold Story of KAL 007 and Its Survivors)』이라는 책을 출간하기도 했다.

파일럿이자 항공우주산업 엔지니어인 마이클 번(Michel Brun) 역시 『사할린에서 발생한 사건 : KAL 007호의 실제 임무(Incident at Sakhalin : The true Mission of KAL Flight 007)』라는 책에서 왜 많은 사람들이 이미 끝난 사건을 그대로 받아들이지 못하는가에 대해 다루었다. 그는 참사 당시 KAL 007기의 희생자들 외에도 서른 명이 넘는 미 해군과 공군의 항공기 승무원들이 사할린 영해에서 무리한 첩보작전을 감행하다 전사했다고 주장했다. 이 책에서 그는, 당시 미국의 첩보기 코브라가 KAL기 근처에서 첩보활동

을 하고 있었으며 때문에 당시 사고지역 상공에 있던 미국의 첩보위성이 KAL기의 항로 이탈을 미리 알고 있었지만 여객기에 통보하지 않았다며, 참사가 고의적이었다고 주장한다.

세월이 흘러도 잊혀지지 않고 계속 의혹만 더해 가는 KAL 007기 참사. 모든 의혹을 덮고 공식적인 발표를 믿는다고 하더라도, 6만 피트 상공에서 폭발한 우주왕복선의 잔해와 탑승객 시신도 회수하는 마당에 왜 소련에서는 1만 피트 상공에서 미사일로 격추했다는 여객기의 탑승자 시신과 잔해 그리고 유품 등이 전혀 회수되지 않았는지 전혀 납득이 되지 않는다.

끔찍했던 참사가 일어난 지도 어느덧 스무 해가 훌쩍 넘어버렸다. 그러나 지금도 KAL 007기 참사는 우리에게 잊혀지지 않는 아픔으로 남아 있다.

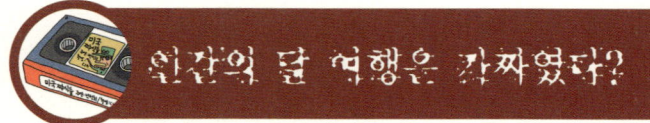

인간의 달 여행은 가짜였다?

1969년 7월 20일 미국의 아폴로(Apollo) 11호 우주선의 착륙선 이글(Eagle)이 인류 최초로 달에 착륙했고, 인간으로서는 최초로 닐 암스트롱(Neil Armstrong)이 달에 첫발을 내딛었다. 당시 이 감동적이며 역사적인 순간은 전 세계에 생중계됐고 사람들은 이 놀라운 쾌거에 박수를 보냈다.

그러나 그 후 세계 곳곳에서 인류의 달 착륙이 가짜라고 주장하는 사람들이 나타나기 시작했다. 그리고 현재 과학자들과 언론기관, 그리고 각계의 전문가들 사이에서 달 착륙 조작에 관한 음모론은 꽤 힘을 얻고 있는 상황이다.

성조기에 경례하는 우주비행사

착륙선에서 달로 내려오는 우주비행사

2001년 2월 15일 미국의 폭스 텔레비전이 방영한〈음모이론(Conspiracy Theory)〉이라는 특집 프로그램이 큰 화제를 불러일으켰다. 이 프로그램은 '우리는 달에 도착했는가(Did We Land on the Moon)?'를 주제로, 그 동안 의혹을 일으켰던 '달 여행 음모설'에 대해 집중 조명했다.

문제로 지적되는 부분은 다음과 같다. 우선 대기가 없는 달 표면에 꽂은 깃발이 펄럭이고 있는 점, 그리고 달의 검은 하늘에서 별들이 보이지 않는다는 점, 사진에 찍힌 물체들의 그림자 방향이 저마다 다른 점, 우주비행사의 발자국이 뚜렷한 데 비해 착륙선이 착지한 표면이 눌리지 않은 점 등이다. 결국 이 프로그램은 우주인들의 달 착륙 당시를 찍은 모습이 네바다(Nevada) 사막의 비밀 군사지역 안에 있는 촬영세트에서 찍은 가짜 필름이라는 쪽으로 결론을 내렸다.

만약 달 여행이 조작된 것이라면 미국은 왜 이런 엄청난 짓을 저지른 것일까?

음모론자들은 거기에는 다음과 같은 이유가 있다고 주장한다.

첫째, 당시 미소 간의 우주경쟁의 주도권 싸움에서 뒤진 미국이 국면의 전환을 노린 것이고 둘째, 국민의 관심을 확산 일로에 있는 반전운동에서 돌려놓을 계기가 필요했고 셋째, 적대국 소련의 자존심을 자극하여 불가능한 일에 예산을 낭비하게 하려는 유인술이라는 것이다. 그들의 주장에 따르면 이 수법은 1983년 레이건 대통령이 발표한 '스타워즈(Star Wars)' 전략방위구상(Strategic Defence Initiative : SDI)이 소련을 혼란스럽게 만들기 위한 액션이었던 것과 비슷하다.

그렇다면 왜 이제야 달 여행 음모론이 드러나게 된 것일까? 그 이유는 기술이 발달된 탓에 이제는 누구나 과거에 만들어진 미흡한 영상조작기술과 촬영세트의 허점을 쉽게 발견하게 된 데다, 또한 이미 미국이 세계 유일의 초강대국으로 자리잡고 선진 우주과학기술을 확보했기 때문으로 본다.

현재 미국항공우주국 나사(NASA)의 공식 홈페이지에는 달 착륙 조작설에 관한 페이지가 별도로 마련되어 있고 음모이론 관련 사이트와 자료들이 링크되어 있다.

지구 구원 프로젝트 얼터너티브 3

1977년 6월 20일 영국 앵글리아 텔레비전의 인기 프로 〈사이언스 리포트(Science Report)〉는 마지막회에 '얼터너티브 3(Alternative 3)'라는 특집 다큐멘터리를 방영했다. 〈사이언스 리포트〉는 전 세계에서 일어나는 과학 관련 뉴스를 다루는 장수 프로로 지난 4년간 영국과 호주, 뉴질랜드와 유럽 전역, 그리고 북미에 인기리에 방영되고 있었다.

하지만 얼터너티브 3는 그다지 호의적인 반응을 얻지 못했다. 방영되자마자 방송국에 항의가 빗발쳤고 엄청난 분노와 극심한 논쟁에 휩싸인 것이다. 워낙 충격적인 내용을 다룬 탓인지 미국에서는 문제의 마지막회가 방영조차 되지 못했다.

특집 다큐멘터리 〈얼터너티브 3〉의 사회자

아나운서는 방영에 앞서 다큐멘터리의 주제였던 영국의 고급두뇌의 해외 유출 실태를 취재하다가 전 지구적 비밀 프로젝트의 실체를 알게 됐다고 설명하며 스토리 전개와 구성에 일부 과장과 허구성이 있음을 밝혔지만 파문은 가라앉지 않았다.

도대체 방송에서 무슨 얘길 했기에 이 난리가 난 걸까?

전체 줄거리는 해외로 유출된 우수 과학자들을 추적하고 인터뷰하다가 많은 과학자들이 실종된 사실을 발견하고 원인을 규명하는 과정에서 '얼터너티브 3'라는 프로젝트에 대해서 알게 되어 이를 공개한다는 내용이었다. 문제는 얼터너티브 3의 내용이었다.

1960년대 초, 워싱턴 D.C.에서는 미국과 소련 양국 최고위급 관리들의 비밀회담이 열렸다. 회담의 주 내용은 '회복이 불가능할 정도로 환경이 파괴되고 인구가 폭발적으로 늘어나 인류의 종말이 거의 확실한 현 시점에서 인류를 보존할 방안을 찾자'는 것이었다. 이 회담에서 양국은 인류가 멸망을 피해 생존할 수 있는 세 가지 대안을 마련하고 이를 실천하기로 합의했다. 그리고 이 대안을 얼터너티브 1, 2, 3라고 명명했다.

이제부터 각각의 내용을 살펴보자.

- 얼터너티브 1: 오존층에 핵을 쏘아 커다란 구멍 두 개를 뚫으면 수백만의 인류가 강력한 자외선에 노출돼 피부암으로 죽게 된다. 이런 방법으로 인구를 줄인다.
- 얼터너티브 2: 세계 여러 곳에 꼭 살아남아야 할 엘리트를 위한 지하도시를 건설해서 대재앙시 피해 있다가 위험이 사라지고 지상이 안정을 되찾을 때까지 생활하게 한다.
- 얼터너티브 3: 달과 화성에 '노아의 방주'를 건설해 선택된 엘리트를 이주시킨다. 이를 위해 달과 화성 개척에 박차를 가해야 한다. 고급 과학자들과 필요한 기술인력들은 마인드 컨트롤을 이용해 납치해서 달에 복합적인 기능을 수행할 행성 개척의 전진기지를 건설하게 한다. 이 계획을 비밀리에 실천하기 위해 수많은 로켓을 발사해야 하므로 이는 두 나라가 각기 달 여행을 추진하는 것으로 위장한다.

몇몇 음모론자들은 이 프로젝트가 이미 진행 중이라고 주장한다. 그들은 다음과 같은 현상을 증거로 제시하고 있다.

첫째, 1990년 중반 북극과 남극의 오존층이 파괴돼 커다란 구멍이 생겼다. 극지에 뚫린 오존층은 빙하를 녹여 해수면은 점점 높아지고 있다. 현재 지구 곳곳에서 일어나는 이상기후 역시 오존층의 구멍과 무관하지 않다.

둘째, 현재 에어리어 51(Area 51)과 M-존(M-Zone), 파인 갭(Pine Gap), 그리고 덜시 기지(Dulce Base) 같은 상식적으로 납득할 수 없는 지하도시들이 세계 여러 곳에 있다.

셋째, 얼터너티브 3를 합의한 이래 미국과 소련은 달 탐사를 위해 수많은 로켓을 우주에 발사했다. 또한 우주비행사와 과학자가 사망하거나 실종되는 일도 많아졌다. 게다가 현재 우주과학은 인간을 태우고 화성을 왕복할 수 있을 정도로 발전했지만 지구의 우주항공기술을 주도하고 있는 나사는 이 기술을 일반인에게 공개하지 않고 있다. 이는 화성에서 이뤄지고 있는 행성 개척을 들키지 않기 위해서이다.

물론 이런 의혹에 대해 관계자들은 말도 안 된다는 반응이다. 그들은 음모론자들이 제시하는 증거들도 모두 억측이라고 일축한다. 그렇다고 해서 모든 의혹이 사라지는 것은 아니다. 다큐멘터리 '얼터너티브 3'가 엄청난 센세이션을 불러일으킨 것은 대

부분의 사람들에게 이 계획 자체가 충분히 가능성이 있는 것으로 느껴졌기 때문인지도 모른다.

히틀러는 자살하지 않았다?

 1945년 5월 4일, 베를린에 있는 지하 벙커에서 애인 에바 브라운(Ava Braun)과 함께 자살한 아돌프 히틀러. 그러나 그의 죽음을 둘러싼 논란은 지금까지도 끊이지 않고 있다.
 당시 가장 먼저 베를린에 진입한 소련군은 히틀러를 체포하기 위해 혈안이 되어 있었다. 그렇게 히틀러를 추적하다가 히틀러의 것으로 보이는 시신 두 구를 찾았지만 모두 디코이(Decoy)였다. 디코이란 독일 패망 후 연합군의 히틀러 추적을 어렵게 하려고 히틀러와 비슷하게 생긴 사람들을 모아 히틀러 행세를 하게 한 위장술책이다. 히틀러 연구가들은 그 동안 세계 언론에 공개된 히틀러의 시신들은 모두 디코이라고 주장하고 있다.
 히틀러는 5월 4일, 오랜 연인 에바 브라운과 결혼식을 한 후 청산가리를 먹었고 그의 시신은 친위대에 의해 화장된 것으로 알려졌다. 하지만 2000년 1월 27일 러시아의 노동신문 《트루드(Trud)》는 히틀러의 유해가 소련군 병사들에 의해 다른 소련군 점령지로 옮겨 매장되었다가 1970년 동독에서 화장됐다고 했다.
 또 일각에서는 히틀러가 죽지 않고 1945년 소련군에게 생포

유해가 발견된 지점을 영국군에게 보여주는 소련군

된 뒤 스탈린과 비밀 협정을 맺고 남미로 탈출해 아르헨티나에서 살았다고 주장한다. 이 주장은 전쟁이 끝난 후 남미로 독일 전범들이 대거 탈출해 숨어 있었고, 아르헨티나의 외곽에 있는 독일인 소유의 한 호텔에서 히틀러를 보았다는 여성의 증언이 이어지면서 설득력을 얻고 있다.

제2차 세계대전 막바지, 국민들에 의해 사지가 찢겨 처형된 이탈리아의 독재자 무솔리니의 마지막 모습을 본 히틀러는 자신도 언젠가 같은 처지가 될지도 모른다는 두려움에 사로잡혀 있었다. 그렇기 때문에 전쟁에 패했을 때를 준비해 자신과 닮은 사람들로 가짜 히틀러를 만들어놓고 아르헨티나로 도주했다는 것이다. 히틀러의 아르헨티나 도피설을 주장하는 사람들은 소련이 전쟁 후 독일 정부에서 일하던 과학자들을 데려갔고 이후 소련의 신무기(핵폭탄)와 우주항공기술 수준이 비약적으로 발전했다는 점, 그리고 1945년부터 1953년대 초반까지 스탈린이 마치 히틀러처럼 무려 3백만 명의 유태인들을 학살했다는 점 등이 히틀러와 스탈린 사이에 모종의 합의가 있었음을 증명하는 것이라 주장한다.

패망 직전 히틀러는 이미 독일에 없었을 거란 주장도 있다. 히틀러의 죽음에 관해 연구하는 사람들 중 몇몇은 1945년 나치 패망 전, 베를린이 아닌 뉘른베르크(Nuremberg)에서 히틀러가 친위대의 배웅을 받으며 비행기를 타고 떠나는 모습을 찍은 영사필름을 발견했다. 그들은 이 필름이 당시 히틀러가 실제로 베를린에 없었다는 증거가 된다며, 이때 이미 아르헨티나로 떠난 것이라고 주장한다.

시신이 이미 화장되어 눈으로 그의 죽음을 확인할 수 없었다는 점, 그리고 소련이 히틀러가 자살했다고 공식발표한 후에도 FBI가 계속 그의 행방을 추적했다는 사실 등은 그의 죽음 이면에 또 다른 진실이 숨어 있을 거라 믿었던 수많은 음모론자들을 자극했다.

결국 그의 죽음을 둘러싼 의혹은 오늘날까지 풀리지 않은 채 히틀러의 죽음을 제2차 세계대전 최대의 미스터리로 남게 했다.

제3차 세계대전 시나리오

1956년, 북대서양조약기구(NATO)를 견제하기 위해 소련이 만든 바르샤바조약기구(WTO)에 동참을 거부한 헝가리는 수도 부다페스트(Budapest)에서 무려 3만 명의 시민이 소련군의 탱크와 기관총에 의해 무차별 학살당하는 참사를 겪었다. 이 소식을 들은 주변의 NATO 국가들은 당시 핵탄두를 탑재한 대륙간 유도탄을 보유하고 있는 미국에게 "유럽에 핵무장을 시켜달라"고 요청했다.

그 후 1961년, 버튼 하나로 모스크바를 공격할 수 있는 핵무기가 소련 인근에 배치되었다. 이 정보를 입수한 소련의 흐루시초프(Khrushchev) 서기장은 1962년 미국의 이웃나라 쿠바에 핵미사일 3기를 배치하기로 결정했다. 쿠바에 미사일 발사대가 건설 중이고 소련에서 핵탄두를 실은 배가 쿠바로 접근하는 중이라는 사실을 알게 된 미국은 쿠바에 해상봉쇄조치를 가하고, 소련에게 쿠바에서 공격용 무기를 철수하라고 요구했다. 긴박한 대치는 한동안 계속되었고 핵전쟁의 서막이 오르는 것 같았다. 그러던 중 소련에서는 미국이 쿠바를 침공하지 않는다면 무기를 철수하겠다고 발표했고 미국이 이를 받아들이면서 사태는 일단락된다.

그러나 이후에도 날로 심해져만 가는 미국과 소련의 냉전구도는 마치 언제 터질지 모르는 화약고처럼 늘 국제정세를 불안하게 만들었다. 전 세계 사람들은 이러다 제3차 세계대전이 일어나는 게 아니냐고 걱정했다.

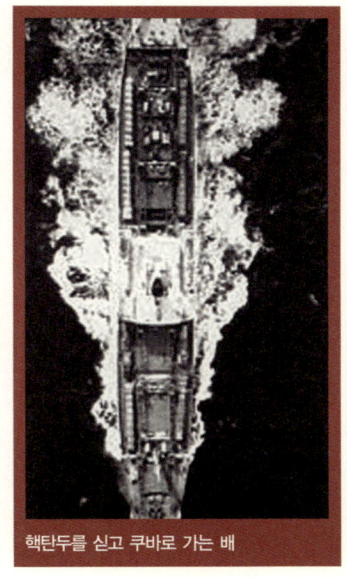
핵탄두를 싣고 쿠바로 가는 배

게다가 1962년 쿠바사태 당시, 미국 대통령 케네디는 "소련이 핵을 사용할 마음이 있다면 제3차 세계대전도 불사하겠다"는 폭탄발언을 했다. 첨예하게 대립하고 있는 상황에서 국가원수의 전쟁불사 발언은 전 세계를 전쟁의 공포로 밀어넣었다. 제2차 세계대전을 치르고 아직 채 그 상처가 아물지도 않은 때였다. 특히 가장 많은 피해를 봤던 유럽 각국은 이 발언에 민감하게 반응했다. 그러나 이미 엎질러진 물이라고 판단한 미국 국방부는 그때부터 본격적으로 소련과의 핵전쟁을 대비해 데프콘 3(DEFCON-3)를 발령하고 전군이 비상경계태세에 들어갔다.

1963년 미국과 소련 양국 국민들은 핵전쟁이 일어났을 때를 대비해 민방위훈련을 시작했고 마당에 방공호를 팠다. 전쟁이 임박한 것 같았다.

1963년 7월, 미국 국방부와 정보부는 소련을 선제공격하여 전쟁에서 승리할 수 있는 시나리오를 작성했다. 그러나 이를 대통령에게 전달하지는 않았다. 당시 CIA는 케네디 대통령 주변의 여성 중 상당수가 KGB의 첩자라는 사실을 포착했기 때문이었다. 그러나 국방부와 CIA가 일부러 문제의 시나리오를 보고하지 않은 것을 알게 된 케네디는 국방장관과 군 최고지휘관들을 해임하려 했다. 그러던 중 11월 23일 댈러스(Dallas)에서 케네디가 암살당했다. 케네디 대통령의 암살에 대해서는 지금까지 그 배후가 누구인가 의견이 분분하다. 게다가 그의 죽음과 관련된 사람들이 의문사하면서 의혹은 커져만 갔다.

케네디 대통령의 죽음으로 미국 국민들은 슬픔에 빠졌지만, 그가 새로운 전쟁을 준비한다는 사실을 알고 있던 전 세계 지도자들은 전쟁의 위기에서 벗어났다며 오히려 안도의 한숨을 내쉬었다.

누가 JFK를 쏘았는가?

1991년, 올리버 스톤 감독은 영화 〈JFK〉를 통해서 지금까지 정보공개법에 의해 일반인에게 공개되지 않았던 존 F. 케네디 대통령의 암살에 관한 모든 진실을 공개하겠다고 밝혔다. 그의 발언으로 사람들은 드디어 케네디 대통령의 죽음에 관한 진실이 밝혀지나 하고 기대했다.

1991년 영화가 개봉되기 전 올리버 스톤은 성대한 파티를 열었다. 그 자리에서 그는 손님들에게 L. 플레처 프라우티(L. Fletcher Prouty) 미 공군 예비역 대령을 소개했다. 올리버 스톤은 프라우티 대령이 1963년 케네디 대통령의 암살 사건 당시 국방부에 근무했던 사람으로 영화 제작에 직접 참여해 많은 도움을 주었다고 말했다.

제2차 세계대전 중 공군조종사로 복무한 프라우티 대령은 각종 특수임무에서 큰 공을 세운 인물이었다. 그는 1944년 영국의 코만도와 OSS특공대가 독일군의 나바론포와 V2로켓을 파괴했

영화 〈JFK〉에 나오는 Mr. X

을 때 그들을 작전지역으로 수송하는 임무를 맡았다. 또 터키와 시리아의 국경에서 미군 포로와 미군에 귀순한 독일군 장교들을 탈출시키기도 했다. 전쟁이 끝난 뒤에는 맥아더 장군의 전용기 조종사로 근무했고, 1955년부터는 CIA와 미 공군 간의 다리 역할을 했다. 1963년 케네디 암살 사건이 일어난 뒤 대령으로 예편한 그는 U2스파이비행기를 제조하는 GAC사의 부사장으로 일했고, 은퇴 후 1980년대 후반부터는 JFK 사건에 관한 숨겨진 이야기와 국방부의 비밀작전에 관한 책을 쓰고 있었다.

올리버 스톤 감독이 그를 섭외하게 된 것은 케네디 암살 직후 그가 작성한 보고서를 보았기 때문이었다. 당시 그의 보고서에는 다음과 같은 내용이 적혀 있었다.

- JFK가 총을 맞기 직전 주위에 둘러앉아 그를 구경하던 사람들의 대다수는 CIA 소속 요원들이었다.
- 저격범 오스왈드의 총에는 공포탄만 들어 있었다.
- 저격소총의 망원렌즈로 케네디 대통령이 여러 방향에서 쏜 총알을 맞는 것을 본 오스왈드는 요원들에 의해 포위되었던 건물에서 극적으로 탈출했다.
- 오스왈드가 죽인 것으로 되어 있는 경찰관은 다른 사람이 죽

인 것이다.
- 케네디 대통령의 머리에 박힌 총알은 도로 밑 하수구에서 발사된 것이다.
- 암살 사건 당시 오스왈드 말고도 세 명 이상의 암살범들이 대통령의 자동차를 조준하고 있었다.

처음 올리버 스톤 감독은 프라우티 대령이 저술한 내용을 토대로 영화를 찍으려고 했다. 그러나 영화가 진행될수록 대령은 올리버 스톤에게 계속 새로운 정보를 줬고, 이 때문에 오히려

더 혼란을 겪게 되었다.

영화〈JFK〉가 개봉되고 몇 년 뒤, 암살 사건에 대한 몇 가지 정보를 공개한 미국 정부는 영화〈JFK〉의 내용 중 많은 부분이 왜곡되었다고 했다.

프라우티 대령의 조언대로 만든 영화〈JFK〉의 내용 중 상당수가 사실과 다르다는 것을 알게 된 미국의 언론은 그가 진실을 밝히는 사람이 아니라 오히려 암살 사건의 모든 진실을 알고 있는 베일 속에 가려진 'Mr. X' 캐릭터와 일치하는 인물이라고 발표했다.

그렇다면 케네디 암살의 배후일지도 모르는 프라우티 대령이 왜 영화〈JFK〉제작에 참여한 것일까? 혹시 그가 JFK의 암살 사건에 연루된 자신의 역할을 감추기 위해 직접 영화 제작에 앞장섰던 것은 아닐까?

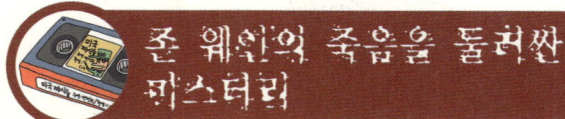

존 웨인의 죽음을 둘러싼 미스터리

미국 서부영화의 거장이자 정치인들과도 친분이 두터웠던 존 웨인(John Wayne).

그는 1979년 대장암으로 사망했다. 사망 당시 그의 몸은 각종 암으로 만신창이가 되어 있었다. 이미 폐암으로 폐 일부를 떼어냈고 심장 기능이 좋지 않아 수술을 해야 할 상황이었으며 대장암이 퍼지는 것을 막기 위해 대장과 소장을 몸에서 떼어낸 상태였다.

그런데 그의 병에 이유가 있다는 주장이 제기되고 있다.

1954년, 전성기를 누리고 있던 존 웨인은 MGM영화사로부터 "칭기즈칸의 일대기를 다룬 영화에 출연하지 않겠느냐"는 제의를 받았다. 그는 쾌히 승낙했다. 그러나 영화를 찍기로 한 미국 애

존 웨인이 주연한 영화 〈정복자〉

리조나 주의 피닉스 외곽 사막지대는 1952년까지 핵실험을 했던 곳으로 방사능에 오염되어 있었다. 당시 방사능의 위험을 몰랐던 영화제작자는 정부의 허락을 받고 이 지역에서 영화를 찍기 시작했다. 문제는 영화를 찍고 나서 시작되었다. 이 영화 〈정복자(The Conqueror)〉에 연관된 스태프들과 수백여 명의 엑스트라들 모두 스무 해를 못 넘기고 암으로 사망한 것이다.

얼마 전 공개된 CIA의 보고서에 의하면 당시 방사능에 관한 인체실험을 하지 못한 미 육군은 영화제작사에서 촬영을 허가해 달라고 요청하자, 이를 허락하고 〈정복자〉의 엑스트라들을 방사능 지역에 모이게 한 다음 그들의 상태를 체크했다고 한다. 영화 관계자들을 인체실험 대상으로 사용한 것이었다.

존 웨인 역시 영화를 찍자마자 폐암에 걸렸고 1955년 한쪽 폐를 들어내는 수술을 받았다. 방사능 오염 지역에서 영화를 찍어 암에 걸렸다는 사실을 알게 된 존 웨인은 방사능에 오염된 곳임을 알면서도 제작진을 사막에 몰아넣은 정부에 책임을 물었다.

수십여 차례의 수술로 간신히 생명을 유지하던 존 웨인은 정부와 협정을 맺었다. 바로 '1979년, 몸의 내장을 들어낸 존 웨인을 현재 상태로 냉동하되 미래에 암 치료약이 개발되면 다시 그를 소생시켜 병을 고쳐주겠다'는 제안에 합의한 것이다.

때문에 영화계의 거목이었음에도 그의 장례식이 치러지지 않은 것이다. 존 웨인은 현재 미국 워싱턴 D.C.에 있는 국방성 벙커 지하실에 냉동된 상태로 보관되어 있다.

참고로 영화 〈정복자〉에 참여했던 사람들 중 95퍼센트가 5년 안에 암으로 사망했는데 오직 존 웨인만이 20여 년 동안 살아남았다.

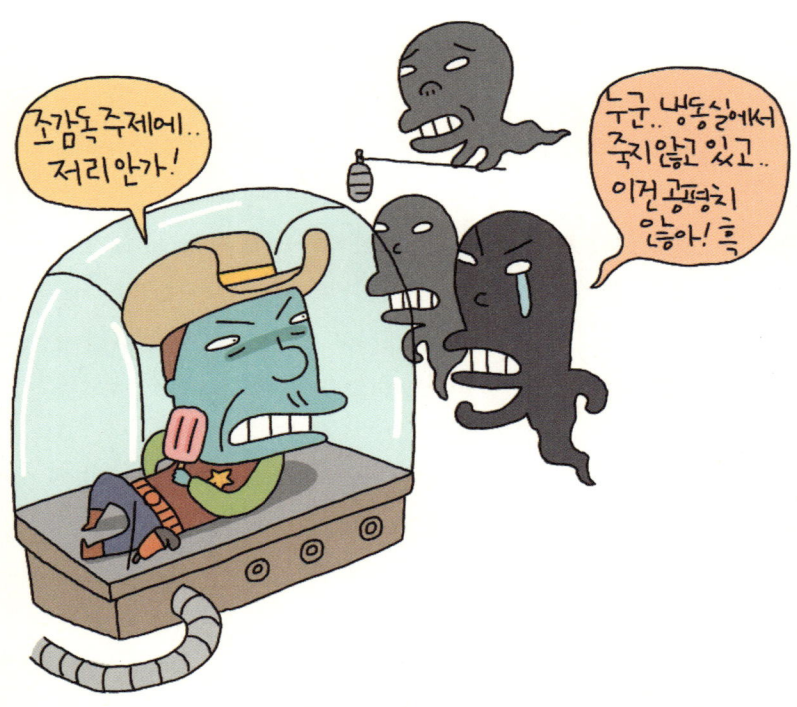

CIA와 KGB를 만든 나치

1945년 5월 6일, 치열한 전투 끝에 베를린을 점령한 연합군은 이튿날인 5월 7일, 독일의 무조건항복을 받아냈다. 제2차 세계대전 중 독일군에게 엄청난 인명과 재산피해를 입은 연합군은 독일 항복 직후 베를린에 숨어 있던 히틀러와 그의 친위대 참모들을 체포하기 시작했다.

그러나 항복문서를 전달하기 일주일 전, 나치 친위대는 베를린의 지하 벙커에서 열렸던 마지막 회의에서 조직이 완전히 사라지는 것을 막기 위해 한 가지 결단을 내렸다. 바로 지도자들 중 나이 든 사람은 남겨두고 젊은 사람들은 모두 해외로 탈출시키는 것이었다. 이 작전에 따라, 연합군이 베를린을 점령하기 직전 친위대의 젊은 지휘관들은 세계 각국으로 도피했다.

아르헨티나, 인도네시아, 호주, 그리고 반유태계 아랍 국가들로 도주한 친위대의 지휘관과 간부들은 조직을 유지하기 위해 타국에서 친위대 스타일의 비밀경찰 활동을 벌였다. 후에 이 조직은 이스라엘의 정보국 모사드(MOSSAD)와 직접 첩보전쟁을 벌이기도 했다.

전범으로 사형된 독일군 친위대의 우두머리 힘러(Himmler)는 1943년부터 친위대의 모든 실권을 젊은 장교 레인하르트 겔렌(Reinhard Gehlen)에게 넘겨주었다. 겔렌은 당시 수용소에 갇혀 있던 유태인들을 말살하고 전쟁포로들을 사살하라는 명령을 내린 제2차 세계대전 최악의 전범들 중 하나였다.

레인하르트 겔렌

독일 과학기술의 요체 로켓 개발팀

1943년 소련을 침공한 것이 실수였다는 사실을 깨달은 아돌프 히틀러는 겔렌을 레닌그라드로 보내 소련군에 관한 정보를 최대한 많이 입수하라고 명령했다. 겔렌은 당시 소련에서 입수한 정보를 모두 마이크로필름에 넣어 베를린으로 가져왔다. 독일이 항복한 후 겔렌은 미군에게 자수했는데 이때 자신이 갖고 있던 수만 장의 마이크로필름을 미군 측에 제공했다. 이 대가로 그는 전범재판을 피할 수 있었다.

겔렌은 당시 미국의 정보국이었던 OSS에게 "소련은 독일이 항복하면 미국 본토로 쳐들어가 세계를 정복하려는 계획을 가지고 있다"는 가짜 정보를 넘겨주고는 그때부터 자신이 알고 있던 나치 친위대와 게슈타포 운영에 관한 극비문서를 OSS에게 제공했다. 소련과 미국을 대립시켜서 살아남으려 했던 것이다. 후에 겔렌의 조언으로 OSS는 오늘날의 CIA로 개편됐고 겔렌은 그 후 25년간 서독의 정보국 책임자로 활동했다.

게슈타포 간부 클라우스 바비(Klaus Barbie) 역시 1942년 5월 프랑스 리옹에서 레지스탕스와 그들을 도와준 프랑스인들을 학살해 '리옹의 도살자'라 불렸지만, 전쟁이 끝난 후 처벌받지 않고 오히려 1955년까지 정보국 요원으로 일했다.

전범재판을 피해 미국과 소련으로 흩어진 옛 친위대 대원들은 모두 CIA와 KGB의 간부로 자리잡았다. 그리고는 두 나라의 경쟁을 부추겨 결국은 새로운 냉전시대를 열었다.

겔렌의 지휘 아래 전 세계에서 활동한 친위대 대원들은 아랍의 테러리스트들을 부추겨 이스라엘을 공격하게 했다. 그리고 지금도 세계 곳곳에서 일어나는 분쟁의 중심에 그들이 있다.

신체 일부를 바꾸는 생체실험

앨런 폴섬(Allan Folsom)의 소설 『모레(The Day After Tomorrow)』에는 냉동된 히틀러의 머리를 젊은 청년의 몸에 이식해 나치의 부활을 꿈꾸는 조직에 관한 내용이 나온다. 이 소설은 죽은 사람의 머리를 산 사람의 몸에 이식한다는 발상으로 화제가 되었다. 또 얼마 전에는 개에게 물려 얼굴 일부를 잃은 여성이 죽은 사람의 얼굴을 이식받는 데 성공하기도 했다.

실제로 신체 일부를 다른 사람의 것으로 맞바꾸는 실험은 오래 전부터 연구되어 왔다.

1997년 7월 28일 모스크바국립공과대학에서 생명공학을 전공하고 있는 대학생 아이반 코로노브(Ivan Koronov)는 논문을 쓰려고 국립도서관 컴퓨터로 관련 자료들을 열람하다 자신이 조회한 전문적인 의학 단어가 얼마 전 비밀이 해제된 소련 국가보안위원회의 생명공학 관련 파일에 있는 것을 발견했다. 호기심이 생긴 그는 자료 열람을 신청했다. 자료의 이름은 '알라스토르(Alastor)'. 고대 그리스신화에 나오는 복수의 신을 의미한다. 자료를 대충 뒤적이고 있는데 서류 뒤쪽에서 사진 한 장이 떨어졌다. 사진에는 목이 두 개 달린 셰퍼드 한 마리가 찍혀 있었다. 원래 셰퍼드의 몸에 보다 작은 종류의 개의 머리가 하나 더 달린 모습이었는데 두 개의 머리가 모두 살아 있는 것처럼 보였다.

놀란 그는 서류를 제대로 살펴보기 시작했다. 그 속에는 사진 몇 장이 더 붙어 있었다. 모두 다 현실에서 보기 힘든 괴상한 사진들이었다. 머리가 두 개 달린 원숭이, 개의 머리를 가진 고양이 등등. 그리고 목에 선명하게 꿰맨 자국이 남아 있는 한 노인이 의료진의 부축을 받으며 물을 마시고 있는 사진도 있었다. 자료에는 이들이 모두 사망한 뒤 다른 생명체의 몸통에 머리를 이식해 살아난 생명체라고 쓰여 있었다.

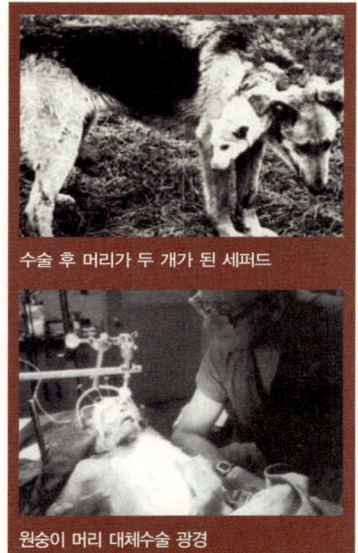

수술 후 머리가 두 개가 된 셰퍼드

원숭이 머리 대체수술 광경

정신없이 자료를 읽어나가던 코로노브는 이 모든 것이 나치의 생체실험에서 시작되었음을 알게 되었다.

그렇다면 나치의 생체실험 자료가 어떻게 소련으로 넘어가 그곳에서 계속된 것일까?

1945년 1월 27일, 폴란드의 독일군 방어선을 돌파한 소련군은 아우슈비츠(Auschwitz) 지방에서 대규모 수용소를 발견했다. 항복한 독일군들을 상대로 어떤 목적의 수용소인지를 추궁했지만 그들은 입을 꾹 다문 채 침묵만 지키고 있었다. 수용소에 갇혀 있던 사람들에게 직접 물어본 결과 그곳이 유태인들과 나치에 반대하는 사람들을 학살하는 장소라는 걸 알게 되었다.

소련군은 수용소를 조사하다 이상한 실험실을 발견하게 되었다. 이미 실험실은 증거를 인멸하기 위해 폭파한 상태여서 실험 도구와 재료들은 형체를 알아보기 힘들었다. 그러나 금고 안에 보관되어 있던 문서들은 무사했다. 이 문서에는 멩겔레(Mengele)의 생체실험에 관한 내용이 적혀 있었다.

멩겔레는 1943년 아우슈비츠수용소에 부임한 뒤 이곳에 갇힌 사람들에게 생체실험을 해 '죽음의 천사'라는 별명이 붙은 인물이다. 그는 특히 쌍둥이 연구에 관심이 많았다. 쌍둥이들 중 한 명의 신체를 잘라 다른 쌍둥이에게 이식하거나, 쌍둥이들의 혈액을 서로 바꿔 넣어보기도 하고, 또 쌍둥이들끼리 강제로 성교를 하게 해 쌍둥이가 태어나는가를 알아보기도 했다. 그는 수백 쌍의 쌍둥이들을 실험에 이용했고 실험이 끝난 후에는 증거를 인멸하기 위해 모두 살해한 후 시체는 소각했다.

소련군이 아우슈비츠에서 발견한 서류가 바로 맹겔레가 기록한 생체실험 자료들이었던 것이다. 이 자료들을 계속 연구한 결과 소련은 생명공학 부분에서 비약적인 발전을 하게 되었다.

도서관에서 이러한 자료를 발견한 코로노브는 작은 개의 머리가 이식된 셰퍼드의 사진을 디지털카메라로 찍어 생명공학 관련 사이트 게시판에 올렸다. 이 사진을 본 네티즌들은 이메일과 게시판을 통해 많은 질문을 했다. 그러나 그날 이후 그는 아무런 답변을 하지 않았고 그가 찾은 자료 역시 사라져버렸다.

황금알을 낳는 적쥐, 키메라

고대 그리스신화에 나오는 키메라(Chimera)는 사자의 머리와 염소의 몸통, 그리고 뱀의 꼬리를 한 괴물이다. 이렇게 서로 다른 생물의 모습이 섞여 있다는 점 때문에 유전공학에서는 유전자 조작에 의한 복합체를 키메라라고 부른다.

중세 키메라는 사탄의 상징이었다. 그러나 현재 유전자 조작 생물은 황금알을 낳는 거위로 인식되고 있다. 때문에 세계 각국의 유전공학연구소에서는 유전자 조작으로 새로운 변종 생물체를 만들기 위해 노력하고 있다.

1984년 영국에서는 최초로 양(Sheep)과 염소(Goat)의 태아가 결합된 '집(Geep)'이 태어났고, 1988년 미국에서는 메추라기와

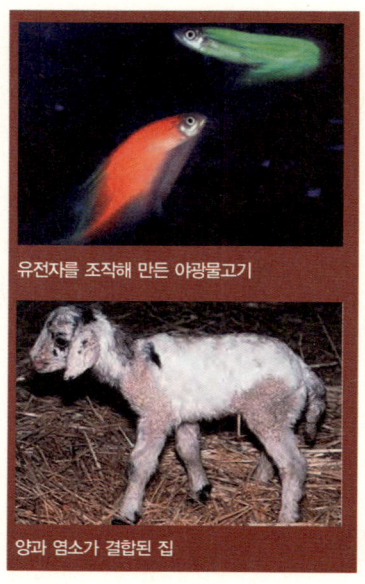

유전자를 조작해 만든 야광물고기

양과 염소가 결합된 집

닭의 유전자를 조작해 메추라기의 두뇌를 가진 닭을 번식하는 데 성공했다.

DNA를 조작하는 기술이 발달하면서 유전공학은 비약적인 발전을 이루었다. 곤충의 세포를 갖고 있는 쥐가 태어났고, 닭과 거북이의 유전자를 섞어 수명이 연장된 닭을 번식하는 데 성공했으며, 토끼와 백상어를 합쳐 날카로운 이빨을 가진 토끼도 만들어냈다. 한때 인간의 두뇌를 가진 침팬지가 만들어졌다는 괴담이 떠돌기도 했지만 공식적으로 발표되거나 연구가 공인된 적은 없다.

인간 게놈이 해독된 이후 각국의 유전공학연구소들은 마치 경쟁이라도 하듯 자신들이 창조한 변종 생명체들을 하나둘씩 공개하기 시작했다. 그리고 이제는 단순히 합치는 데서 벗어나 기능이 보완된 생명체를 만드는 데 힘을 기울이고 있다.

2000년 캐나다에서는 거미와 염소의 유전자를 조작해 거미줄 단백질을 가진 우유를 생산하는 키메라 염소를 탄생시켰다. 이 염소는 앞으로 일반섬유보다 훨씬 튼튼하고 질긴 거미섬유를 만들어낼 것으로 기대되고 있다. 2001년 타이완에서는 작은 물고기에 해파리 유전자를 섞은 야광물고기가 탄생했다. 이 야광물고기는 2003년부터 한 마리당 17달러에 거래돼, 지금까지 수십만 마리가 팔렸다고 한다. 또한 2003년에 중국 상하이의과대학은 인간과 토끼의 태아를 합치는 데 성공해 며칠간 자라도록 했고, 2006년 타이완에서는 해파리 유전자가 섞인 야광돼지가 개발되기도 했다. 또 미국에서는 수분이 부족하면 해파리처럼 광채를 내는 식물이 개발됐으며 일본에서는 ET처럼 심장에서 빛을 내는 쥐를 개발했다.

이렇게 하루가 다르게 새로운 생물이 탄생하자, 일부 학자들은 혹시 세계 어딘가에서 인간과 혼합된 반인반수의 동물이 만들어졌지만 윤리 등의 문제로 공개되지 않고 있는 것은 아닌지 우려하고 있다. 어쩌면 표범처럼 빠르고 고래처럼 물속에서도

자유롭게 숨쉴 수 있는 새로운 유형의 인간이 탄생하는 것도 시간문제일지 모른다. 물론 과연 그것이 옳은 일인지는 좀더 고민해야 할 것이다.

지구 궤도를 바꾸는 딥 임팩트 미션

나사는 2004년 1월 플로리다 케이프커내버럴(Cape Canaveral) 기지에서 우주선 딥 임팩트(Deep Impact) 호를 발사했다.

이 우주선은 2005년 7월에 태양계를 지나갈 혜성 템펠(Tempel) 1호와 만나 혜성 표면에 충돌체를 발사해 혜성의 궤도를 바꾸게 된다. 나사는 1867년 독일 천문학자 에른스트 템펠(Ernst Tempel)이 발견한 템펠 1호가 지구와 충돌할 가능성이 아주 높기 때문에 이런 프로젝트를 기획하게 되었다고 발표했다. 이름하여 딥 임팩트 프로젝트가 시작된 것이다.

그리고 2005년 7월 4일 우주선 딥 임팩트 호는 예정된 일자에 정확히 혜성 템펠 1호 표면에 충돌체를 발사했다. 인공물체가 우주에서 혜성 표면과 충돌하기는 인류 역사상 처음 있는 일이다.

그러나 이 소식을 들은 학자들은 뜻밖이라는 반응이었다. 문제의 혜성이 지구와 충돌할 확률은 전혀 없었기 때문이다.

2001년 6월 12일, 영국의 《옵서버(Observer)》의 과학 편집인 로빈 맥키(Robin McKie)는 현재 나사 과학자들이 지구온난화를 해결하기 위해 태양 궤도에 진입하는 혜성에 인공위성을 보내, 그들의 궤도를 인공적으로 바꾸는 프로젝트를 진행 중이라고 밝혔다. 초대형 혜성들을 태양계의 지구 궤도 가까이로 끌어들여 지구를

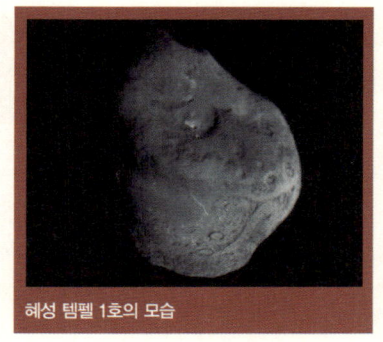

혜성 템펠 1호의 모습

태양에서 멀리 떨어진 지점으로 옮기려 한다는 것이다. 그는 혜성들을 조종하여 지구의 궤도를 변경하는 것은 온 인류가 멸망할 수도 있는 엄청나게 위험한 일이지만 이미 이 프로젝트는 극비리에 추진되고 있다고 주장했다.

만약 혜성이 지구 궤도에 접근해 지구와 충돌하면 어떤 일이 벌어질까?

과학자들은 혜성이 지구와 충돌하는 순간 히로시마에 떨어진 원자탄의 수천 배가 넘는 대폭발이 일어날 거라 예상한다. 또 폭발이 일어나고 나면 지구 전체는 어두운 먹구름에 휩싸이고 다시 빙하기가 와서 추위 때문에 아무도 살아남지 못할 거라는 게 대부분의 의견이다.

과학자들은 또, 성공적으로 지구가 궤도를 이탈하더라도 태양계에 있는 다른 행성과 부딪히기라도 하면 혜성 충돌과는 비교도 할 수 없는 참사가 벌어질지도 모른다고 경고한다.

이 모든 위험에도 불구하고 프로젝트는 이미 시작되었다. 그리고 이제 인류의 앞에는 생존 아니면 멸망이라는 양갈래 길이 기다리고 있다.

원격리 투시를 이용한 스타게이트 프로젝트

　1987년 5월 17일 걸프 만을 정찰하던 미 해군 스타크(Stark) 함은 이라크의 미라지(Mirage) 전투기가 발사한 미사일을 맞았다. 이 참사로 서른일곱 명이 전사하고 수십여 명이 부상당했다. 그리고 후세인이 미군 군함을 요격했다는 보고를 받고 있던 그 순간, 바그다드의 대통령궁 앞 거리에서 차량 폭탄 테러가 발생했다. 이 폭발로 수백여 명의 사상자가 생겼다. 5월 15일 군함이 피격될 것을 미리 예측하고 있던 미국이 쿠르드(Kurd) 족에게 바그다드 도심에 같은 날 테러를 일으키게 한 것이었다.

　며칠 뒤 미 해군의 전투 헬리콥터들은 걸프 만을 순찰하던 이라크의 구축함 두 척을 순식간에 침몰시켰다.

　1995년까지 미육군 보안정보사령부(INSCOM)는 스타게이트 프로젝트란 이름 아래 '사물을 직접 눈으로 보지 않고 느끼는 것으로, 보는 것보다 더 정확히 사물을 투시하고 묘사할 수 있는 특수작전'을 수행했다.

　이 작전은 1972년부터 시작됐다. 1970년대 중반 미국 국방장관을 만나고 돌아온 박정희 대통령은 "청와대에 설치되어 있는 도청장치를 찾아라" 하고 명령을 내렸다. 국방장관과의 면담에서 자신이 개인적으로 특정인을 비판한 내용이 밖으로 새어나갔음을 알게 되었기 때문이었다. 그러나 아무리 샅샅이 뒤져도 도청장치는 찾을 수 없었다.

　스타게이트는 세계 여러 나라의 국가원수들과 군 본부, 그리고 국회 등을 '언어의 장벽 없이' 감청할 수 있는 프로젝트로, 1960년대 원거리 투시법을 연구하던 CIA에 의해 설립되었다. 그리고 현재는 전 세계에서 일어나는 비군사 분야의 정보를 입수하는 데 사용되고 있다.

1988년 2월 미국의 워싱턴 D.C.에 있는 CIA 본부에서는 국제정세를 관찰하고 있던 스타게이트 요원들이 갑작스런 비상근무에 돌입, 특별 브리핑을 받는 일이 벌어졌다. 군 장성은 레바논의 지도와 미 해병대 대령 한 명의 사진을 보여주며 그가 레바논에서 누군가에 의해 납치되어 실종되었으므로 빨리 찾아야 한다고 명령했다.

다음은 실종된 해병대 대령의 위치와 상태를 확인한 원거리 투시자들이 남긴 당시 작전상황 리포트 중 일부이다.

"지구이다. 중동으로 간다. 레바논으로 간다. 현재 시간은 세 시간 전이다. 나는 현재 윌리엄 히긴스(William Higgins) 대령을 찾고 있다. 그가 레바논의 베이루트(Beirut)에 있는 숙소에서 나오고 있다. 총으로 무장한 괴한들이 그를 위협한다. 머리에 뭔가를 씌우고 차에 태운 뒤 남쪽으로 향하고 있다. 괴한들의 자동차가 남쪽에 있는 작은 마을로 향한다. 한 시간이 지났다. 차에서 내리니 더 많은 괴한들이 그를 기다리고 있다. 작은 빌딩으로 들어간다. 빌딩의 지도상 위치는 좌표 342729이다. 괴한들이 그를 의자에 묶었다. 손발을 묶은 채로 그를 계속 구타하고 있다. 괴한들이 나간다. 시간이 지났다. 그들이 다시 돌아와 히긴스 대령의 목에 밧줄을 감는다. 히긴스 대령은 현 시각 이미 피살됐다. 현재 그의 시신은 마을에 안치돼 있다. 지도상 위치는 좌표 356879이다."

당시 스타게이트 요원들의 원거리 투시 보고를 듣고 있던 장성들은 대기하고 있던 특수부대를 현장에 급파하여 테러리스트들을 전원 사살한 뒤 대령의 시신을 수습했다. 미 해군은 순직한 히긴스 대령을 추모하여 새로 건조된 군함 이름을 USS 히긴스라고 명명했다.

 1991년 스타게이트 요원들은 사막의 폭풍작전 중 이라크의 사담 후세인 대통령을 추적하기도 했다. 다음은 당시의 상황을 입수한 것이다.

 "지구를 본다. 중동을 본다. 이라크를 본다. 나는 현재 후세인을 찾고 있다. 그는 지금 바그다드에 있는 한 지하 벙커에서 외신

뉴스를 보며 매우 초조해하고 있다. 그는 부관에게 미국의 신형 벙커버스터 폭탄이 지하 벙커를 뚫을 수 있냐고 묻고 있다. 매우 초조하다. 부관은 벙커가 지하에 깊고 튼튼하게 만들어져 안전하다고 장담한다."

벙커버스터 폭탄이 폭발하는 모습

당시 상황을 옆에서 듣고 있던 미군 장성들은 바그다드의 사담 후세인 대통령의 벙커 근처에 동일한 기술로 만들어진 다른 지하 벙커를 찾아 그곳에 벙커버스터 폭탄을 투하하라고 명령했다. 잠시 후 지하 벙커 안에 있던 군인들이 사망했다는 뉴스가 나오자 사담 후세인 대통령의 심리 상태를 다시 투시해 보라고 명령했다.

"후세인이 현재 외신으로 벙커버스터 미사일이 두꺼운 콘크리트를 뚫고 나와 폭발하는 장면을 보고 있다. 그가 무척 두려워하고 있다."

폭탄이 투하되고 얼마 후 사담 후세인은 쿠웨이트에서 철수하겠다고 발표했고, 걸프전은 연합군의 승리로 끝났다.

사람을 조종하는 마인드컨트롤

정보공개법에 따라 공개된 미국 정부문서를 보면 MK울트라(MK Ultra)라는 단어가 나온다. 이 MK울트라는 CIA가 시행한 마인드컨트롤 프로젝트의 코드명이다. 1950년대 초부터 1960년대 후반까지 연구된 MK울트라는 약품과 전파 등으로 인간의 마음을 조종할 수 있는 방법을 실험한 것이다.

1953년 한국전쟁 당시 소련군 심문관들이 미군 포로에게 마인드컨트롤을 사용한 것으로 밝혀졌다. 이 소식을 들은 미국의 시드니 고틀리프(Sidney Gottlieb) 박사는 본격적으로 연구를 시작했고, 이에 따라 MK울트라가 탄생되었다.

MK울트라는 1964년, MK서치(Search)라고 이름만 바뀐 채 계속되다가 1972년에 리처드 헬름즈(Richard Helms) CIA 국장에 의해 공식적으로 폐지됐다.

개발 초기에는 주로 약품을 많이 사용했는데, 가장 많이 쓰인 것이 바로 LSD였다.

MK울트라의 존재가 세상에 알려진 것은 1974년 12월 《뉴욕타임스》의 보도 때문이었다. 《뉴욕타임스》는 1960년대에 정확히 몇 명인지 파악도 되지 않는 많은 시민들이 자신도 모르게 생체실험에 이용됐음을 폭로했다.

이 기사가 나가자 미국 사회가 들끓기 시작했다. 미 하원과 대통령 특별위원회가 바로 수사에 착수했고 CIA는 그 같은 실험이 실제로 자행됐음을 공식적으로 인정했다.

1953년 MK울트라에 참여했던 미 육군 소속 생화학자이자 생물학무기 연구원인 프랭크 올슨(Frank Olson)은 자기도 모르는 새 LSD를 복용하고 마인드컨트롤 실험을

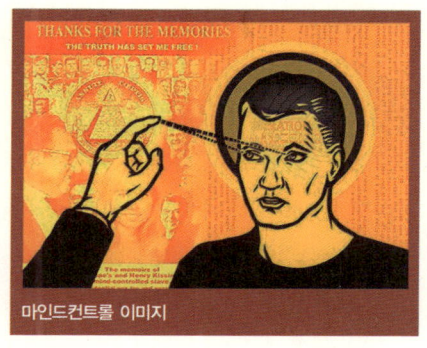
마인드컨트롤 이미지

받다가 일주일 뒤 자살했다. 물론 연구팀의 사전 통지는 없었다. 미국 정부는 프랭크의 가족에게 공식적으로 사과하고 위로금으로 75만 달러를 전달했다. 포드 대통령과 윌리엄 콜비(William Colby) CIA 국장은 프랭크의 미망인과 세 자녀에게 깊은 애도와 사과의 뜻을 전했다. 하지만 유가족들은 프랭크가 자살한 것이 아니라고 주장했다. 그들은 프랭크가 치명적인 마인드컨트롤 약품을 미군이 유럽에서 포로들을 심문하는 데 사용한 것을 알고 있기 때문에 살해됐다고 주장했다. 결국 유가족은 1994년, 그의 유해를 발굴해 두개골에서 골절 흔적을 찾아, 그가 창문에서 뛰어내리기 전에 누군가에게 머리를 맞고 의식불명 상태였다는 것을 규명해 냈다.

몇몇 사람들은 MK울트라가 주요 인물들을 암살할 때 사용됐다고 주장한다.

예를 들어 1968년에 로버트 케네디(Robert Kennedy) 상원의원을 암살한 서란 서란(Sirhan Sirhan)의 심리압박측정기(Psychological Stress Evaluator) 실험 결과를 검사했던 전 CIA 요원 찰스 맥퀴스톤(Charles McQuiston)은 그가 방아쇠를 당겼을

때 트랜스 상태에 빠져 있었던 것이 분명하다고 말했다. 맥퀴스톤은 그가 로버트 케네디를 암살하도록 누군가에게 마인드컨트롤 됐을 가능성이 있다고 의심했다. 이 차트를 검토한 국제스트레스분석협회(International Society of Stress Analysis) 회장 존 헤이스(John Heisse) 박사도 맥퀴스톤의 주장에 동의했다. 그는 서란 서란이 똑같은 문장을 반복하는 걸로 봐서 분명히 누군가 트랜스 상태에 빠지도록 했다고 결론을 내렸다.

1960년대 초반부터 80년대 초까지 벌어졌던 존 F. 케네디, 존 레논, 마틴 루터 킹 목사, 레이건 대통령, 왈라스 상원의원 등의 암살 사건 또는 암살 미수사건의 범인들에게는 한 가지 공통점

이 있다. 그들 모두 체포 당시 정신이 혼미한 상태였던 것이다.

현재 CIA는 공식적으로 마인드컨트롤 프로젝트를 폐기했지만 실제로는 이보다 더 강력하고 효과적인 기술을 보유하고 있는 것으로 알려져 있다. 이와 관련된 연구는 미국만이 아닌 다른 나라들에서도 개발되고 있다. 때문에 많은 사람들은 이따금씩 암살 사건이나 유명인들이 이유 없이 자살하는 사건이 벌어지면 혹시 누군가가 마인드컨트롤을 이용해 조종한 건 아닐까 의심하고 있다.

007의 로태 MI6의 정체

1999년 5월 15일, 영국의 첩보기관 MI6(Military Intelligence 6)가 발칵 뒤집히는 사건이 일어났다. 지난 49년간 냉전체제 하에서 비밀스럽게 활동해 오던 수십여 명의 MI6 요원들의 실명이 누군가에 의해 인터넷에 공개된 것이다. 미국의 CNN 뉴스를 통해 정보를 입수한 MI6는 즉각 문제의 사이트를 폐쇄했지만 이미 때늦은 일이었다.

제2차 세계대전 중 독일군의 비밀정보를 입수하기 위해 1930년대 초 영국 왕실이 만든 MI5 정보국은 제2차 세계대전 중 프랑스의 레지스탕스 운동 지원과 기차로 운반되던 독일의 V2로켓을 폭파하는 공을 세웠다. MI5는 전쟁이 끝난 뒤 MI6라는 새 이름으로

영국 런던에 있는 MI6 본부

소련의 공산주의와 북아일랜드의 테러에 맞서는 유럽 최정예 대외정보국으로 군림했다.

정보 수집 및 비밀 임무 등을 수행하는 CIA나 정보 분석과 감청 등의 임무를 수행하는 NSA와는 다르게 MI6의 정체는 철저히 베일에 가려져 있다.

MI6는 영화 〈007 제임스 본드〉 시리즈의 실제 모델이기도 하다. 수십여 개의 첩보위성과 3천 5백여 명의 정보원들에 의해 운영되고 있는 MI6 정보국은 1979년부터 전화나 팩스, 네트워크를 마음대로 감청할 수 있는 에셜론(Echelon)이라 불리는 시스템을 구축해 사용하고 있다.

에셜론은 지구에서 인간이 이용할 수 있는 모든 정보통신수단을 감청할 수 있다. 예를 들어 어느 시민이 통신매체를 통해 '암살(Assasination)' '독살(Poisoning)' 또는 '정보(Intelligence)' 등의 단어를 사용하면 그는 그 시점부터 일주일간 에셜론의 24시간 특수감청을 받게 된다.

현재 영국의 맨위트힐(Menwith Hill)에 모체가 있는 에셜론은 지난 1991년 걸프전 당시 사담 후세인이 결정하는 모든 군사와 관련된 정보를 실시간으로 알아냈다. 덕분에 당시 연합군은 이라크의 병력이 어느 지점에 무슨 임무로 배치되어 있는지 모두 알 수 있었다.

코소보(Kosovo) 사태가 벌어졌을 때 세르비아인들은 에셜론의 존재를 미리 파악하고 러시아로부터 들여온 정보교란장치를 이용하여 자신들의 정보 누출을 막으려 했다. 하지만 미 공군이 벨그라드(Belgrade)에 투하한 전파 방해 폭탄이 유고슬라비아 전체의 전력발전소를 완벽히 망가뜨려 교란장치를 써보지도 못하고 항복하고 말았다.

유고슬라비아 밀로세비치(Milosevic) 대통령의 오른팔인 알칸(Arkan) 장군은 "영국의 MI6가 유고슬라비아에 정보원들을 파견하여 밀로세비치의 참모들을 하나둘씩 암살하고 있다"고 말했다. 그리고 그 역시 48시간 뒤 부인과 자식들이 지켜보는

가운데 벨그라드의 한 특급호텔 로비에서 어느 괴한이 쏜 총탄을 맞고 그 자리에서 즉사했다.

에셜론의 존재가 일반인에게 알려진 것은 1998년 프랑스 정부가 관련 정보를 모두 공개하면서부터다. 프랑스는 영국령 국가들이 프랑스의 국가정보를 마음대로 감청하고 있다는 사실을 알고는 에셜론에 관한 모든 정보를 공개해 버렸다. 영국이 에셜론을 통해 얻은 정보를 독점하는 것이 못마땅했기 때문이었다.

어쩌면 지금도 에셜론은 우리가 하는 모든 대화를 감시하고 있을지도 모른다.

9.11 테러의 전조들

최근 인터넷에 미화 20달러짜리 지폐를 일정한 방법으로 접었을 때 2001년 9월 11일에 있었던 세계무역센터 테러의 형상이 보인다는 괴담이 떠돌고 있다.

실제로 지폐를 가로로 반 접은 뒤 접힌 지폐를 다시 사진처럼 접으면 테러 당시 텔레비전에 방영된 연기가 나는 펜타곤의 모양이 보인다. 또 지폐를 다른 방법으로 접으면 불타는 쌍둥이 빌딩 형상도 보인다. 뿐만 아니다. 50달러 지폐를 접으면 쌍둥이 빌딩이 무너지는 모습이 보이고 100달러 지폐를 접으면 빌딩이 서 있던 지역에 먼지가 치솟는 모습이 보인다. 이 소식은 인터넷을 통해 전 세계 네 티즌들에게 빠른 속도로 퍼져나갔다.

9.11 테러의 전조는 이뿐만이 아니다. 1999년 10월 미국의 유명한 카드 게임 제조사인 스티브 잭슨(Steve Jackson) 사는 1996년에 발행된 카드 게임 일루미나티(Illuminati)의 후속작인 일루미나티 디럭스 에디션을 시판했다.

20달러 지폐를 반으로 접은 사진

반 접힌 지폐를 다시 한 번 접은 사진

지폐에 나타나는 불타는 WTC

일루미나티 게임이란 철저한 음모와 베일 속에 가려져 있는 절대권력인 그림자정부를 운영하며 인류를 조종하는 비밀결사조직 일루미나티의 핵심 멤버가 되어 게임을 운영하는 롤플레잉 카드 게임이다. 그런데 이 일루미나티 게임에 9.11 테러 모습을 보여주는 카드들이 있는 것이 뒤늦게 밝혀졌다.

다음 카드 중 첫 번째 것은 마치 쌍둥이 빌딩이 비행기와 충돌하는 장면을 보고 그린 것 같다. 비행기가 충돌한 부분과 비슷한 지점에서 폭발이 일어나고 있다. 이 카드에는 다음과 같은 글이 쓰여 있다. "이 카드를 사용하면 당신이 조종하고 있는 폭력단체에게 10포인트의 저항력을 줍니다."

또, 펜타곤 폭발을 묘사한 카드에는 다음과 같은 글이 쓰여 있다. "펜타곤에 의해 직접 조종되고 있는 기업들이 (게임에서 사

불타는 WTC 공격받는 펜타곤 탄저균 사건

지구가 반으로 갈라지는 그림 참사를 묘사한 그림

용하는) 특별 모의카드를 순서마다 한 장씩 뽑을 수 있습니다."

9.11 테러 이후에 발생한 탄저균 사건을 묘사한 것처럼 보이는 그림에는 다음과 같은 글이 쓰여져 있다. "CDC(질병통제센터)가 어떠한 장소에 직접적인 공격을 가하면 CDC는 생화학공격을 할 수 있으며 그 공격에 15점이 가산됩니다."

또 다른 카드에는 다음과 같은 글이 쓰여 있다. "당신은 두 개의 참사를 한꺼번에 일으킬 수도 있습니다."

이 카드는 테러가 발생하기 2년 전인 1999년에 제작됐다. 마치 예언이라도 하듯 테러 당시의 상황이 그려져 있는 카드, 그리고 미국 지폐에 나타나는 형상, 이 모든 것이 우연의 일치일까? 혹시 누군가가 참사를 예견하고 사람들에게 경고를 하기 위해 일부러 만든 것은 아니었을까?

죽은 자를 되살리는 좀비 프로젝트

1945년 독일 패망 직후 미국의 OSS는 베를린 시내에 있던 히틀러의 친위대장 하인리히 힘러의 관저에서 이상한 서류들을 발견했다. 그 중 '화학'과 '마술'이라는 이름의 두 문서에는 훈장을 받은 군인들의 신상과 사진들이 사례연구 형식으로 나뉘어 있었다. 그들은 모두 전투에서 사망한 군인들이었다. 이들은 사망한 후 냉동되어 베를린의 친위대 병원으로 옮겨졌고, 이들의 시체는 힘러가 비밀리에 추진한 프로젝트에 사용되었다. 서류를 분석한 결과 문제의 프로젝트가 죽은 군인들을 과학과 마술 등을 이용해 다시 살려내는 것이었음이 밝혀졌다.

'마술'이라는 문서에 있는 사례 중 아돌프라는 이름의 군인 파일의 첫 페이지에는, 아돌프가 1944년 1월 오른쪽 겨드랑이 밑에 총을 맞고 사망했다고 적혀 있다. 그 옆에는 지하 영안실에 안치된 시신 사진도 있었다. 그런데 두 번째 페이지에는 분명 싸늘한 시신으로 누워 있던 아돌프가 철제 침대에 눈을 부릅뜨고 앉아 있는 사진이 있다. 그의 등 뒤에 아프리카 사람처럼 보이는 중년 여인이 이상한 액체를 입에서 뿜어내고 있었다.

OSS 요원들은 문서가 가짜일 가능성이 높다고 생각하고, 힘러의 관저를 지키던 친위대원들을 추궁했다. 그러나 그들은 금고 안에 있던 문서들은 절대로 건드리지 않았다고 진술했다. 거짓말탐지기로 조사한 결과 이들의 말은 진실이었다.

그 후 '마술'이라는 문서에서 아돌프의 신체에 각종 실험을 한 결과를 찾아냈다. 그들은 아돌프를 되살려낸 후 신경 반응, 언어구사력이나 그리고 명령 복종 여부 등을 테스트했다. 문서에는 테스트를 마친 후 아돌프를 다시 죽여 공동묘지에 묻었다고

기록되어 있었다. OSS 요원들은 아돌프가 묻힌 공동묘지를 찾아가 그의 무덤을 파보았다. 문서상으로 죽은 지 일 년이 지났지만 그의 시체는 전혀 썩지 않은 채 그대로 보존되어 있었다.

OSS 요원들은 '화학'이라는 이름의 문서도 분석했다. 이 문서는 죽은 이들의 시신을 화학반응을 통해 다시 살리는 실험이었다. 그들은 실험에 참가했던 친위대 의사들의 소재를 파악했다. 얼마 후 OSS는 연합군 포로수용소에 수용돼 있던 의사들 중 몇몇을 찾아 그들에게 이 프로젝트에 관해 물었다. 그들은 죽은 사람을 되살리는 실험을 했고, 결과도 만족스러웠다고 대답했다.

이후 OSS는 프로젝트에 참가했던 의사들을 이용해 '펄스폰(Pulse Phone)'이라는 이름의 프로젝트를 시작했다. 1945년 시작된 펄스폰은 주로 고도의 화학 처리를 해 죽은 사람을 되살리는 일종의 좀비 프로젝트였다. 미국은 이 기술을 고급 정보를 보유한 채 사망한 적국의 유명인사들이나 뜻하지 않게 급사한 아군 측 정보요원 등을 되살리는 데 사용했다. 이 좀비 프로젝트는 60년이 지난 현재까지도 계속되고 있다.

비극으로 끝난 공간이동 실험

1956년, UFO 관련 저술로 유명한 천문학자 제섭(Jessup) 박사는 카를로스 알렌드(Carlos Allende)라는 사람으로부터 한 통

과학자 테슬라의 사진

의 편지를 받았다. 편지에는 '1943년 10월, 미 해군은 아인슈타인과 테슬라(Tesla)의 원리를 이용, 투명군함을 만드는 데 성공했다'는 내용이 적혀 있었다. 그리고 그 밑에 '그때 우리 해군은 투명군함을 만드는 것만 성공한 게 아니라 구축함 엘드리지호를 필라델피아 항구에서 남쪽으로 멀리 떨어진 노퍽 항으로 공간이동을 시키는 데 성공했다'는 내용도 적혀 있었다. 편지의 뒷부분에는 '이 실험이 공개되지 않은 것은 당시 배를 타고 있던 승무원들이 행방불명되거나 기괴한 모습으로 사망했기 때문'이라는 설명이 있었다. 그 후 몇 차례 편지를 주고받은 제섭 박사는 사실 여부를 확인하기 위해 직접 미 해군을 찾아가기도 했다. 그리고 언론에 사실을 공개하려 했으나 1959년 4월 20일 집에서 변사체로 발견됐다.

1980년 10월, 미국 잡지 《페이트(FATE)》는 제섭 박사가 죽기 직전 언론에 공개하려던 알렌드의 편지를 잡지에 실으면서 해군 측에 확인을 요청했다. 그리고 해군에게서 실제로 필라델피아에서 레인보우 프로젝트라 불린 실험을 했다는 답변을 들었다.

제2차 세계대전이 한창이었던 1942년, 미 해군정보국은 유럽으로 가던 수송선들이 자주 독일의 U보트에게 격침되자 긴급히 대비책을 마련해야 했다. 몇 년 전 아인슈타인이 정의한 물체의 투명성원리를 적용해 보자는 아이디어가 나왔다. 1943년 10월 해군은 실험용 군함에 엄청난 전류를 방출하는 테슬라 코일을 설치하고 필라델피아 항구에서 실험을 했다. 실험용 군함 엘드리지 호의 전기장치에 전원을 켠 과학자들은 엄청난 섬광과 함께 배가 사라지자 환호했다.

몇 분간 없어졌던 군함은, 뜻밖에도 필라델피아 항구에서 남쪽으로 600킬로미터 떨어진 노펵 항에 나타났고, 이 소식을 들은 과학자들은 실험이 대성공이라며 없어졌던 배가 다시 나타나기를

테슬라 코일의 전기 발생 모습

조심스레 기다렸다. 몇 분 후 필라델피아 항구에 엘드리지 호가 다시 나타났다. 과학자들은 탄성을 지르며 갑판으로 뛰어올라 갔다. 그런데 배 안에 펼쳐진 상황은 끔찍했다. 마치 원자탄이라도 맞은 듯 갑판 위는 승무원들의 시체로 가득했다. 시체 중에는 포탑 벽 중앙의 쇠와 하나로 녹아버린 경우도 있었다. 만약을 대비해 군인들은 배의 방사능 수치를 검사했다. 방사능은 위험수위보다 훨씬 높았다. 사람들은 서둘러 배에서 대피했다. 이 실험에 참가했던 과학자 테슬라는 1943년 방사능 노출로 추측되는 의문의 죽음을 맞았다.

이후 엘드리지 호에서는, 제2차 세계대전 때의 군복을 입은 해군이나 머리가 쇠벽 안으로 들어간 군인 등이 계속 목격되었다. 필라델피아에서 있었던 의문의 실험. 그때 군함에 있던 승무원들은 아직도 4차원의 세계를 돌아다니고 있을지도 모른다.

Part 5

과학으로 증명할 수 없는 불가사의

◆9.11 테러를 예언한 사람들 ◆영화〈패션 오브 크라이스트〉에 나타난 신비한 현상 ◆터키의 '기적의 물고기' ◆타이타닉 호를 설계한 토마스 앤드류스의 환생 ◆시간여행을 한 자들 ◆영혼이 분리되는 유체이탈 ◆몸이 저절로 떠오르는 자연발화 ◆재앙을 예고하는 동물들 ◆인터넷의 대예언자 쿨로그 ◆거꾸로 돌리면 진실이 들린다 ◆병을 고치는 신통한 동물들 ◆투명인간이 된 사람들 ◆남 내가 꿈을 꾸는 것을 알고 있다, 루시드 드림 ◆초능력 소녀 나타샤 ◆하늘에서 내리는 개구리 비 ◆비운의 초능력 소년, 시스차 ◆왕타이 공주의 저주 ◆티베트 고승들의 비술

9.11 테러를 예언한 사람들

뉴욕 9.11 테러 당시 사진

9.11 테러가 일어난 후, 참사가 일어날 것을 미리 예언한 사람들이 있었음이 밝혀져 화제가 되고 있다.

2001년 8월 31일 인터넷의 예언 관련 게시판에는 '시노에포엘(Xinoehpoel)'이라는 아이디를 쓰는 네티즌이 '내일 큰일이 일어날 것이다'라는 글을 올렸다. 그러나 아무 일도 일어나지 않았다. 9월 4일 그는 다시 '일주일 뒤 큰일이 일어날 것이다'라는 글을 올렸다.

그리고 그의 말대로 일주일 뒤인 9월 11일 뉴욕에서 폭탄 테러가 발생했다. 사람들은 놀라 그의 행방을 찾으려 했으나 이미 그는 사라져버린 뒤였다.

그런데 왜 그는 처음에 9월 1일에 테러가 일어난다고 예언했다가 다시 번복한 것일까?

전문가들은 그가 대참사가 일어날 것과 그것이 '9, 1, 1'이라는 숫자와 관계가 있다는 사실을 알고는, 대참사가 2001년 9월 1일(09/01/01)에 발생할 거라고 생각해서 첫 번째 예언을 올렸다가 뒤늦게 잘못을 깨닫고 수정했던 것이라 분석했다.

2001년 9월 10일 휴스턴(Houston) 시에 있는 한 초등학교에서는 수업 도중 평소에 말이 없는 학생이 "내일 제3차 세계대전이 일어날 거예요. 전쟁은 미국에서 시작되고 우리는 질 겁니다"라고 말했다. 당시 수업을 진행하던 교사는 아이의 말을 그냥 흘려들었다. 그런데 다음날 뉴욕에 있는 세계무역센터 건물이 공격을 받았다는 소식이 들렸다. 놀란 그녀는 아이에게 계속 제3차 세계대전에 대해 물어봤지만 아무 대답도 하지 않았다고 한다.

테러가 일어나기 몇 개월 전, 영국 BBC방송국의 인기프로그램인 〈킬로이 쇼(Kilroy Show)〉에 심령술사인 발레리 클락(Valerie Clarke)이 출연했다. 프로그램의 진행자가 "가까운 미래에

무슨 일이 일어나나요?"라고 묻자 그녀는 다음과 같이 대답했다.

"얼마 전 꿈에 뉴욕 시에 있는 쌍둥이 빌딩이 폭발하는 것을 봤습니다. 꿈속에서 빌딩 주위를 돌아다니던 저는 하늘에 나타난 비행기가 빌딩 뒤편으로 떨어지는 걸 보았어요. 하지만 비행기가 빌딩에 부딪혔는지는 정확히 알 수 없었습니다."

9월 11일 CNN의 생방송 뉴스를 듣던 영국인들은 그녀의 예언이 꼭 들어맞았다는 사실에 경악했다.

2001년 7월, 점성가로 이름을 날리고 있던 투리(Turi) 박사는 2001년 9월에 엄청난 참사가 일어날 것이라고 경고했다. 그는 이때의 별자리가 1912년 타이타닉 호가 침몰했을 때와 같은 별자리라고 경고하고는, 지금까지 없었던 참사를 보게 될지도 모른다고 말했다. 테러가 일어난 뒤 그를 찾은 사람들은 투리 박사로부터 다음달 별자리가 1991년 사막의 폭풍 작전 때와 같은 별자리라는 얘기를 듣고 미국이 대대적인 반격을 할 거란 사실을 짐작했다고 한다.

영화 〈패션 오브 크라이스트〉에 나타난 신비한 현상

멜 깁슨이 만든 영화 〈패션 오브 크라이스트(The Passion of the Christ)〉는 그리스도의 마지막 열두 시간의 고난을 집중적으로 다룬 작품이다. 이 영화는 처참한 고문과 처형 장면들을 너무나 리얼하고 잔혹하게 묘사해 많은 논란을 불러일으키기도 했다. 또 제작기간 중 스태프들이 여러 가지 기이하고도 기적 같은 사건들을 겪은 것으로도 유명하다.

〈패션 오브 크라이스트〉를 감독한 멜 깁슨

2004년 2월 28일 미국의 《월드넷데일리(World Net Daily)》지는 영화 〈패션 오브 크라이스트〉의 주제곡을 작곡하던 중 컴퓨터 화면에 영화 속 사탄 얼굴이 나타날 때마다 컴퓨터가 갑자기 멈추며 볼륨이 최고로 올라가는 이상한 현상을 겪은 작곡가 존 데브니(John Debney)에 관해 보도했다. 그는 영화음악을 작곡하는 도중에 실제로 사탄이 자신의 작업실에 여러 번 들락날락거렸다고 주장했다. 작업 도중 저녁 9시에 열 번째로 컴퓨터가 멈췄을 때 그만 너무 화가 나 사탄에게 어디 한번 나와보라고 고래고래 소리를 질렀는데, 놀랍게도 그날 이후 컴퓨터가 이유 없이 멈추던 현상이 사라졌다고 한다.

영화를 제작하기 전 멜 깁슨은 이 영화를 만들어야 하나 말아야 하나 망설이며 길을 걷고 있었다. 그때 난생 처음 보는 프랑스 여성이 그를 쳐다보며 "그리스도는 당신을 사랑하십니다"라는 말을 하고 사라져버렸다. 그는 이 일을 겪은 후 서둘러 영화를 제작했다고 말했다.

2004년 2월 19일자 《뉴욕데일리뉴스(New York Daily News)》

의 보도에 따르면 영화에서 그리스도 역을 맡은 제임스 카비젤(James Caviezel)은 오디션을 받기 6개월 전, 길거리에서 우연히 마주친 낯선 사람에게 "당신이 그리스도 역을 맡게 될 겁니다"라는 말을 들었다고 한다. 처음엔 무슨 소린가 싶었던 그는 나중에 실제로 그리스도 역을 맡게 되자 스스로도 무척 놀랐다고 했다.

이 영화는 촬영 도중 배우와 스태프들이 벼락을 맞은 것으로도 유명하다. 제임스 카비젤은 촬영 도중 머리에 벼락을 맞아 쓰러졌지만, 왼쪽 머리카락이 좀 탔을 뿐 다친 곳은 없었다. 또 촬영 도중 조감독도 벼락을 맞았는데 역시 전혀 다치지 않았다고 한다.

또한 조지아 주의 한 영화관에서는 〈패션 오브 크라이스트〉 영화티켓에 우연히 묵시록에 나오는 악마의 숫자인 '666'이 찍혀서 나오는 바람에 관람객들이 놀라 환불하는 사태가 벌어지기도 했다.

터키의 '검쟁이 풀피리'

1822년 그리스가 독립을 선언하자 터키는 전쟁을 선포한 후 수십만의 대군으로 그리스를 초토화했다. 이를 지켜보던 러시아는 더 이상 보고 있을 수만은 없다며 터키에 선전포고를 했다. 영국과 프랑스 등이 러시아와 합세하여 터키를 협공할 계획이라는 소식을 들은 터키는 1829년에 공식적으로 그리스의 독립을 인정했다.

터키 아들리(Adli) 황제의 외손자인 베르보벤(Berboben)은 전쟁에서 중상을 입고 돌아왔다. 황제는 자신의 손자를 위해 터키에 있는 모든 명의들을 불러모았다. 그러나 몇 주가 지나도 회복될 기미는 보이지 않았다. 황제는 손자를 살릴 방법을 강구하라는 포고문을 발표했다.

물고기들에게 치료를 받는 여성

포고문을 발표한 지 엿새 뒤 터키의 칸갈(Kangal) 지방에 사는 어린 소녀가 찾아와 "기적의 물고기들을 만나보세요"라고 말했다. 그게 무슨 소리냐고 묻자 소녀는 "저희 지방에서는 아픈 사람들은 모두 물고기 의사에게 갑니다. 그러면 그들이 아픈 몸을 낫게 해줍니다"라고 말했다. 신하들을 보내 조사한 결과 소녀의 말이 사실임을 알게 된 황제는 직접 칸갈로 갔다.

칸갈에 도착한 황제는 마을 사람들에게 물고기 의사에게 안내하라고 말했다. 그들은 황제를 작은 온천으로 데려갔다. 온천 안에는 작은 물고기들이 헤엄치고 있었다. 황제는 이상한 생각이 들어 "이게 대체 무엇이냐?"고 물었다. 그들은 이것이 바로 물고기 의사라고 대답했다. 마을 사람들은 "병을 고치려면 그냥 들어가 앉아 있기만 하면 됩니다"라고 말했다.

물고기가 병을 고쳐준다는 것을 믿을 수 없었던 황제는 자신이 직접 들어가 시험을 해보겠다고 말했다. 옷을 벗고 물에 들어가 앉자마자 물고기 떼가 달려들어 황제의 몸을 깨물었다. 자세히 보니 물고기들은 피부병이 있는 허벅지만을 깨물고 있었다.

감탄한 황제는 손자를 치료하기 시작했다. 몇 주 동안 물고기 의사들의 치료를 받은 손자는 건강을 되찾았고 칸갈 지방에 살던 소녀는 황제의 피부병을 낫게 하고 손자의 목숨을 살려준 보답으로 손자와 혼인을 했다.

관광지로도 유명한 칸갈 온천은 언제나 병든 사람들로 북적거린다.

특히 이 온천물은 피부병에 특효로 알려져 있다. 섭씨 38도가

넘는 뜨거운 온천물에 사는 물고기들이 피부병이 있는 부분을 뜯어먹어 병을 치료해 주기 때문이다. 물고기에 의한 치료 효과는 의학적으로도 인정을 받았다. 현재 이 물고기들은 세계의 다른 온천들로 분양되어 피부병을 앓는 환자들을 치료하고 있다.

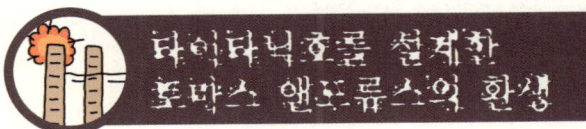
타이타닉 호를 설계한 토마스 앤드류스의 환생

1912년, 타이타닉 호가 침몰하기 시작했을 때의 일이다. 모두들 갑판으로 올라가 비명을 지르고 있는데, 한 남자가 특등실의 시계 앞에서 뭔가를 골똘히 생각하고 있었다. 선원들이 그를 데리고 가려 했지만 그는 거절했고, 결국 타이타닉 호와 함께 최후를 맞았다. 그의 이름은 토마스 앤드류스(Thomas Andrews), 타이타닉 호를 설계한 사람이었다. 자신이 직접 설계한 타이타닉 호의 첫 항해에 함께 했다가 사고를 당한 것이었다.

사람들은 당시 그가 타이타닉 호에서 탈출하지 않은 것에 대해 아마도 배가 침몰한 것이 자기가 설계를 잘못한 탓이라고 자책했기 때문이라고 추측했다.

그런데 얼마 전 자신이 토마스 앤드류스의 환생이라고 주장하는 사람이 나타났다. 그는 타이타닉 호가 왜 침몰했는지 침몰 원인을 발표해 자신이 앤드류스의 환생임을 증명했다.

그의 이름은 빌 반즈(Bill Barnes). 1990년대 중반 그는 최면요

타이타닉 호를 설계한 토마스 앤드류스

법으로 우울증을 치료하고 있었다. 치료 도중 최면 상태에서 갑자기 전생을 기억해 내게 되었고, 함께 있던 정신과 의사에게 자신이 타이타닉 호를 설계한 토마스 앤드류스의 환생이라고 말했다.

의사는 그에게 "당신이 토마스 앤드류스의 환생이라는 증거가 있습니까?"라고 물었다. 반즈는 최면 상태에서 토마스 앤드류스의 가족들과 조상들의 이름을 나열하기 시작했다. 의사는 당시 대화를 녹음해서 영국에 있는 앤드류스 가문의 후손들을 찾아가 반즈가 말한 내용의 진위 여부를 확인해 보았다. 그의 말은 사실이었다. 그는 이 사실을 반즈에게 알려주었다. 이 소식을 들은 반즈의 어머니는 그가 어렸을 때, 굴뚝이 네 개 있는 배를 그린 뒤, 자기가 설계한 배였는데 침몰했다고 말했던 걸 기억해 냈다.

보다 정확한 이야기를 듣기 위해 의사는 다시 최면요법을 썼다. 그리고 놀라운 사실이 밝혀졌다.

반즈는 자신이 환생한 이유가 앤드류스 가문의 명예를 되찾기 위해서라며 타이타닉 호 참사의 원인과 모든 책임은 '돈을 아끼기 위해 구명보트를 적게 준비한' 회사 측에 있다고 주장했다. 의사는 침몰 직전의 상황으로 가보자고 제안했다.

빌은 당시의 상황에 대해 이렇게 말했다.

"소리가 나요. 배의 앞부분에서 자꾸만 여자 우는 소리가 들려요. 마치 배가 우는 것 같아요."

의사가 그게 무슨 소리냐고 묻자 반즈는 여자 우는 소리가 들려 누군지 알아보려 했지만 찾을 수 없었는데, 알고 보니 그 소리가 들리던 부분이 빙산에 받혀 구멍이 난 부분이었다고 말했다. 그러면서 그는 마치 타이타닉 호는 침몰하기 전 사람들에게 경고를 하는 것 같았다고 했다.

의사는 이제 죽음을 맞던 그 순간으로 가보자고 제안했다. 그러자 최면 상태의 반즈는 몸을 심하게 흔들며 "오, 나의 배, 나의 아름다운 배, 내가 맞았어. 나는 이 배가 이렇게 될 줄 알았

어. 아, 막을 수가 없어. 제발 저 사람들이 이 배와 함께 죽지 않게 해주세요"라고 말했다.

얼마 전 빌 반즈는 『토마스 앤드류스, 역사 속으로의 항해(Thomas Andrews, Voyage into History)』라는 책을 출간했다. 이 책은 뉴욕타임스 베스트셀러로 선정되었고, 그는 큰 성공을 거두었다. 평생 배 설계에 관한 공부를 한 적이 없는 빌 반즈는 최면 상태에서 당시 타이타닉 호의 구조와 결함 등의 전문적인 사항을 일일이 설명해서 토마스 앤드류스의 환생체임을 입증했다.

빌 반즈. 그는 실제로 토마스 앤드류스의 환생인 것일까? 아니면 토마스 앤드류스의 마니아거나 정신이상자로 현실과 이상을 혼동하는 것일까? 현재까지는 아무도 진실을 알 수 없다.

시간여행을 한 사람들

1972년 영국 노퍽 주에 있는 록스함(Loxham) 시에 사는 어부 제럴드는 조업을 하려고 바다에 나가려다 이상한 체험을 하게 되었다. 곧 출항할 배에 올라타 그물을 정리하고 있던 그의 눈에 물속에서 밝은 물체가 반짝이는 것이 보였다. 이를 유심히 쳐다보던 그는 갑자기 몸이 더워지는 것을 느꼈다. 그는 동료들에게 이상한 게 있다고 말해 주려고 고개를 들었는데, 그 순간 자신이 정체를 알 수 없는 배에 타고 있다는 것을 깨달았다. 깜짝 놀라 주위를 둘러보았더니, 항구에 건물이 하나도 없고 사람들이 모두 중세시대 옷을 입은 채 돌아다니고 있었다. 그 순간 바다 멀리서 나팔소리가 들려왔다. 소리가 들리는 쪽을 보니 빨간색과 흰색 줄무늬의 돛을 단 고대 로마풍의 거대한 군함이 가까이 다가오고 있었다. 그는 군함이 부딪히기 직전까지 다가오자 당황해 군함의 노를 잡았는데 그 순간 자신의 배로 돌아오게 되었다.

1978년 록스함 근해에서 조업을 마치고 항구로 돌아오던 어부 칼린의 소형 어선이 해상에서 멈춰버렸다. 함께 돌아오던 옆 어선의 동료들이 다가가 칼린을 불렀지만 아무런 대답이 없었다. 이상한 생각이 든 동료들은 칼린의 배에 올라갔다. 그러나 어디에서도 칼린을 찾을 수 없었다. 한참을 찾고 있는데 방금 전까지 안 보이던 칼린이 겁에 질린 표정으로 갑자기 나타났다. 어디를 다녀왔냐고 물었더니 칼린은 미래에 다녀왔다고 말했다. 동료들은 그에게 방금 전에 다녀온 장소가 미래인지 어떻게 아냐고 물어보았다. 그는 사람들이 이상한 옷을 입고 있었으며 배가 바다 위를 날아다니고 있었으니 미래가 분명하다고 말했다.

1998년 7월, 미국의 플로리다 주에서는 산불이 나서 소방관들이 사람들을 대피시키고 있었다. 그런데 한 남자가 폐쇄된 고속도로에서 힘없이 걸어오는 모습이 목격되었다. 그의 이름은 테리 딜버트로 펜실베이니아 주의 운전면허증을 소지하고 있었다. 경찰관들은 그에게 산불 지역에서 무엇을 하고 있었냐고 물었다. 그는 자신이 스물셋의 군인이고, 부대로 복귀하기 위해 노스캐롤라이나 주에 있는 부대로 가던 중이었으며, 얼마 전 임신한 아내가 걱정이 된다고 횡설수설했다.

남자는 적어도 서른은 넘어 보였다. 운전면허증에 있는 생년월일로 알아보니 그의 나이는 서른넷이었다. 경찰들은 그에게 "당신의 나이는 스물셋이 아니고 서른넷이오"라고 말했다. 그 말을 듣자 딜버트는 "산수도 못 하시는군요. 올해가 1987년이니까 제가 스물셋이죠"라고 대답했다. 경찰은 달력을 가져와 지금이 1998년 7월인 것을 보여주었다. 딜버트는 뭔가를 한참 생각하더니 자신은 얼마 전 결혼을 했고 새 차까지 장만했다고 말했다. 경찰은 딜버트의 집 전화번호를 찾아 그의 아내에게 전화를 했다. 그녀는 곧바로 플로리다로 와서 남편을 만났다. 아내를

만난 딜버트는 "번키는 잘 있지?"라며 11년 전 부인이 임신했던 첫째 아이의 안부를 물었다. 그는 계속 마치 자기가 미래로 온 것 같다고 말했다.

부인은 딜버트가 엿새 전 직장에서 컴퓨터를 켜놓고 양복 윗도리도 입지 않고 밖으로 나간 뒤 사라졌다고 말했다. 그녀가 세 아이들의 사진을 보여주었지만 딜버트는 기억하지 못했다.

그 후 정신병원에 입원한 딜버트는 여러 가지 검사를 받았다. 두뇌 정밀검사를 받은 결과, 두뇌 출혈로 피가 응고되고 혈관이 노폐물로 막혀 피가 원활히 흐르지 않는 것을 발견하고 뇌수술을 받고 노폐물을 제거했다.

그러나 수술이 끝나고도 그는 올해가 몇 년도냐는 질문에 1987년이라고 대답했다. 의사들은 딜버트의 부인에게 "남편이 1987년 뇌를 다쳤던 일이 있었던 것 같다"며 "그가 1987년 이후의 일을 전혀 기억 못 하고 있다"고 말했다.

현재 펜실베이니아에서 가족과 함께 살고 있는 딜버트는 잃어버린 기억을 되찾기 위해 노력하고 있다. 그를 옆에서 지켜본 사람들은 하나같이 그가 거짓말을 하는 것 같지는 않다고 입을 모은다.

딜버트는 뇌손상을 입어 기억을 잃은 것일까? 아니면 자신도 모르게 시간여행을 한 것일까?

영혼이 분리되는 유체이탈

베르나르 베르베르의 소설 『타나토노트(*Thanatonaute*)』는 죽음 이후의 세계를 여행하는 일명 '영계탐험자'들의 이야기를 다루고 있다. 이 책에는 강제로 몸과 육체를 분리해 사후세계를 미리 보는 사람들이 나온다.

실제로 몸과 영혼이 분리되는 유체이탈을 한 사람들의 이야기는 어렵지 않게 들을 수 있다.

1990년 미국에서 대륙횡단열차를 타고 여행 중이던 린다 깁슨, 장시간 여행에 지쳤던 그녀는 낮잠을 자다가 기차가 역에 도착한 것 같은 느낌에 깜짝 놀라 잠에서 깼다. 린다는 자리에서 일어나 화물칸에 넣어둔 짐을 꺼내려고 뒤쪽으로 나가다가, 자신이 불편한 자세로 잠을 자고 있는 것을 보게 되었다. 그녀는 순간 '내가 죽었나 보다'라고 생각했다.

하지만 불편한 자세로 누워 있는 자신이 여전히 숨을 쉬는 것을 보고는 살아 있음을 확인했다. 그녀는 열차 문을 열고 밖으로 나가려고 했으나 손은 문고리를 그냥 통과해 버리고 말았다. 이때 검표 승무원이 문을 열었고 그 순간 잠에서 깨어났다.

1992년, 지노 멜라라치는 명상 책을 읽다 한 가지 실험을 해보기로 마음먹었다. 그는 아무도 없는 방에서 불을 꺼놓고 책에 나온 대로 자신이 현재까지 살아온 삶을 돌아보며 좋았던 일과 나빴던 일을 생각했다. 그러다 갑자기 자신도 모르게 유체이탈을 하게 되었다. 방 위쪽에 떠서 자기의 몸을 내려다본 그는 벽을 통과해 옆방에 있는 동생이 축구경기를 관람하고 있는 모습을 봤다. 축구경기는 이탈리아가 이기고 있었다. 그는 다시 돌아와 자신의 몸속으로 들어가려 했다. 그런데 들어가지지가 않았다. 덜컥 겁이 난 그는 여러 가지 방법을 다 시도해 봤다. 그러나 소용없었다. 결국 지노는 포기하고 집 밖으로 걸어나갔다. 그런데 누군가 자신의 발목을 잡는 것 같은 느낌이 들었다. 발밑을 보니 어디선가 본 듯한 사람이 그를 끌어당기고 있었다. 지노는 그 사람과 몸싸움을 했고 그러던 중 자기도 모르게 몸과 합쳐지며 잠에서 깨어났다.

1998년 지병인 심장병으로 늘 고생하던 하워드 샬롯은 추수감

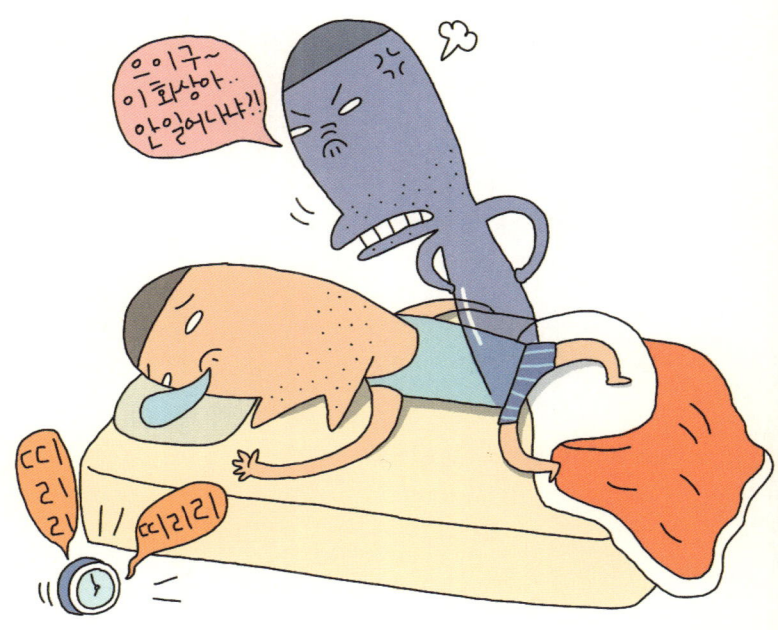

사절을 맞아 비행기를 타고 가족들을 만나러 가고 있었다. 그런데 비행기가 극심한 난기류를 만나 갑작스럽게 급강하했고 하워드는 충격을 받고 심장마비를 일으켰다. 그는 사람들에게 도움을 청할 겨를도 없이 정신을 잃고 말았다. 순간 하워드는 비행기 천장에 떠서 정신을 잃고 있는 자신의 모습을 보고 있었다. 하워드는 이렇게 죽을 수 없다는 생각에 자신의 발목과 육신의 발목 사이에 있는 가는 줄을 잡고 육신의 발목에 줄을 단단히 묶었다. 그리고 일어나려는 찰나 다시 몸과 합쳐지며 깨어났다. 비행기에서 내린 후 그는 곧바로 종합진단을 받았는데 진단 결과, 오히려 전보다 건강이 좋아졌다는 사실을 알게 되었다.

1988년 프랑스 파리에 사는 자판기 수리공 펠리페는 여느 때와 다름없이 카페에서 망가진 자판기를 고치고 있었다. 맨손으로 자판기 배선을 연결하던 그는 순간적으로 감전되는 느낌에 깜짝 놀라 자리에서 일어났다. 그는 문득 자신의 몸이 새털처럼 가벼워진 것을 느꼈다. 자판기를 쳐다보던 그는, 작업복을 입고 있는 자신이 자판기에 손을 넣고 기절해 있는 것을 보았다. 곧 그의 몸이 옆으로 쏠리며 넘어졌고 순식간에 자신의 몸으로 돌아왔다.

유체이탈은 꽤 다양한 계기로 일어난다. 어떤 사람은 잠을 자다가, 또 어떤 사람은 명상을 하다가, 아니면 다른 우연한 계기로 인해 유체이탈을 경험한다. 그러나 무엇 때문에 이 같은 현상이 일어나는지에 대해선 밝혀진 것이 없다.

몸이 저절로 타들어가는 자연발화

아무런 이유 없이 사람의 몸에 불이 붙어 타버릴 수 있을까?

1951년 7월 2일, 미국의 플로리다 주에서 메리 리서라는 예순일곱의 미망인이 변사체로 발견되었다. 이 사건을 조사하던 플로리다 경찰국은 누군가 그녀를 살해한 후 증거 인멸을 위해 불을 지른 것으로 추정했다. 그러나 부인의 사체 주변의 가구는 거의 불에 타지 않은 채로 남아 있었다. 결국 경찰은 그녀를 인체 자연발화 현상(Spontanious Human Conbustion)의 피해자로 결론지었다.

자연발화로 타버린 사람

SHC라고 불리는 인체 자연발화 현상은 누구에게나 발생할 수 있다. 1952년 이후 영국과 미국에서만 무려 열일곱 명이 SHC로 사망했다.

1974년, 미국 콜로라도 주에 사는 로저 베이커는 어느 날 오른쪽 다리에서 갑자기 연기가 피어오르는 것을 발견했다. 놀란 그는 재빨리 욕조 물에 다리를 담갔다. 연기는 곧 사라졌고 몸에도 큰 이상은 없는 것 같았다. 그러나 그는 나흘 뒤 알 수 없는 이유로 숨을 거뒀다.

당시 베이커를 인터뷰했던 신문기자 캐시 맥킨리(Cathy Mckinley)는 베이커가 사건 당일 저녁을 먹고 소파에 앉아 잠을 자다 SHC를 겪었는데 다리가 타는 동안 아무런 고통을 느끼지 못했다고 말했다.

SHC를 연구하는 과학자들은 SHC를 겪은 사람들에게 몇 가지 공통점이 있다는 사실을 밝혀냈다. 피해자들 대부분이 예순다섯 이상의 백인 독신 고령자로, 주로 새벽에 아파트에서 사고가 많이 발생한다는 점이다.

1971년 미국의 로스앤젤레스 시에서는 등교하던 어린 소녀의 몸에 정체를 알 수 없는 불이 붙어 병원으로 실려가는 사건이 발생했다. 당시 경찰은 불을 꺼준 학생들과 교사들을 중심으로 방화 여부를 조사했지만 의심스러운 점을 찾을 수 없었다. 며칠 뒤 병원에서 깨어난 소녀는 "갑자기 손이 뜨거워지더니 내 손에서 불이 나기 시작했다. 아무도 내 몸에 불을 지르지 않았다"고 말했다.

1983년 미국 워싱턴. 침대에 누워 자던 예순두 살의 노인은 갑자기 무언가 타는 냄새가 나며 방 안에 연기가 차는 것을 발견했다. 이불을 걷자 자신의 잠옷 안에서 연기가 나고 있었다. 그때까지 아무런 통증을 느끼지 못했던 노인은 잠옷을 벗어보았다. 그는 다리에서 연기가 나는 것을 보고는 급히 욕조에 물을 틀어 발을 담갔다. 그러자 연기는 멈췄지만 갑자기 심하게 배가 아파 쓰러졌다. 병원에 실려왔을 때는 다리 안쪽이 모두 타버린 후였다.

과연 SHC의 정체는 무엇일까?

대부분의 학자들은 SHC가 일어나게 되는 것은 심지효과 때문이라고 말한다. 심지효과는 인체가 양초처럼 타는 것을 말한다. 일단 어떤 계기로 인체에 불이 붙으면 몸속 지방을 연료 삼아 계속 타게 된다는 것이다. 그러나 어떤 계기로 불이 붙게 되는지, 또 어째서 통증을 느끼지 못하는지에 대해서는 그 어떤 것도 밝혀내지 못했다.

재앙을 예고하는 동물들

 지진이나 화산폭발 같은 자연재해나 큰 전쟁이 일어나기 전 동물들이 이상한 움직임을 보이는 모습이 목격되었다. 그리고 동물이 이러한 이상행동을 하는 이유가 그들에게 재앙을 미리 감지할 수 있는 능력이 있기 때문이라는 주장이 나오고 있다.

 1914년 7월 25일 오스트리아, 이른 아침 도심 상공을 날던 수백여 마리의 비둘기 떼가 갑자기 사나워져 서로 쪼고 할퀴는 바람에 시민들이 대피하는 소동이 벌어졌다. 같은 날 유럽 북부에서는 높은 산에 있던 산양 수십여 마리가 절벽에서 떨어져 죽었다. 그리고 그 해 7월 28일, 제1차 세계대전이 시작되었다.

 1939년 8월 29일 런던의 트라팔가 광장(Trafalgar Square), 이른 아침부터 수백 마리의 비둘기들이 공중에서 떼로 몰려다니며 서로 몸싸움을 했다. 다친 비둘기들이 땅에 떨어져 죽었고, 이 모습을 본 시민들이 죽은 비둘기를 치우려다 비둘기들에게 공격받기도 했다. 그리고 며칠 후 독일이 폴란드를 침공해 제2차 세계대전이 발발했다.

 그런데 요즘 세계 곳곳에서 동물들의 이상행동이 자주 발견되고 있다. 2002년 10월 8일 플로리다의 해변에서 수천 마리의 물고기들이 죽은 채로 발견되었다. 3킬로미터나 되는 모래사장이 죽은 물고기로 가득 차 있었다. 근처 주민들은 물고기 썩는 냄새 때문에 고통을 받았다. 사건을 조사하기 위해 현장을 찾아온 해양학자들은 원인을 밝히려고 최선을 다했지만, 아무것도 알아내지 못했다. 문제의 지역은 2001년 9.11 테러 직전, 무려 일곱 차례나 상어들이 사람을 공격한 곳이었다.

같은 날 이스라엘에서는 3만 마리 이상의 독수리 떼가 도시 상공을 지나갔다. 이 숫자는 전 세계에 서식하는 독수리의 절반에 가까운 숫자이다. 터키 쪽에서 날아온 것으로 추정된 이 독수리 떼의 비행으로 한때 하늘이 검게 뒤덮였다.

동물에게 재앙을 감지할 능력이 있다면, 근래 목격되고 있는 동물들의 이상행동은 머지않아 인류가 겪게 될 엄청난 재앙을 암시하는 것은 아닐까?

 인터넷의 대예언자 솔로그

1997년 8월 31일, 다이애나 황태자비가 교통사고로 사망했다는 소식을 들은 수많은 네티즌들은 인터넷 토론장인 유즈넷(Usenet)에 들어와 다이애나 비와 그녀의 죽음에 대한 이야기를 하며 안타까워했다. 그때 네티즌들을 경악하게 만든 글이 인터넷 게시판에 올라왔다.

솔로그(Sollog)라는 사람이 올린 글이었는데 거기에는 '다이애나 황태자비는 내가 1996년 미국의 연방법원에 보고한 대로 오늘 사망했다'라고 써 있었다. 그는 증거로 자신이 1996년 4월 12일에 연방법원에 제출한 문서의 접수번호 '96 CV 1499'를 공개하며 사람들에게 직접 확인해 보라고 했다.

처음 네티즌들은 "말도 안 되는 소리다" "정신이상자다" "설마…" 하는 반응을 보였다. 그러나 접수번호를 조회한 결과 실제로 그가 연방법원에 다이애나 비의 죽음에 관한 예언서를 제출했다는 사실이 밝혀졌다. 사람들은 그의 말에 귀를 기울이기 시작했다.

1997년 9월 2일, 그는 자신의 예언서 '902 예언록(902 Prophecy)'을 공개했다. 거기에는 1997년 말부터 1998년 사이에 벌어지는 불행한 사고들이 예언되어 있었는데 거의 다 적중했다. 사람들은 다음 예언을 기다렸다. 한편 솔로그의 예언을 들은 CIA는 솔로그를 추적해 소재를 파악하고, 애리조나 주에 있는 CIA 지부로 연행해 조사한 후 다시는 인터넷에 예언과 관련된 글을 올리지 않겠다는 각서를 받았다.

한동안 솔로그가 보이지 않자 네티즌들 사이에 그의 행방에 대한 토론이 벌어지기도 했다. 그 후 솔로그는 1997년 크리스마스에 자신의 친구를 통해 크리스마스 예언록을 올렸다.

그는 크리스마스 예언록에서 미국의 상원의원 소니 보노(Sony Bono)와 마이클 케네디(Michael Kennedy)가 스키를 타다 죽을 거라고 예언했다. 실제로 소니 보노는 1998년 1월 5일, 마이클 케네디는 1997년 12월 31일에 각각 스키 사고로 사망한다.

솔로그가 그린 상징

1997년 솔로그가 예언한 사건 라인

또 솔로그는 1998년부터 미국에서 청소년의 총기난사로 많은 사람이 죽을 거라고 예언하며, 미국 지도에 시애틀부터 아칸소 주의 리틀록(Little Rock)을 잇는 선을 그은 뒤 그곳에서 일어나는 일에 귀를 기울이라고 했다. 그의 예언대로 1998년 4월 20일 콜로라도 주 리틀톤(Littleton)에서는 콜럼바인(Colombine) 고등학교 총격 사건이, 그리고 5월 25일 오리건(Oregon) 주에서는 스프링필드(Springfield) 고등학교 총격 사건이 벌어졌다. 실제로 1998년과 1999년에 일어난 학생들의 총격 사건 중 대부분이 솔로그가 말한 선상에서 일어난 것이다.

그 후, 솔로그는 CIA와 FBI에 의해 수사를 받게 되었다. 1995년 미국 오클라호마 폭탄 테러 하루 전 누군가가 방송사와 신문사 팩스에 "내일 오클라호마에서 테러가 일어난다"는 팩스를 보냈는데 번호가 솔로그가 사용하는 번호라는 게 밝혀졌기 때문이었다. 그는 오클라호마 폭탄 테러와 관련이 있다는 혐의로 체포되었다. 그러나 곧 무혐의로 풀려났다. 하지만 자신이 조사를 받는 동안 사람들이 그의 이름으로 허위 예언서를 올려놓은 사실을 알고, 사회에 물의를 일으키는 일은 이제 그만하겠다고 공표한 뒤 사라졌다.

지금까지 솔로그는 미국에서 일어난 굵직한 사건들을 모두 예언했고 그 예언들은 다 맞아떨어졌다. 그는 1996년 5월 11일에 발생한 발루젯(ValuJet) 592기 추락과 1996년 12월 26일에 발생한 존 베넷 램지(Jon benet Ramsey) 살인 사건을 예언했고, 또 1997년 4월 28일에 발생한 오클라호마 폭탄 테러, 1997년 7월 15일 플로리다 주에서 발생한 베르사체(Versace) 살인 사건, 1997년 10월 1일 미시시피 주 펄시티(Pearl City)에서 발생한 학교 총격 사건, 1997년 12월 31일 콜로라도 주 아스펜(Aspen)에서 발생한 마이클 케네디 사고사 등을 예언했다.

1995년부터 인터넷의 유즈넷에 나타나 활동했던 솔로그, 그가 누구인지 어떻게 이런 정확한 예언을 할 수 있었는지는 밝혀지지 않았지만, 아직도 수많은 네티즌들은 그가 돌아오기를 기다리고 있다.

거꾸로 돌리면 진실이 들린다

명사들의 연설이나 팝송을 거꾸로 들으면 이상한 단어가 들린다는 얘기가 있다. 또 어떤 노래를 거꾸로 들으면 악마나 사탄을 칭송하는 구절이 들리기도 한다.

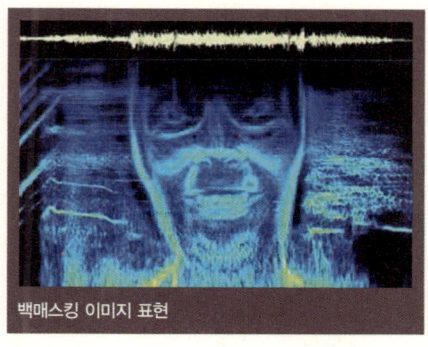
백매스킹 이미지 표현

예를 들어 이글스의 〈호텔 캘리포니아(Hotel California)〉를 거꾸로 들으면 사탄을 칭송하는 "Yeah satan, oh he came"이라는 말이 들리고, 롤링 스톤스의 〈톱스(Tops)〉를 거꾸로 들으면 "I love you, said the Devil"이란 구절이 나온다.

1983년 신비한 현상에 대해 전문적으로 소개하는 〈아트 벨(Art Bell)〉 라디오 쇼에 데이비드 오우츠(David Oates)라는 사람이 나와 사람들의 말을 거꾸로 들으면 숨겨진 진실한 소리가 들린다고 주장했다. 그리고 유명인사들이 한 말을 거꾸로 돌렸을 때 나오는 기이한 음성을 공개해 큰 화제를 불러일으켰다.

백매스킹(Backmasking) 음성편집기술을 연구하다가 리버스 스피치(Reverse Speech)라는 새로운 음성해독술을 창안한 그는 사람들이 대본을 가지고 읽는 말이 아닌 즉흥적으로 하는 말을 거꾸로 돌려 들으면 진실이 담긴 무의식적인 순수한 소리를 들을 수 있다고 주장했다.

　일례로 닐 암스트롱이 달에 착륙하여 첫발을 내딛고 말한 "이 한 걸음이 인간에게는 작은 걸음일 뿐이지만(That's one small step for man)"을 거꾸로 돌리면 "인간이 우주유영을 할 것이다(Man will space walk)"라고 들린다는 것이다.

　그는 한때 로널드 레이건 전 대통령이나 빌 클린턴 전 대통령, 그리고 조지 부시 대통령 같은 정치가들이나 명사들의 연설을 리버스 스피치 프로그램으로 발췌한 MP3 파일을 공개하여 주목을 받았다. 또 CNN의 〈래리 킹 라이브〉와 〈오프라 윈프리

쇼)에도 출연해 자신의 음성해독기술을 소개했다.

사람은 말을 할 때 두 가지 말을 한꺼번에 한다. 그 중 하나는 귀에 들리는 말이고 다른 하나는 리버스 스피치 기술을 통해 거꾸로 들었을 때 들리는 말이다. 언어는 뇌에서 생성되는데 이때 무의식의 언어 역시 함께 생겨난다. 그리고 이때 생겨난 무의식의 언어가 말소리와 함께 섞여 나오는 것이다. 따라서 즉흥적으로 하는 말을 거꾸로 돌리면 진실이 담긴 무의식적인 순수한 의사를 들을 수 있다.

현재 그의 음성해독기술은 수사기관들이 범죄 용의자를 조사할 때 거짓말탐지기처럼 거짓과 진실을 가려내는 데 활용될 뿐만 아니라 환자들의 심리치료에도 사용되고 있다.

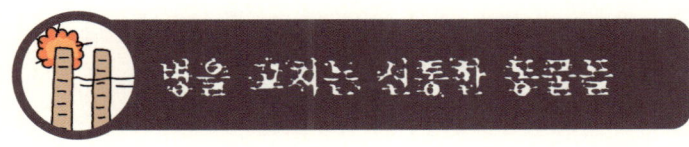

병을 고치는 신통한 동물들

요즘 캄보디아에서는 사람의 병을 치료해 주는 신비한 능력을 가진 동물들이 화제가 되고 있다.

캄보디아 남부 캄폿(Kampot) 시에 사는 교사 턴 나오는 무릎을 다쳐 한쪽 다리를 쓰지 못하고 있었다. 그런데 언젠가부터 그가 기르는 암소가 우리 앞을 지날 때마다 계속 음메 하고 크게 울기 시작했다. 턴은 처음엔 배가 고파 그러는 줄 알고 사료를 더 부어주곤 했다. 그러던 어느 날 학교에 가려고 일어서던 턴은 다

주인과 함께 걷는 요술암소

리가 너무 아파 그만 마루에 주저앉고 말았다. 그때 우리에서 나온 암소가 가까이 다가왔다. 턴은 암소를 우리로 데려가려고 목에 걸려 있던 줄을 잡았는데 갑자기 암소가 그의 아픈 무릎 주변을 뿔로 긁기 시작했다. 턴은 이상한 생각이 들어 암소가 하는 대로 그냥 내버려두었다. 다시 암소를 우리에 넣고 돌아오는데 무릎은 더 이상 아프지 않았다. 그제야 그는 왜 소가 그렇게 이상한 짓을 했는지 알게 되었다. 그는 곧 마을 사람들에게 이 사실을 알렸다.

그 후 턴의 집 앞마당은 늘 아픈 사람들로 북적거렸다. 턴의 암소는 환자들의 아픈 부위를 찾아 뿔로 긁거나 혀로 핥아주었는데 다음날 아침이 되면 통증이 씻은 듯 사라졌다고 한다. 현재 턴의 암소는 '요술암소'라는 이름으로 전국에서 찾아온 병자들을 고쳐주고 있다.

프놈펜(Phnom Penh)에서 동쪽으로 50마일 떨어진 시골 마을 크나르(Khnar)에는 여든아홉 살 난 코끼리 예이 프라하오(Yey Prahao)가 산다. 현재 캄보디아에서 가장 나이가 많은 코끼리이기도 한 예이에게는 아픈 사람을 치료하는 신비한 능력이 있다. 오래 전 농부 마하웃에게 팔려온 예이는 자신을 정성껏 돌봐주고 길러준 주인이 죽자 한동안 식음을 전폐했다. 그 후 예이는 이상한 행동을 보이기 시작했다. 아픈 사람을 보면 코로 아픈 부위를 마사지하는 것이었다. 그런데 신비하게도 예이에게 마사지를 받고 나면 통증이 말끔히 사라졌다.

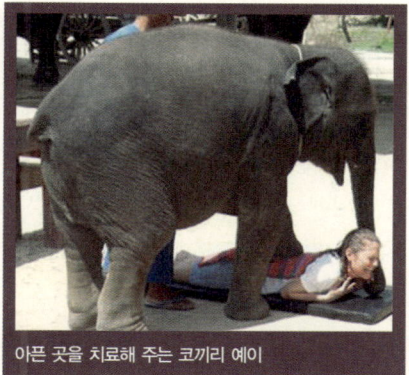
아픈 곳을 치료해 주는 코끼리 예이

예이의 능력은 아픈 사람을 치료하는 것만이 아니다. 예이는 집 지을 장소를 찾는 사람에겐 튼튼하고 좋은 자리를 골라주고, 서로 싸우는 부부에게는 물을 끼얹어 싸움을 말렸는데 예이가 끼얹는 물을 맞으면 부부금실이 좋아진다고 한다.

현재 예이의 주인은 마하웃의 손자인데, 예이는 주인이 술을 마시고 길에 쓰러져 잠들기라도 하면 제 몸으로 햇볕을 가려주고 안마를 해준다. 현재 예이는 주인과 함께 주변 마을을 돌아다니며 아픈 사람들을 치료해 주고 있다.

요술암소와 코끼리 의사 예이 덕에 캄보디아 사람들은 주위에 있는 동물들을 예사로 보지 않게 됐다고 한다.

투명인간이 된 사람들

 식당에 가서 자리 잡고 앉아 있는데 아무도 주문을 받으러 오지 않는다거나, 옷가게에 들어가 구경을 하는데 점원이 전혀 관심을 보이지 않았던 경험 하나씩은 있을 것이다. 이럴 때 어쩌면 자신이 잠깐 투명인간이 되었던 것은 아닐지 한번 의심해 볼 필요가 있다. 실제로 20세기 후반에 들어와 갑자기 눈앞에서 사람이 사라졌다거나 아니면 다른 사람들 눈에 보이지 않아 낭패를 봤다는 제보가 꾸준히 계속되고 있기 때문이다.

 1971년 미국의 보스턴에 있는 한 패스트푸드 식당에서 주문을 하기 위해 줄을 서 있던 대학생 앨버슨은 앞에서 차례를 기다리던 사람이 갑자기 사라지는 현상을 목격했다. 당시 이 모습을 본 것은 엘버슨만이 아니었다. 눈앞에서 사람이 사라지는 모습을 목격한 종업원은 비명을 지르며 기절했고 옆줄에 서 있던 다른 사람들도 모두 충격을 받았다. 신고를 받고 현장에 도착한 경찰은 사라진 사람의 바로 뒤에 서 있던 앨버슨에게 당시 상황에 대해 물었지만 끝내 아무런 단서도 찾지 못했다.

 1973년 영국 런던의 한 백화점, 스미스는 물건값을 치르려고 계산대 앞에 섰다. 그런데 종업원은 마치 그를 보지 못한 듯 손님이 앞에서 기다리고 있는데도 계속 딴짓을 하고 있었다. 스미스는 얼마나 기다리게 하나 어디 두고 보자 싶은 마음에 종업원을 노려보며 기다리고 있었다. 갑자기 종업원이 그에게 미소를 짓더니 손을 내밀었다. 이제야 계산을 하게 되는구나 생각한 그가 종업원에게 구입한 물건을 건네려는 순간 뒤에서 뭔가가 그의 허리를 쿡 찔렀다. 뒤돌아보니 다른 사람이 계산할 물건을 들고 서 있었다. 종업원은 스미스가 아닌 뒤에 온 손님의 물건을 받으러 손을 내민 것이었다. 화가 난 스미스가 따지려는 순간 스미스와 눈이 마주친 종업원이 갑자기 비명을 지르기 시작했다. 그리고 곧이어 뒤에 서 있던 손님도 함께 비명을 질렀다. 무슨 일인가 싶어 사람들이 몰려들었다. 스미스는 왜 사람을 보고 비명을 지르는 거냐며 항의했다. 한동안 말을 못 하던 두 사람 모두 스미스가 갑자기 앞에 나타났다고 말했다. 그는 무슨 소리냐며 따지려고 했지만 몰려든 사람들이 계속 질문을 퍼부어대는 바람에 계산하려던 물건도 두고 도망치듯 백화점 밖으로 뛰어나와야 했다.

1986년 도쿄, 승용차로 출근을 함께 하던 은행 직원들은 고가 밑을 지나다 앞에 가던 리무진이 갑자기 사라지는 광경을 목격했다. 당시 리무진은 땅에서 솟아오른 짙은 연기에 휩싸이더니 감쪽같이 사라져버렸다. 놀란 그들은 그 즉시 신고했지만 경찰에서는 그들의 말을 믿어주지 않았다.

1987년 미국의 일리노이 주, 고속도로를 달리던 헨더슨의 자동차 백미러에 경찰차 두 대가 사이렌을 울리며 따라오는 모습이 보였다. 그는 경찰차가 왜 자신을 쫓는지 영문을 몰랐지만, 우선 길가에 차를 세우고 경찰이 오기를 기다렸다. 그런데 경찰들은 차에서 내리자마자 헨더슨의 차로 달려와 곤봉을 꺼내서는 다짜고짜 운전석 앞유리를 내려치기 시작했다. 너무 놀란 그는 한동안 아무 말도 못한 채 그 자리에 굳어 있었다. 경찰들은 앞유리를 깬 후 운전석에 손을 집어넣어 시동을 끈 뒤 열쇠를 빼냈다. 헨더슨은 경찰들에게 "대체 무슨 일입니까?"라고 물었다. 그러자 그때까지 차 앞에서 얘기를 하고 있던 경찰들은 깜짝 놀라서는 그에게 누구냐고 물었다. 헨더슨은 기가 막혔지만 침착하게 자신이 지금 막 경찰이 부순 차의 주인이라고 대답했다. 그때서야 경찰은 자신들이 운전자도 없이 자동차가 혼자 고속도로를 달리고 있다는 신고를 받고 출동했으며, 헨더슨의 차를 따라올 때에도, 또 차 앞유리를 깰 때도 운전자의 모습을 보지 못했다고 얘기했다.

1897년 영국의 햄프셔 주에서는 밖에 물을 길러 나갔던 어린

아이가 사라져버렸다. 하얀 눈 위에 생긴 아이의 발자국은 대문 밖 6미터 지점에서 끊겨 있었는데 아이를 찾으러 집 주위를 찾아다니던 가족들은 "나 여기 있어!"라고 말하는 아이의 목소리만 들었을 뿐 아이는 찾지 못했다.

사라진 사람들은 대체 어디로 간 걸까? 어쩌면 그들은 사라진 게 아니라 다만 보이지 않은 채 그 자리에 있었던 것은 아닐까? 왜 다른 사람들이 자신을 알아보지 못하는 걸까, 의아해하면서 말이다.

꿈을 꿀 때, 가끔 '아 지금 꿈을 꾸고 있구나'라는 생각이 들 때가 있다. 이렇게 자신이 꿈을 꾸고 있다는 사실을 인식하고 꿈속의 모든 상황을 통제해, 뭐든 하고 싶은 대로 할 수 있게 되는 것을 '루시드 드림(Lucid Dream)'이라고 한다.

1979년 할리우드의 영화감독 돈 시겔(Don Siegel)은 영화 리허설을 하는 루시드 드림을 꾸게 되었다. 당시 머리에 오로지 영화 생각밖에 없던 그는 늦은 밤 잠을 자다, 스튜디오에 출근하여 사람들과 이야기를 나눈 뒤 촬영을 하는 꿈을 꿨다. 그는 고개만 돌리면 현장에 있던 배우들이 사라지는 것을 보고 곰곰이 생각하다 자신이 꿈을 꾸고 있다는 것을 깨닫게 되었다.

그는 시험 삼아, 옆사람에게 "커피 한잔만"이라고 부탁을 해 보았다. 그러자 실제로 옆사람이 커피를 가져왔다. 시겔은 이게 말로만 듣던 루시드 드림이며, 무엇이든 이뤄지는 이 기회를 놓칠 수는 없다고 생각했다. 그는 꿈속에서 모든 스태프와 출연진을 동원해 다음날 찍을 장면에 대한 리허설을 했다.

하지만 루시드 드림이 늘 행복하기만 한 것은 아니다. 끔찍한 악몽이 되는 경우도 있다.

1990년 독일, 집에서 잠을 자던 바우어 역시 루시드 드림을 꾸고 있었다. 그는 꿈속에서 비가 내리자 신문으로 머리를 가렸

다. 그런데 분명 비는 오는데 신문은 젖지 않았고 얼굴에도 비 한 방울 떨어지지 않았다. 그 순간 자신이 꿈을 꾸고 있다는 사실을 깨달은 그는 평소에 탐내던 스포츠카를 생각했다. 그러자 다음 순간 자신이 스포츠카 운전석에 앉아 있다는 것을 알게 되었다. 그는 환호하며 신나게 달리기 시작했다. 그러다 조수석에 누군가가 타고 있다는 걸 알게 되었다. 고개를 돌려보니 얼마 전 자동차 경주에서 벽에 부딪혀 죽은 선수가 몸이 불에 타 그을린 채로 그를 노려보고 있었다. 놀란 바우어는 차를 세우고는 '꿈에서 깨자'고 생각했지만 뜻대로 되지 않았다.

결국 선수의 망령에 쫓겨 이리저리 뛰어다니다 결국엔 망령에게 목덜미를 잡히게 되었는데, 그 순간 깜짝 놀라 잠에서 깨어나게 되었다. 그날 이후 다시 루시드 드림을 꿔보려고 밤마다 '오늘은 꼭 루시드 드림을 꾸자'고 다짐하며 잠들었지만 다시는 꿀 수 없었다고 한다.

초능력 소녀 나타샤

2004년 1월 27일, 영국 런던에 사는, 유명 일간지 《선(The Sun)》의 여기자 브리오니 워든(Briony Warden)은 엑스레이처럼 사람들의 신체 내부를 볼 수 있는 능력을 지닌 초능력 소녀 나타샤 뎀키나(Natasha Demkina)를 집으로 초대했다. 당시 교통사고로 다

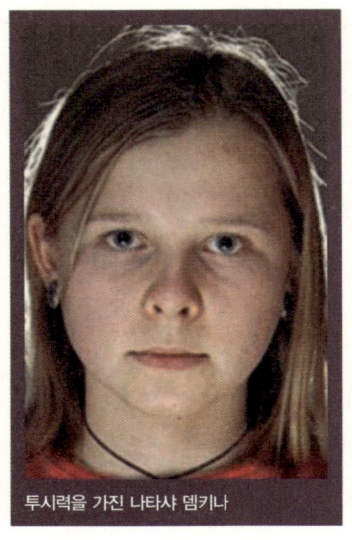

투시력을 가진 나타샤 뎀키나

친 몸이 완쾌되지 않았던 브리오니는 소녀를 집에 불러 직접 그녀의 능력을 확인해 보고 싶었다.

몰도바(Moldova)의 사란스크(Saransk) 지방에서 태어난 나타샤는 열 살이 되던 해 처음 엄마에게 뱃속에 두 개의 콩과 토마토, 그리고 진공청소기가 들어 있다고 말했다. 당시 의학적인 지식이 전혀 없는 아이가 콩팥과 심장, 그리고 내장에 관해 말하고 있음을 알게 된 어머니 타티아나(Tatyana)는 나타샤를 병원으로 데려가 검사를 받도록 했다.

의사들은 아이에게 여러 가지 실험을 했다. 그들은 아이가 어떠한 속임수도 쓰지 않는다는 것은 확인했지만 아이의 초능력을 믿으려 하지 않았다. 하지만 그 후 나타샤가 사람들의 몸 어느 곳이 어떻게 왜 아픈지 정확하게 짚어내는 일이 계속되면서 점차 그녀의 능력을 믿는 사람들이 늘어났다. 나타샤의 집 문 앞에는 늘 아픈 사람들이 줄을 서서 기다리고 있었고, 그녀의 이야기가 해외토픽으로 신문에 소개되기도 했다.

나타샤를 만나던 날, 브리오니는 자신이 다친 것을 알지 못하도록 다리의 부목을 떼고 긴팔 블라우스와 바지를 입어 수술자국을 가렸다. 그리고 의자에 앉아 소녀를 맞았다. 그리고는 나타샤에게 자신의 몸을 한번 봐달라고 부탁했다.

나타샤는 눈을 크게 뜨고 한동안 브리오니의 몸을 쳐다보고는 눈을 감았다. 그렇게 몇 분간 눈을 감았다 뜨더니 손가락으로 척추를 가리켰다. 그러더니 그곳에 이물질이 있다고 말했다. 실제로 브리오니는 교통사고로 척추 네 군데에 심한 골절상을 입어 수술을 했다. 때문에 척추에는 철제 핀이 박혀 있었다.

나타샤는 계속 브리오니가 다친 부위를 짚어나갔다. 그녀는 우측 골반의 균형이 잡히지 않았고, 턱뼈에도 이물질이 있다고 지적했다. 실제로 브리오니의 우측 골반은 골절되었고, 턱뼈에는 티타늄이 박혀 있었다. 나타샤는 또 무릎 밑 뼈가 부러진 부분을 가리키며 무릎을 구부리기 힘들겠다고도 말했다.

처음 나타샤의 능력을 의심하던 브리오니도 그녀가 자신의 몸에 철제 나사나 핀이 박혀 있는 부분들을 모두 짚어내는 것을 본 후, 그녀가 엑스레이처럼 투시할 수 있는 능력을 가진 사람이라는 것을 인정했다. 그리고 그녀의 특별한 능력을 보다 많은 사람들에게 알리기 위해 노력했다.

그렇다면 혹시 나타샤의 눈에는 모든 것이 엑스레이에 찍힌 모습처럼 보이는 걸까? 이런 질문에 그녀는 자신의 능력은 정상적인 일상생활에는 전혀 영향을 주지 않는다고 밝혔다.

그녀는 보다 많은 사람들을 돕기 위해 현재 모스크바에 있는 의과대학에서 의사가 될 꿈을 키우고 있다.

하늘에서 내리는 개구리 비

영화 〈매그놀리아(Magnolia)〉에는 개구리가 비처럼 하늘에서 쏟아지는 장면이 나온다. 영화의 마지막 장면에 나오는 이 개구리 비에는 아주 특별한 의미가 담겨 있다. 실제로 하늘에서 내릴 리 없는 개구리 비를 통해, 살다 보면 정말 납득이 되지 않는 상황, 그래서 "말도 안 돼"라고 외치는 일도 생기기 마련이라는 인생의 진리를 말하고 있는 것이다.

그러나 이 영화의 제작진이 한 가지 모르고 있던 게 있다. 그것은 아주 드물긴 하지만 하늘에서 개구리 비가 내리기도 한다는 사실이다.

1981년 그리스 네프리온(Naphlion)에서는 약 12분 동안 하늘에서 개구리가 떨어져 사람들을 놀라게 했다. 이 개구리들은 연못이나 습지에서 흔히 볼 수 있는 종류들이었는데, 그날 하늘에서 떨어진 개구리들은 대략 5만 마리 정도였다.

1995년 12월 3일 영국, 아이들과 함께 축구경기를 보고 돌아오던 닐리 스트라우는 갑자기 하늘에서 우박이 떨어지는 것을 보고 급히 차를 세웠다. 그런데 자세히 보니 우박이 아니라 수백 마리의 개구리가 하늘에서 떨어지고 있었다. 하늘 높은 곳에서 급강하한 개구리들은 닐리의 자동차를 만신창이로 만들었다. 닐리는 이 사실을 《런던타임스》에 제보했다. 제보를 받은 《런던타임스》는 이 개구리 비에 대해 조사를 하다가 같은 날 수백 명의 사람들이 하늘에서 떨어지는 개구리들을 목격한 사실을 알아냈다. 하지만 왜 그런 일이 벌어졌는지는 밝혀내지 못했다.

하늘에서 개구리만 떨어지는 것은 아니다.

1861년 2월 16일, 싱가포르에서는 큰 지진이 일어난 후 갑자기 하늘에서 천둥번개와 함께 물고기들이 떨어졌고, 1989년 호주의 입스위치(Ipswitch)에서는 갑자기 하늘에서 5만 마리가 넘는 정어리가 소나기처럼 내리기 시작했다. 당시 물고기 세례를 받은 가축들은 모두 그 자리에서 즉사했다. 이 정어리 소나기의 원인은 아직까지 밝혀지지 않았다.

하늘에서 비처럼 내리는 개구리

1859년 영국의 웨일스(Wales)에서 나무를 자르고 있던 농부의 머리 위로 뭔가가 떨어졌다. 농부는 그 충격에 한동안 비틀거렸다. 그 순간 하늘에서 작은 물고기들이 비처럼 쏟아지기 시작했다. 그 후에도 몇 차례 더 물고기 비가 내렸지만 이유는 끝내 밝혀지지 않았다.

1890년 5월 15일, 이탈리아의 칼라브리아(Calabria) 지방에서는 하늘에서 피가 비처럼 내려 세상이 붉게 물든 일이 있었다. 당시 과학자들은 이 피가 '하늘을 날던 새들이 서로 쪼아 흘러내린 피'라고 발표했으나 당시 하늘에 새는 한 마리도 없었다.

도대체 왜 하늘에서 이런 것들이 떨어지는 걸까? 그 이유에 대해서는 여러 가지 설이 분분하다. 이 중 가장 유력한 것이 토네이도설이다. 즉 토네이도에 의해 빨려 올라간 생물이 다시 떨어진 것이라는 설명이다. 그러나 토네이도가 발생하지 않는 지역에서도 이런 일이 있었다는 점, 그리고 토네이도가 회전운동을 하기 때문에 한 곳에 많은 수가 떨어지지 않고 넓은 지역으로 퍼져서 떨어지게 된다는 점 등을 보아, 이 가설 역시 잘못된 것으로 판명되었다.

현재 하늘에서 각종 생물체가 소나기처럼 떨어지는 현상에 대해서는 아무것도 밝혀진 것이 없다. 그저 자연의 신비 중 하나라고 여길 뿐이다.

비운의 초능력 소년, 사스챠

1979년 우크라이나의 한 농가에 사는 여섯 살 난 사스챠(Sascha)가 집 안의 가구와 집기들을 손도 대지 않고 들어올렸다. 이 모습을 본 부모는 신기한 마음에 이 일을 경찰에 알렸다. 연락을 받고 집에 도착한 기관원들은 아이를 데려가려고 했다. 하지만 어머니와 떨어지는 게 싫었던 아

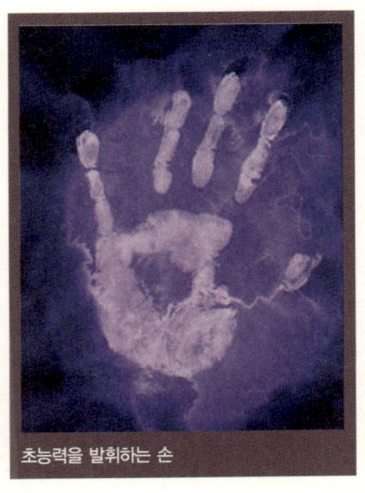

초능력을 발휘하는 손

이는 기관원들을 노려보기 시작했다. 곧 온갖 물건들이 기관원들에게 날아갔고 집기들로 온몸을 얻어맞은 기관원들은 정신을 잃고 쓰러지고 말았다. 얼마 후 정신을 차린 그들은 다른 동료들의 도움을 받아 아이의 머리에 보자기를 씌운 뒤 강제로 자동차에 태웠다.

그 후 사스챠는 7년간 모스크바의 특수요원양성소에서 교육을 받다가, 1986년 열세 살 되던 해에 양성소에서 쫓겨나 일반 학교에 다니게 되었다.

전학을 온 후 사스챠는 '멍청한 곰'으로 불리며 따돌림을 당했다. 사스챠는 선생님과 가족을 제외한 누구와도 말을 하지 않

았다.

어느 날, 사스챠가 수업시간에 숙제를 발표하고 있을 때였다. 앞자리에 앉은 아이가 코웃음을 치며 사스챠의 별명을 불렀다. 화가 난 사스챠는 눈을 부릅뜨고 정신을 집중해 아이가 쓰고 있던 모자를 불덩이로 만들었다. 머리에 불이 붙은 아이는 비명을 지르며 교실 안을 뛰어다녔고 놀란 선생님은 청소 양동이에 들어 있던 물을 끼얹어 겨우 불을 껐다. 아이는 크게 다치지는 않았지만 머리칼이 흉하게 타버리고 말았다. 선생님은 사스챠에게 "왜 친구의 머리에 불을 붙였니?" 하며 가지고 있는 성냥을 내놓으라고 했다. 사스챠는 다시 선생님을 노려봤다. 그러자 선생님

의 안경알에 금이 가기 시작하더니 곧 안경알이 깨졌다. 놀란 선생님은 교장실로 달려가 악마가 나타났다고 소리쳤다.

이 말을 들은 선생님들은 모두 교실로 달려갔다. 그들의 눈에 보인 건 사스챠 주위의 책상들이 모두 넘어져 있고, 아이들이 교실 한구석에서 책상과 걸상들로 갇혀 있는 모습이었다.

처음에 선생님들은 사스챠를 달래려 했지만 교실의 전구가 터지는 등 위험한 상황이 계속되자 경찰에 신고를 했다. 경찰서에 끌려간 후, 사스챠를 데리러 모스크바의 특수요원양성소에서 요원들이 왔다. 그러나 사스챠는 자신을 데리러 온 요원들을 따돌리고 도망가버리고 말았다.

그 후 사스차가 집으로 쳐들어온 특공대에 의해 사살됐다는 발표가 있었다. 그러나 1991년 소련연방이 해체된 뒤 공개된 문서에 따르면, 사스챠는 당시 철통 같은 검문을 피해 어디론가로 달아나는 데 성공했다고 한다.

자신의 신비한 능력 때문에 평생을 도망자로 살아야 했던 사스챠, 그는 지금 아마도 건장한 청년으로 성장해 러시아 어딘가에 살고 있을 거라 예상되고 있다.

알타이 공주의 저주

1992년 12월 모스크바 고고학자들이 시베리아 알타이 자치지

알타이의 샤만 무속인

구 일대의 고대 유적지를 발굴한다는 소식을 들은 알타이인들은 발굴계획을 중지해 줄 것을 당국에 요청했다. 그러나 발굴작업은 예정대로 시작되었고, 7개월이 지난 1993년 7월 12일 발굴팀은 2천 5백년 전에 매장된 여성의 미라 한 구를 발굴했다. 고고학자들은 무덤의 규모와 미라의 의상 등으로 미루어봤을 때 그녀가 높은 신분의 여성일 거라 예상했다. 그 후 무덤에서 함께 매장된 것으로 보이는 말 여섯 마리의 유골이 발견되었다. 당시 말을 함께 묻었다는 것은 왕족에게나 허락된 일이었기 때문에, 고고학자들은 출토된 미라가 고대 알타이의 공주였을 거라 추정했다.

미라를 옮길 때 이상한 일들이 벌어졌다. 그녀를 무덤에서 꺼내는 순간 하늘에서 이상한 굉음이 들리고 땅이 흔들려 작업을 중단해야 했다. 잠시 후 밖이 잠잠해지자 탐사팀은 공주의 미라를 냉동차에 싣고 알타이에서 600킬로미터 떨어진 노보시비르스크(Novosibirsk)에 있는 고고학연구소로 출발하려고 했다. 이 소식을 듣고 달려온 이곳 원로들과 무속인들은 공주를 옮겨서는 안 된다며 거세게 항의했다.

그들은 왕족의 시신을 옮기면 지진이 일어나고 저주를 받을 거라며 절대로 옮기지 말라고 경고했다. 그러나 고고학자들은 이들의 경고를 무시하고 차를 출발시켰다. 그런데 갑자기 미라가 발굴된 지점에서 리히터 3.2도 지진이 발생해 땅이 흔들렸다. 놀라 움직이지 못하고 있던 그들은 지진이 멎자 황급히 노보시비르스크로 떠났다. 그때부터 알타이 지방에는 주기적으로 일주일에 두세 번씩 지진이 발생했다. 이렇게 계속 지진이 발생하자 알타이인들은 이 모든 것이 공주의 저주 때문이라고 생각하고 용서를 빌며 그녀를 위해 제사를 지냈다.

그러나 아무 소용이 없었다. 하루가 멀다 하고 강한 지진이 계속 발생했다. 결국 알타이인들은 고고학연구소에 다시 미라를

원래 모습대로 제자리에 묻어주고 발굴장소를 복구하라고 요구했다. 그러나 학자들은 오히려 레닌의 미라를 관리하는 전문학자들이 공주의 시신을 해부해 검사하고 있으며, 연구가 끝나면 박물관에 영구히 보존해서 관리할 계획이라고 발표했다. 그 발표가 있은 직후 알타이 지방에서 초강력 지진이 발생해 1천 8백여 명이 집을 잃었다. 알타이인들은 이 지진이 분노한 공주의 영혼이 내린 저주 때문이라고 믿고 있다.

티베트 고승들의 비술

1924년 12월 19일, 프랑스의 탐험가이자 저널리스트인 알렉산드라 데이비드-닐(Alexandra David-Neal)은 서양 여성으로는 최초로 티베트의 스님들만 출입할 수 있는 '금지된 도시' 라싸(Lhasa)를 방문했다. 그녀는 이곳에서 이상한 광경을 목격했다. 멀리 승려 한 명이 라싸 시 외곽에서 시내로 걸어오는데 그의 걸음걸이가 좀 남달랐다. 승려는 20미터 정도의 거리를 다리도 거의 움직이지 않은 채 점프하며 빠른 속도로 이동하고 있었다.

그녀는 함께 있던 승려에게 어떻게 저럴 수 있냐고 물었다. 그는 라싸에 외부인이 방문한 줄 모르고 '룽곰(Lungom)'을 하고 있다고 대답했다. 룽곰이 뭐냐고 물어보니 먼 거리를 짧은 시간에 이동하는 방법이라고만 대답했다. 알렉산드라를 지나친 고승은 높이 35미터가 넘는 암벽을 계단을 오르듯이 뛰어넘어 사라져버렸다.

1955년 7월 21일 인도의 식킴(Sikkim), 당시 취재차 인도와 티베트를 여행하던 서독 주재 미군라디오방송국의 존 시닐(John Sineal)은 인파로 붐비던 시장 모퉁이에 나이가 지긋한 티베트 고승 한 명이 정좌하고 있는 것을 보았다.

티베트의 승려들

명상 중인 고승에게 다가간 그는 함께 있던 통역관에게 부탁해 자신도 곧 티베트를 방문할 것이라며 반갑다는 말을 전했다. 고승은 잠시 눈을 뜨고 미소를 짓더니 명상을 계속했다. 존은 옆에 있던 동료에게 몇 달 전 자신이 헝가리에서 공중부양을 하는 사람을 취재했었는데 알고 보니 줄을 매단 가짜였다는 말을 했다. 그런데 그 순간 담배를 피우고 있던 동료가 놀라 입에 물고 있던 담배를 떨어뜨리고 말았다. 동료의 반응이 이상했던 존은 동료가 넋놓고 바라보는 쪽으로 고개를 돌렸다. 거기에는 방금 전까지 정좌하고 있던 고승이 앉은 자세 그대로 가슴 높이의 허공에 떠 있었다. 그때까지 이런 행동이 눈속임이라고 믿었던 그는 눈앞에서 허공에 뜬 고승을 본 후 신비한 능력을 가진 사람들이 세상에 실제로 존재하고 있음을 인정하게 되었다.

캐나다 마니토바(Manitoba) 주 위니펙(Winnipeg)에는 태어나서부터 스님들처럼 정자세로 앉아 명상을 해 주위 사람들을 놀라게 만든 아이가 있다. 데릭(Deric)은 아기 때부터 종이에 부처님을 그려놓고 엎드려 절을 해 가족들을 걱정하게 했다. 그러던 어느 날 데릭은 우연히 엄마를 따라서 시내에 있는 은행에 갔다가 티베트에서 온 승려들과 마주쳤다. 그때 승려들은 은행 바닥에 만다라를 그리고 있었다.

데릭의 엄마는, 은행에서 일을 보는 동안 스님들을 구경하고 있으라고 말한 후 창구로 갔다. 일을 마친 후 로비에 나와서 보니 여섯 명의 스님들이 하던 작업도 멈추고 데릭과 담소를 나누

고 있었다. 함께 나온 은행장이 이 모습을 보고는 승려들이 데릭을 중요한 사람의 환생체로 믿는 것 같다고 말했다. 당시 승려들이 티베트어로 얘기하자 아이가 그들의 말을 이해하는 것처럼 환히 웃었고, 스님들은 아이가 은행을 떠날 때 합장하고 정중하게 인사했다.

  1994년 데릭은 불교를 공부하기 위해 인도로 유학을 떠났다. 그리고 그곳에서 티베트 고승을 만나 열심히 공부하다 5년 만에 돌아왔다. 데릭은 친구들에게 자신이 인도에서 불교 공부를 하며 무술도 함께 연마했다고 말했다. 친구들이 무술시범을 보여달라고 조르자 그는 무거운 통나무를 손바닥으로 격파했다. 그리고는 눈을 감고 호흡을 가다듬었는데 어느 순간 손바닥 위에서 불꽃이 일어나기 시작했다. 그걸 본 친구들은 손바닥에서 어떻게 화염이 나올 수 있느냐며 감탄했다. 데릭은 아직 수련을 마치지 못했다며 수련이 끝나면 다른 고승들처럼 손에서 바람을 일으켜 화염을 발사할 수 있을 것이라고 말했다.

  영화에서나 나올 법한 진기한 무술. 도대체 티베트의 승려들이 보여주는 비밀은 무엇일까. 신앙심이 이루어낸 기적일까, 아니면 꾸준한 연마로 이루어진 성과일까.

Part 6
전 세계를 전율케 한 세기의 살인마

◆ 나이지리아 어베일 살인 사건 ◆ 마녀 사냥, 그 광기의 역사 ◆ 피의 백작부인, 바토리 ◆ 연쇄살인을 저지르는 사탄숭배집단 ◆ 식인 연쇄살인마의 공포 ◆ 왼 가슴을 잃은 악마들 ◆ 발코니의 살인 사건의 전말 ◆ 살인으로 돈을 번 버크 ◆ 범망을 교묘히 피한 잭 초 퍼 ◆ 최악의 연쇄살인마, 가라비트 ◆ 증오가 낳은 범죄자, 레센디즈 ◆ 테러리스트보다 위험한 살인마, 바토 코티오 ◆ 기괴한 살인 사건 속 매춘부 ◆ 마피아 의 킬러, 로아 드 네로 ◆ 미국 최초의 연쇄살인마, 홈즈 ◆ 오늘날을 잊기 위해 살인을 한 공포의 심령술사

나이지리아 이메일 살인 사건

인터넷이 전 세계로 보급되기 시작한 1994년경, 세계 여러 나라의 네티즌들은 나이지리아에서 온 정체 모를 이메일을 받았다.

이메일의 발신자는 자신이 나이지리아의 왕자, 또는 유명 은행장의 아들로 큰 돈을 갖고 있는데 누군가가 돈을 노리고 자신을 죽이려 한다며, 이 돈을 외국으로 밀반출하고 싶으니 도와달라고 했다. 그는 2천만 달러에서 수억 달러가 넘는 거액을 메일을 받는 사람의 통장에 잠시만 맡아달라고 부탁했다. 그는 돈을 맡아주는 대가로 그 돈의 5퍼센트에서 15퍼센트 정도를 주겠다고 유혹했다. 그리고 그 밑에 자신의 연락처를 적어놓았다.

문제의 메일을 받은 사람들은 메일의 내용이 사실인지를 확인하기 위해 전화를 했고, 이때 이 사기꾼들은 피해자들을 설득한 뒤 그들에게 팩스나 우편으로 가짜 공문을 보냈다. 그리고 위조된 공문을 받은 피해자들은 그들을 믿고 자신의 이름과 주소, 전화번호, 그리고 은행 계좌번호 등을 가르쳐주었다. 또 피해자들은 이런저런 절차를 밟는 데 필요한 돈이라며 제시한 약간의 돈을 사기꾼들의 계좌로 보낸 후, 천문학적인 돈이 자신의 통장에 들어올 날만을 손꼽아 기다렸다.

며칠 후 나이지리아에 있는 사람들에게서 연락이 온다. 직접 나이지리아로 와서 공문에 사인을 해야 돈을 보낼 수 있다는 말에 피해자들은 서둘러 비행기를 탔고, 나이지리아에 도착한 이후 영원히 행방불명되고 만다.

이들은 열다섯 명이 넘는 세계 각국의 선량한 사람들을 나이지리아로 유인해 그들의 재산을 빼앗고 잔혹하게 살해한 뒤 시체를 유기했다.

나이지리아에서 이메일을 받은 후 실종되는 사람이 늘어나자 나이지리아 정부와 인터폴은 범인들을 잡기 위해 총력을 기울였다. 그 결과 2002년 5월 21일 남아프리카공화국에서 나이지리아와 카메룬, 그리고 남아공 사람들로 이루어진 나이지리아 이메일 범죄단체 멤버들을 체포했다. 그리고 그들의 은신처에서 다량의 마약

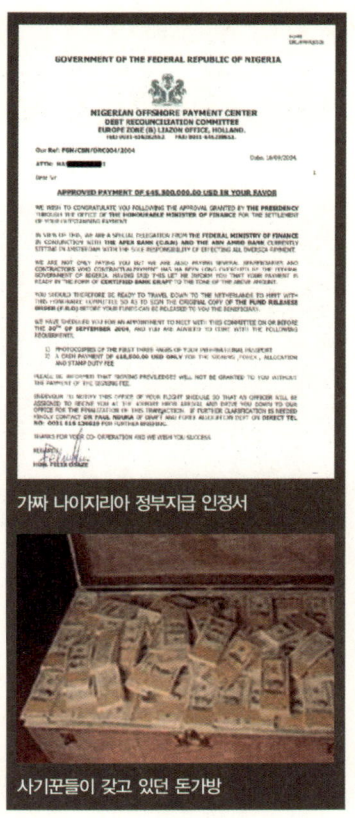

가짜 나이지리아 정부지급 인정서

사기꾼들이 갖고 있던 돈가방

과 여러 대의 컴퓨터, 그리고 수백여 명의 피해자들의 이름과 은행정보가 써 있는 장부를 발견했다.

문제는 이런 이메일을 보내는 사기단체가 한둘이 아니며, 여전히 활동하고 있다는 것이다. 지금 이 순간도 나이지리아에서 온 메일들은 인터넷을 떠돌며 희생자들을 찾고 있다.

마녀 사냥, 그 광기의 역사

영능력자였던 헬렌 던칸

1450년부터 1750년까지 유럽 각국에서는 고대 다신교나 토속신앙을 기독교로 개종시키기 위해 '위대한 유럽의 마녀사냥(Great European Witchhunts)'이라고 불렸던 마녀재판법을 시행했다.

처음에는 다른 종교를 믿는 이교도 여성들을 적발해 죽였지만, 시간이 흐르면서 가뭄이나 괴질로 한 해의 농작물 수확이 형편없거나 마을에 재앙이 생기면 죄 없는 여성을 마녀로 몰아 모든 책임을 전가했다. 일단 마녀로 몰리면 그걸로 끝이었다. 죄가 없어도 온갖 잔인한 방법으로 고문을 당하다 보면 허위자백을 하게 되었다. 일단 자백을 하면 자신이 마녀라는 것을 인정한 것이므로 결국 화형대에 매달려 산 채로 불에 타서 죽었다. 마녀로 몰린 여성이 온갖 고문에도 불구하고 끝까지 결백을 주장했을 때에는 그녀가 마녀인지 아닌지를 알아보기 위해 발에 돌을 매달아 깊은 호수에 던졌다. 만약 그녀가 죽으면 사람인 것이고, 살아 돌아오면 마녀인 게 분명하니 다시 잡아 화형에 처했다.

통계에 따르면 유럽 전역에서 마녀로 몰려 고문을 당하고 재판을 받은 사람들은 수백만 명이 넘고, 마녀로 판결을 받아 사형당한 사람들의 숫자도 6만 명이 넘었다.

마녀사냥꾼들은 마녀의 몸에는 특이한 흉터가 있다며, 젊은 여인들에게 마녀로 몰려 죽고 싶지 않으면 옷을 벗어 마녀가 아님을 증명하라며 여성들을 농락했다. 이때 반항하는 여성은 마녀로 몰아 죽였다. 또 1500년대에는 마녀재판에 반대하던 주민들이 마녀로 몰린 여인들과 함께 화형에 처해지기도 했다.

이렇게 온 유럽에 피바람을 불게 한 마녀재판의 광풍은 1700년대 중반에서야 이에 반발하는 사람들이 하나둘씩 늘어나면서 수그러들기 시작했다.

그러나 20세기에 들어선 후에도 마녀재판법은 사라지지 않고 남아 있었다. 1940년대 초, 영국 최고의 심령가로 알려진 헬렌 던칸(Helen Duncan)을 감옥에 가두고 그를 재판하는 데 마녀재판법이 사용되었다. 당시 헬렌 던칸은 제2차 세계대전 당시 독일군과 싸우다가 침몰된 군함의 이름들을, 숨진 선원들의 영혼을 가족들과 만나도록 주선하는 과정에서 발설해 간첩으로 몰려 재판에 회부됐다. 그녀는 마녀재판법에 의해 마녀로 몰려 실형을 선고받은 뒤 다시는 심령술을 하지 않겠다고 약속한 후에야 풀려날 수 있었다. 그 후 1956년 헬렌은 다시 심령술을 하다가 체포되었는데, 갑자기 혼수상태에 빠져 병원으로 옮겨진 뒤 5주 만에 사망했다. 헬렌 던칸의 사망은 수백 년 묵은 마녀재판법이 폐지되는 데 결정적인 역할을 했다.

피의 백작부인, 바토리

에르체베트 바토리(Erzsebet Bathory)는 1560년 유럽의 트란실바니아 지방의 한 유서 깊은 가문의 외동딸로 태어났다. 그녀의 집안은 대대로 트란실바니아나 헝가리의 왕을 배출해 온 굴지의 명문가로, 트란실바니아의 왕자이자 후에 폴란드의 왕이 된 스테판(Stefan) 바토리 역시 그녀의 친척이었다. 가문의 재산과 영지를 지키기 위해 오랫동안 근친혼을 계속해 온 탓에 바토리가의 인물들 중에는 정신착란이나 신경질환을 앓는 사람들이 많았는데, 에르체베트 역시 네 살 되던 해 심한 간질발작으로 인한 뇌졸중을 앓았다.

그녀는 열다섯의 어린 나이에, 당시 스물여섯 살이었던 헝가리의 백작 페렌츠 나다즈(Ferenz Nadasdy)와 결혼해 헝가리 체터(Csejthe) 성의 안주인이 되었다. 그녀의 남편이 된

에르체베트 바토리의 초상화

페렌츠 백작은 '헝가리의 검은 영웅'이라는 별명을 가진 용맹한 기사로, 결혼 후에도 전쟁터를 돌아다니느라 성을 비우기 일쑤였다. 그래서 에르체베트는 남편도 없는 성에서 엄한 시어머니와 함께 살아야 했다. 그녀의 시어머니는 며느리에게 늘 백작의 아내로서 품위 있게 처신하라고 강요했다. 그녀에게는 백작부인이라는 허울 좋은 이름만이 있을 뿐, 모든 실권은 시어머니가 갖고 있었다. 낯선 고장, 계속된 남편의 부재, 감금이나 다름없는 생활은 그녀를 점점 어둡고 음습한 성격으로 변하게 했다. 게다가 계속되는 간질발작으로 그녀의 정신은 점점 황폐해져만 갔다. 그러던 중 1604년 남편이 전사했다. 에르체베트는 마치 남편의 죽음을 기다렸다는 듯 곧바로 시어머니를 내쫓고 성의 실권을 잡았다.

당시 마흔 살이 넘었던 그녀는 매일 밤 거울을 보며 세월이 흐르면서 점점 변해 가는 자신의 모습을 한탄하곤 했다. 어느 날 시녀가 그녀의 머리를 빗겨주다 실수로 그만 머리를 당기고

말았다. 화가 난 에르체베트는 모질게 시녀를 때렸다. 그때 손톱으로 시녀의 뺨을 할퀴게 되었는데 시녀의 뺨에서 피가 배어나 에르체베트의 손으로 떨어졌다. 그리고 그 순간 그녀는 피부가 탱탱해지는 느낌을 받았다. 문득 그녀의 머리에 처녀의 피가 젊음을 되찾을 수 있는 비결이라는 생각이 떠올랐다. 에르체베트는 곧 시녀를 죽여 그 피로 목욕을 했다. 그리고 그때부터 '피의 백작부인'의 전설이 시작되었다.

에르체베트 바토리는 그 후 10년 동안 처녀들을 죽여 그 피로 목욕을 했다. 처음에는 시녀를 모집한다고 꾀어 처녀들을 모았다. 그러나 희생자들이 늘어나면서 '체터 성에 들어가면 살아 돌아오지 못한다'는 소문이 돌기 시작했다. 점점 새로운 처녀들을 모으기가 쉽지 않았던 그녀는 젊은 여성들을 납치하기도 하고 죄 없는 여성에게 누명을 씌워 가둬 살해하는 등 수단과 방법을 가리지 않았다.

체터 성 인근 지역을 공포로 떨게 했던 그녀의 악행은 성에서 극적으로 탈출한 한 여성이 당시 헝가리 왕인 마티아스 2세(Matthias II)에게 고발하면서 세상에 알려지게 되었다. 이 끔찍한 소식을 들은 마티아스 2세는 에르체베트 바토리의 친척인 기오르기 투르소(Gyorgy Thurzo) 백작을 보내 사실을 확인하게 했다. 기오르기 백작의 군대는 체터 성을 샅샅이 뒤졌고 그곳에서 피범벅이 된 채 죽어 있는 수십 구의 사체와 각종 고문도구 등을 찾아냈다. 고발내용이 사실임을 알게 된 투르소 백작은 에르체베트를 체포했고, 그녀는 헝가리 왕실감옥에 갇혔다.

그로부터 1년 후 에르체베트 바토리의 살인행위에 대한 재판이 이뤄졌다. 이 재판에서 그 동안 그녀가 600명 이상의 여성을 잔인한 방법으로 살해한 후 피로 목욕을 했다는 사실이 밝혀졌다. 분노한 왕은 그녀를 도운 사람들을 모두 참수했고 에르체베트 바토리도 죽이려고 했다. 그러나 그녀의 친척들의 청원 때문에 종신형을 선고한다. 그리고 1614년, 에르체베트 바토리는 감옥에서 숨을 거두었다.

그녀가 죽었다는 소식을 들은 헝가리 왕은 자기 생전에 에르체베트 바토리라는 이름은 입에 담지 말라는 명령을 내렸다. 지금까지도 에르체베트 바토리는 중세 최악의 연쇄살인마로 알려져 있으며, 피를 탐했던 그녀의 이야기는 훗날 뱀파이어에 관한 전설을 낳게 되었다.

연쇄살인을 저지르는 사탄숭배자들

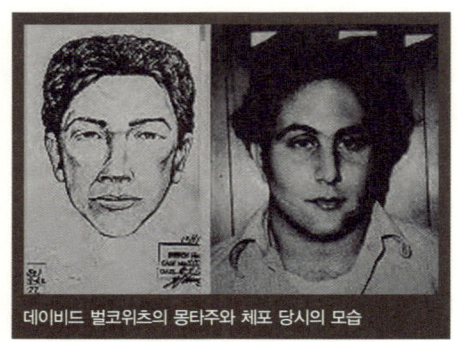
데이비드 벌코위츠의 몽타주와 체포 당시의 모습

1976년 뉴욕 시민들은 연쇄살인 사건으로 공포에 떨고 있었다. 자신을 '샘의 아들(The Son of Sam)'이라고 칭하는 범인은 주로 젊은 커플을 살해했다.

1년 동안 여섯 명을 살해하고 일곱 명을 살인미수한 샘의 아들은 1977년 8월 10일 잠복근무 중이던 수사관에게 체포되었다. 범인은 데이비드 벌코위츠(David Berkowitz)라는 이름의 스물네 살 된 우체국 직원이었다. 그는 체포된 후 순순히 범행을 자백했다. 수사관들이 범행동기를 묻자 "나는 사탄숭배집단의 하수인일 뿐이다"라고 주장했다. 당시 마치 최면에 걸린 상태에서 살인을 저지른 것처럼 피해자들을 수십 차례 칼로 찌르거나 마구 총으로 쏴 죽이는 사건들이 연일 계속되고 있었다. 또 범인들이 체포된 후 누군가의 목소리를 듣고 범행을 저질렀다고 자백하는 일도 있었다. 수사관들은 어딘가에 살인을 교사하는 집단이 있을 거라 추측했다.

1978년 6월 12일 데이비드 벌코위츠의 재판이 벌어졌다. 그는 재판정에서 살인을 하는 순간 사탄숭배자가 되었다고 고백했다. 사형이 금지되어 있던 뉴욕 주에서는 벌코위츠에게 365년 형을 선고했다. 그는 복역 도중 성직자들에게 자신이 사탄에게 홀려 사람을 제물로 바쳤으며, 사탄숭배집단의 고위 간부인 존 카(John Carr)를 만난 후 행동대원으로 활동했다고 고백했다.

그리고 5년 후 로스앤젤레스에서 '샘의 아들 살인 사건'과 유사한 연쇄살인이 벌어지기 시작했다. 범인은 '샘의 아들'처럼 범행장소에 자신이 사탄숭배자임을 알리는 표시를 남겼다. 그는 스스로를 '나이트 스토커(Night Stalker)'라고 불렀는데 열네 번째 살인을 하려다 잠복하고 있던 경찰에게 붙잡혔다.

연쇄살인마 찰스 맨슨

이렇게 사탄숭배자들에 의한 살인이 계속되자 경찰과 FBI는 '오메가 포스(Omega Force)'라는 부서를 신설해 사탄숭배자들의 짓으로 보이는 살인 사건을 재조사했다. 수사관들은 벌코위츠의 증언을 참고했다. 1989년 벌코위츠는 살인을 부추긴 단체가 찰스 맨슨(Charles Manson)과 관계가 있다고 진술했었다. 찰스 맨슨과 그의 추종자들, 통칭 '맨슨 가족(Manson Family)'이라 불리는 이들은 1968년 네 명의 여성을 살해해 복역 중이었는데, 이들이 체포되지 않은 숭배자들을 사주해 연쇄살인을 저지르고 있다는 거였다.

조사 결과 '샘의 아들'이나 '나이트 스토커', 그리고 다른 여러 살인 사건들이 모두 한 사탄숭배집단의 소행이라는 사실이 밝혀졌다. 그리고 이 집단의 배후라고 추정되는 연쇄살인마 찰리 맨슨은 2007년 가석방될 예정이다.

식인 연쇄살인마의 공포

한니발 렉터(Hannibal Lecter), 살아 있는 사람의 뇌를 스푼으로 떠서 먹는 희대의 살인마. 영화 속 인물이기는 하지만 사람을

살해해서는 마치 고기인 양, 요리해 먹는 그의 행동은 사람들에게 큰 충격을 줬다. 이것은 영화 속 이야기만은 아니다. 실제로 희생자를 살해한 후 신체 일부를 먹은 연쇄살인자들이 있다.

안드레이 치카틸로(Andrei Chikatilo)는 1936년 10월 16일 우크라이나에서 가난한 광부의 아들로 태어났다. 그의 어머니는 어린 그에게 늘 공산혁명 당시 그의 큰형이 반체제사상가로 몰려 공산당원들에게 산 채로 잡아먹혔다고 얘기하곤 했다. 선천적으로 허약했던 데다 가난한 탓에 자주 굶어야 했던 그는 점점 시력을 잃어갔다. 어린 시절부터 계속해서 어머니가 심어준 강박관념, 형을 잡아먹은 존재에 대한 공포, 그리고 눈이 보이지 않게 되면서 생겨난 콤플렉스는 그의 정신을 좀먹고 있었다.

치카틸로는 1963년 여동생의 친구와 결혼해 두 아이의 아버지가 되었다. 그러나 허약한 체질 탓에 성기능에 장애가 생긴 그에게 정상적인 가정생활은 힘든 일이었다. 게다가 눈은 거의 실명 상태였다. 군대에서 제대한 뒤 대학에서 교사 자격을 딴 치카틸로는 광산 지역에서 아이들을 가르쳤다. 그러나 오래 가지 못했다. 학생들은 못 먹어서 몸이 마르고 흉하게 생긴 치카틸로를 '거위'라고 부르며 조롱했고 우연히 그의 집안에 불순분자가 있었다는 사실을 알고는 학교에 이를 고발했다. 결국 치카틸로는 교직에서 물러나야 했다.

마흔둘이 되던 해, 그때까지 억눌려 있던 그의 자아가 눈을 떴다. 아홉 살의 레나 자코트노바(Lena Zakotnova)를 살해한 후 그는 밤마다 거리로 나가 지나가는 소녀들과 여성들을 잔혹하게 유린한 후 살해했다. 그리고 피해자들의 신체 일부를 베어내 집에 가져가 소고기라고 속인 후 함께 먹곤 했다.

안드레이 치카틸로

아침마다 살덩이가 잘려나간 시체들이 발견되자 언론과 시민단체 등은 그 살인마를 '시티즌 엑스(Citizen X)'라고 부르며 두려워했다. 그때까지 시티즌 엑스에게 살해된 사람은 모두 쉰두 명, 하지만 그 정체는 여전히 오리무중이었다.

1990년 11월 20일, 살인 사건이 일어날 때마다 현장을 배회하던 그를 이상하게 생각한 경찰이 치카틸로를 연행해 심문했다. 처음엔 입을 다문 채 혐의를 부인하던 그는 계속된 경찰의 심문을 이기지 못하고 모든 범행을 자백했다. 러시아 최악의 식인 연쇄살인마의 정체가 세상에 드러나는 순간이었다.

안드레이 치카틸로는 1992년 공개재판에서 사형을 선고받고 1994년 2월 16일 형장의 이슬로 사라졌다.

미국 최악의 식인 연쇄살인범인 제프리 다머(Jeffrey Dahmer)는 1960년 미국의 밀워키(Milwaukee) 주에서 태어났다. 여덟 살 때 이웃집 소년에게 성추행을 당한 후, 바깥출입을 꺼리게 된 그는 아무 이유 없이 조그만 동물들을 죽이며 무료함을 달랬다.

제프리 다머는 열여덟에 처음으로 살인을 했다. 거리에서 만난 스티븐 힉스(Steven Hicks)와 함께 지내던 그는 힉스가 떠나려 하자 머리를 쇠뭉치로 때려서 죽인 후, 사지를 잘라 파묻었다. 그리고는 경찰의 눈을 피해 1979년 미군에 자원입대했다.

군대생활을 하던 다머는 술을 먹고 동료를 죽이려 했다. 다행히 동료는 목숨을 건졌지만, 제프리 다머는 살인미수로 군 감옥에서 형을 살고, 군대에서도 쫓겨났다.

이후 제프리 다머는 본격적인 연쇄살인마의 길을 걷기 시작한다. 그는 주로 게이바 같은 곳에서 희생자를 물색했다. 흑인이나 동양인 같

재판을 받는 제프리 다머

은 유색인종 청년들이 그의 먹잇감이었다. 그는 희생자를 유혹해 집으로 데려온 후 함께 술을 마시다 목을 졸라 죽였다. 다머는 죽은 시체와 성행위를 했고 살점을 떼어 요리로 만들어 먹었다. 그리고 남은 사체는 커다란 염산통에 넣어 증거를 없앴다.

멈출 줄 모르고 계속되던 그의 살인이 막을 내리게 된 것은, 희생자 중 하나가 죽기 직전 겨우 탈출해 경찰에 신고했기 때문이었다. 신고를 받고 다머의 집을 수색한 경찰은 경악을 금치 못했다. 그의 집 냉장고에는 사람의 머리통과 인육이 들어 있었고, 희생자들의 해골이 장식품으로 걸려 있었다. 그는 피해자를 살해한 후 그 모습을 사진으로 찍곤 했는데, 희생자의 모습이 담긴 사진 수십 장도 함께 발견되었다.

경찰은 그를 열일곱 명을 살해한 혐의로 체포했고, 다머는 무기징역을 선고받아 감옥에 수감되었다.

사건이 공개된 후, 사람들은 그의 끔찍한 범죄와 아무 죄책감

도 느끼지 못하는 듯 전혀 반성하지 않는 그의 모습에 경악했다. 제프리 다머는 사람들이 갖고 있던 연쇄살인범에 대한 편견을 깼다. 그때까지만 해도 연쇄살인범의 살인동기가 불우하고 학대받은 어린 시절 때문이라 여겨졌다. 그러나 제프리 다머의 어린 시절에는 별다른 문제가 없었다. 이웃 소년에게 성추행을 당했다곤 하지만 그것만으로 그의 살인행각을 설명하기엔 무리가 있었다. 다머는 아무 문제 없이 자란 사람도 연쇄살인범이 될 수 있다는 것을 보여준 것이다.

1994년, 그는 수감생활을 하던 중 감옥 안에서 분노한 흑인 청년에게 살해당했다.

흰 가운을 입은 악마들

아픈 사람을 치료하고 또 그들을 돌봐주는 의사와 간호사, 우리는 이들을 흰 옷을 입은 천사라고 부른다. 그런데 천사의 가면을 쓰고 약한 환자들을 희생물로 삼아 연쇄살인을 저지르는 이들이 있다. 이들은 주로 자신이 갖고 있는 의학기술을 이용해 범행을 하는데 환자들은 죽는 순간까지도 그가 처방해 준 알약이, 혹은 그녀가 지금 찌르는 주삿바늘이 자신을 죽이는 줄도 모른 채 최후를 맞았다.

의료사상 최악의 연쇄살인을 저지른 헤럴드 쉬프먼(Harold Shipman)은 1946년 1월 노팅엄(Nottingham)에서 태어났다. 리즈(Leeds) 의과대학을 나온 그는 대학 후배인 프림로즈(Primrose)와 결혼해서 네 명의 자녀를 낳았다. 의사라는 직업과 단란한 가족, 겉으로 보기에 헤럴드 쉬프먼의 인생은 아무 문제도 없는 듯 보였다.

하지만 그는 누구나 부러워할 것 같은 삶을 누리면서도 살인에의 유혹을 뿌리치지 못했다. 그는 1970년 요크셔의 폰티프랙트(Pontefract) 종합병원에서 인턴으로 근무하면서부터 환자들을 살해했다. 주로 환자에게 마약을 과다하게 투여하는 방법을 썼는데 혹시라도 있을 검시를 대비해 물증이 생기지 않도록 철저하게 모르핀의 양을 맞췄다. 그런 그에게 한때 위기가 찾아왔다. 1974년 토드모든(Todmorden)에서 근무할 때 처방전을 위조해 헤로인을 빼돌리려다가 적발된 것이다. 의사면허를 빼앗겨도 할

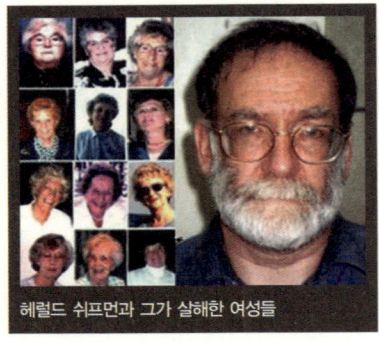
헤럴드 쉬프먼과 그가 살해한 여성들

말이 없을 상황이었다. 그러나 의사회에서는 경고문만 보냈을 뿐 의사면허를 박탈하지는 않았다.

의사생활을 시작한 지 19년 만에 쉬프먼은 드디어 병원을 개업했다. 그가 본격적으로 환자들을 살해하기 시작한 것도 바로 이때부터였다.

동료 의사들은 유난히 쉬프먼의 병원에서 환자들이 많이 죽는다는 것에 의심을 품었다. 환자 1만 명의 병원에서 열너덧의 사망자가 생기는 게 평균인데, 그보다 훨씬 환자 수가 적은 3천 5백 명 규모의 쉬프먼의 병원에서는 사십 명의 사망자가 나왔기 때문이었다. 결국 동료 의사들은 1998년 쉬프먼을 경찰에 신고했다. 그러나 곧 증거불충분으로 무혐의 처리됐다. 그럴 수밖에 없었다. 쉬프먼이 환자를 살해했다는 증거를 찾기란 쉽지 않았다. 그는 환자를 살해하기 전 환자의 진료기록을 거짓으로 작성해 빠져나갈 구멍을 마련해 놓았던 것이다.

그러나 꼬리가 길면 밟히는 법, 그의 환자였던 노부인 캐슬린 그룬디(Kathleen Grundy)가 사망한 후, 모든 재산을 쉬프먼에게 주겠다는 유언장이 공개됐다. 캐슬린의 가족들은 유언장이 위조된 것이라고 주장했고, 범인으로 쉬프먼을 지목했다. 그들은 캐슬린이 죽기 직전까지 매우 건강한 상태였다며 그렇게 갑자기 세상을 떠난 것도 이해되지 않는다고 했다. 경찰이 조사해 본 결과 캐슬린의 사망증명서 역시 쉬프먼이 직접 작성했다는 사실이 밝혀졌다. 그가 사망증명서를 위조했을 가능성은 충분했다. 경찰은 캐슬린의 시신을 파내 부검했다. 부검 결과 캐슬린의 몸에서 치사량의 마약 성분이 검출되었다. 쉬프먼은 범행을 부인했지만 캐슬린의 유언장이 그의 집에 있는 타자기로 작성된 것이라는 사실이 밝혀지며 살인범으로 지목됐다.

경찰은 다른 희생자들이 있을 거라 예상하고 그가 진료한 환자들의 기록을 뒤지기 시작했다. 그리고 그 중 적어도 250명 이상이 쉬프먼에게 살해되었을 거라 추정했다. 이렇게 증거들이 속속 드러났지만 쉬프먼은 혐의를 계속 부인했다. 그러나 재판부는 그에게 유죄를 선언했고, 쉬프먼은 종신형을 선고받았다. 그는 복역하던 도중 감옥 독방에서 목을 매 자살했다.

그가 왜 이런 범죄를 저질렀는지에 대해서는 알려진 것이 없다. 다만 그의 희생자들이 대부분 나이 든 부인들이란 점에서, 어린 시절 암으로 사망한 그의 어머니가 어떤 관련이 있지 않을까 추측할 뿐이다.

흰 가운을 입은 살인마가 쉬프먼 혼자는 아니다. 1854년 미국의 보스턴에서 태어난 제인 토판(Jane Toppan)은 간호사로 일하며 백여 명의 환자를 살해했다.

제인의 어린 시절은 암울했다. 그녀의 아버지는 알코올중독자였는데 날마다 어린 딸을 때렸다. 이유 없이 매를 맞으며 살던 제인은 아버지가 죽고 나서야 겨우 자유를 얻게 된다.

케임브리지에서 간호학을 전공한 제인은 간호사로 근무하다가 우연히 병원을 찾아온 데이비스 가족을 만나게 되었다. 당시 그녀는 들판에서 말을 타다가 낙마한 알든 데이비스의 장남 로버트를 간호하고 있었다. 우선 제인은 병원에 입원하고 있던 로

제인 토판의 사진

버트의 어머니 매티에게 독약을 먹여 살해했다. 그리고는 장녀인 애니에게 그녀의 어머니가 심장마비로 사망했다는 소식을 전했다. 갑작스런 소식에 충격을 받은 애니는 제인에게 어머니의 마지막 모습이 어땠는지 물으며 오열했다. 제인은 그녀를 달래다 '진정제를 주겠다'며 주사를 한 대 놓아주었다. 주사를 맞은 후 어지럼증을 느낀 애니는 집으로 돌아가던 도중 쓰러져서는 그대로 숨을 거두고 말았다.

데이비스 집안의 비극은 이것으로 끝이 아니었다.

애니의 사망소식을 들은 알든은 제인을 찾아와 애니에게 무슨 짓을 했냐며 항의하다 그녀가 준 차를 마시고 심장마비로 죽었으며, 잇단 가족들의 죽음에 충격을 받아 병원으로 실려온 둘째딸 매리 역시 얼마 지나지 않아 죽었다.

매리가 사망한 후 그녀의 남편 카일은 아내의 시신을 부검해 사인을 밝혀달라고 요구했다. 하지만 제인은 부검을 해달라는 카일의 요구를 묵살했다. 그리고 진정하라며 차를 한 잔 주었다. 카일은 뭔가 이상한 느낌을 받았다. 간호사가 부검 여부를 결정하는 것도 의심스러웠다. 그는 곧바로 경찰서로 달려가 제인이 아내의 가족을 모두 살해한 것 같다고 신고했다.

신고를 접수한 경찰은 다른 병원에서 의사를 불러와 매리를 부검했다. 부검 결과 그녀의 시신에서 엄청난 양의 모르핀이 검출됐다. 경찰은 데이비스 가족 살해 용의자로 제인을 체포했다. 그리고 놀라운 사실들이 드러났다. 이번 일이 그녀가 저지른 첫 번째 살인이 아니며, 그 동안 서른한 명을 죽였다고 자백한 것이다. 이 자백을 들은 후 경찰은 그녀가 담당했던 환자들을 꼼꼼히 살폈다. 그리고 철저히 조사를 한 끝에 지난 30년 동안 백여 명의 환자를 살해했음을 밝혀냈다. 하지만 살인동기는 밝혀지지 않았다. 재판부에서는 그녀의 정신상태가 정상이 아니라는 판결을 내렸다. 결국 제인은 남은 인생을 정신병원에 감금되어 보내다 1938년 여든넷의 나이로 사망했다.

불교사원 살인 사건의 전설

1991년 8월 10일 미국 애리조나 주에 있는 와트 프롬쿠나람(Wat Promkunaram) 사원에서 승려 여덟 명과 신도 하나가 머리에 총을 맞고 숨진 채로 발견되었다.

당시 신고를 받고 현장에 출동한 경찰은 현장을 샅샅이 수색했지만, 벽에 새겨진 '블러드(blood)'라는 글자 말고는 별다른 단서를 찾지 못했다. 태국계 승려들이 모여 있던 사원에서 승려들이 괴한들에 의해 살해됐다는 소식이 전해지자, 미국뿐 아니라 태국 국민들까지 철저히 조사해 꼭 살인범들을 밝혀내라고 요구했다. 그러나 한 달이 지나도 해결의 실마리는 보이지 않았다. 그 동안 알아낸 것이라곤 범인이 두 명 이상이라는 것과 이들이 산탄총과 22구경 소총을 사용했다는 것뿐이었다.

9월 10일 경찰서로 "승려를 죽였는데 그 죄책감 때문에 힘들어 죽겠다"는 한 통의 전화가 걸려왔다. 그는 정신병원에서 치료를 받고 있던 마이클 맥그로(Michael McGraw)라는 사람이었다. 그의 말이 믿기지 않았던 경찰관들은 맥그로에게 범행 당시의 상황에 대해 물었다. 그러자 그는 자기 혼자 죽인 게 아니라 친구 넷과 함께 했다고 말했다.

처음에 정신병자가 헛소리를 한다고 생각했던 경찰은 그의 자백이 사건현장에서 알아낸 사실과 맞아들어가자 사건이 해결될지도 모른다고 생각했다. 그리고는 맥그로에게 벽에는 뭐가 있었냐고 물었다. 그러자 맥그로는 "피(blood)? 뭐 그런 게 있었지"라고 대답했다. 순간 그의 자백이 진실이라고 생각한 경찰은 맥그로와 공범들을 긴급체포했다.

처음에는 영문을 모르겠다는 태도를 보이던 공범들은 심문한 지 서른여섯 시간 만에 자포자기한 듯 모든 범행을 자백했다. 그러다 이들 중 하나가 무혐의로 풀려나자, 갑자기 자백을 번복하고 결백을 주장했다. 그러나 그들의 주장은 묵살됐다. 맥그로와 친구들은 아홉 건의 일급살인죄로 기소되었고 사형이 선고될 거란 통고를 받았다. 그런데 10월 24일, 재판을 기다리던 그들에게 뜻밖의 소식이 들렸다. 진짜 범인이 잡혀 무혐의로 풀려나게 되었다는 소식이었다.

진범은 바로 열일곱 살의 조나단 두디(Jonathan Doody)와 열여섯 살의 알렉스 가르시아(Alex Garcia)라는 소년들이었다. 이들의 부모는 사원 근처에 있는 공군기지에서 일하고 있었다.

그렇다면 어떻게 진범이 잡히게 된 걸까?

8월 21일 공군기지 근처를 순찰하던 헌병대는 자동차를 타고 부대 주변을 서성이던 두 소년을 보고는 수상한 생각에 검문을 하다 차 안에서 22구경 소총을 발견하고 압수했다. 당시 열흘쯤 전에 벌어졌던 사원 살인 사건에 22구경 소총이 사용됐다는 소식을 들은 헌병대는 문제의 소총을 보안관 사무실로 보내 감정을 의뢰했다.

그러나 감정을 기다리던 총들이 워낙 많아 확인이 늦어지다, 10월 24일에서야 문제의 소총이 살인 사건에 사용된 것이라는 사실이 밝혀졌다. 그리고 이 사실을 두디와 가르시아에게 통보했다. 이들은 사찰 안에 돈과 보물이 많다는 말을 듣고 이를 훔치려고 살인을 저질렀다고 자백했다. 승려들을 살해한 진범이

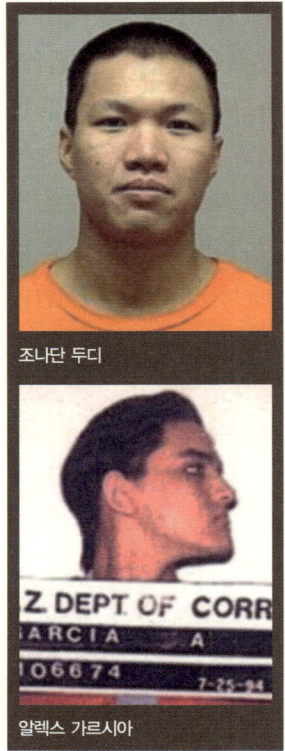

조나단 두디

알렉스 가르시아

밝혀진 것이었다.

그렇다면 도대체 어쩌다가 억울한 사람이 살인자로 둔갑하게 된 걸까? 거기엔 내막이 있다.

맥그로 일행이 무혐의로 풀려나자 기자들은 그들에게 왜 거짓 자백을 했냐고 물었다. 그러자 그들은 경찰이 정신병자인 맥그로를 유도심문해 범죄 사실을 인정하게 한 후 다른 사람들에게는 잠을 안 재우고 물증을 조작하는 방법으로 자백을 강요했다고 고백했다. 먼저 풀려난 한 명은 경찰들이 사건을 빨리 해결하려고 엉터리로 조작한다는 것을 눈치채고 끝까지 결백을 주장했던 것이다.

이미 수사가 끝났다고 발표된 승려 살인 사건의 범인이 조작된 것임을 알게 된 시민들은 경찰을 비난했고, 문제의 경찰들은 해직되었다. 또 억울하게 공범으로 몰렸던 사람들은 백만 달러가 넘는 보상금을 받았으며, 두 명의 살인자들은 무기징역형을 선고받아 현재 수감생활 중이다.

살인으로 돈을 번 버크

1800년대 초반 영국 의학계는 시체가 모자라 고민을 하고 있었다. 질병의 종류와 치료법을 알아내려면 시체를 해부하며 연구해야 했는데 도무지 수요에 맞게 시신을 공급할 방법이 없었기 때문이었다. 당시 법은 사형수의 시신만을 의학 연구를 위한 해부용 시신으로 쓰도록 허가하고 있었다.

윌리엄 버크의 초상화

그래서 시신을 조달할 책임을 맡은 사람들 중에는 장례식이 있는 마을에 찾아가 늦은 밤 무덤을 파낸 뒤 시신을 훔쳐 의과대학의 해부학 교실로 보내는 경우도 있었다. 물론 학교에서도 죄인들의 시체가 아니라는 것을 알았지만 시체 구하기가 어려웠던 탓에 그냥 묵인하고 있었다. 문제는 무덤에서 파낸 시신들 중 많은 수가 이미 방부처리된 것이 많아 실험에 사용하기 힘들었다는 점이다.

그때서부터 학교에 시체를 조달하는 사람들은 주민들에게 신선한 시신을 가져오면 목돈을 주겠다고 제안했다. 그리고 이 제안은 끔찍한 살인으로 이어졌다.

1792년 아일랜드의 카운티 티론(County Tyrone)에서 태어난 윌리엄 버크(William Burke)는 오로지 의과대학에 시신을 판매하기 위해 공범과 함께 열여섯 명을 살해했다.

아일랜드에 살다가 스코틀랜드로 이주한 그는 여관을 운영하고 있던 윌리엄 해어(William Hare)를 만나게 된다. 이들은 의학계 관계자로부터 신선한 시신을 가져오면 돈을 준다는 말을 들었다. 그러던 중 1827년 12월 여관에 투숙한 노인이 사망하는 일이 생겼다. 버크와 해어는 노인의 시신을 대학의 관계자에게 보내고 7파운드 10실링을 받았다. 시체가 돈이 된다는 사실을 알게 된 이들은 사람을 죽여서 팔기로 작정했다.

그 후 길에서 술에 취해 잠을 자고 있는 중년 여인을 여관으

로 데려와 죽인 후, 시신을 10파운드에 팔았다. 그들은 이대로만 가면 부자가 될 수 있겠다고 생각했다. 그때부터 여관 주변을 지나는 사람들을 살해한 후 시체를 팔아 돈을 벌었다.

이들의 은밀한 사업이 막을 내리게 된 것은 경솔함 때문이었다. 마지막 희생자를 살해한 후 시체를 사람이 묵고 있는 객실 침대 밑에 넣어놨다가 투숙객에게 들켜버린 것이다. 방에서 시체를 발견한 투숙객은 기겁을 해서 경찰에 신고를 했고 해어와 버크는 살인 혐의로 체포되었다.

그러나 재판이 있기 전 해어는 모든 것이 버크의 단독범행이었다고 말해 사면을 받았다. 버크는 교수형에 처해졌고 그의 시신은 해부학 교실로 보내졌다.

범망을 교묘히 피한 찰스 응

1980년대 초 미국 캘리포니아 주 윌시빌(Wilseyville)에서는 약 4년간 무려 스물다섯 명의 사람들이 감쪽같이 사라지는 사건이 발생했다. 미궁 속에 빠져 있던 실종자들의 행방은 아주 우연한 기회에 밝혀지게 되었다.

1985년 6월, 경찰은 쇼핑센터에서 좀도둑 두 명을 체포했다. 이들을 경찰서로 연행하는 도중, 범인 중 하나가 숨겨놓은 청산가리를 먹고 쓰러졌다. 범인의 행동에 경찰들이 우왕좌왕하는 사이에 나머지 범인은 도망쳐버렸다. 조사 결과 청산가리를 먹은 범인의 이름은 레너드 레이크(Leonard Lake)로 급히 병원으로 옮겼으나 숨지고 말았다.

범인들이 몰고 온 차를 수색하던 경찰은 차 안에서 소형 기관단총과 소음기가 달린 권총을 발견했다. 경찰은 자동차 소유주를 조회했다. 차주는 캘리포니아에서 스물네 번째로 실종된 이십대 여성이었다. 범인들이 실종 사건의 열쇠를 쥐고 있을지도 모른다고 생각한 경찰은 FBI와 협조하여 그들의 거주지를 찾아갔다. 그리고 거주지 주변에서 군대용 벙커처럼 생긴 구조물을 발견하고 안으로 들어갔다. 벙커는 옆에 있는 오두막과 연결돼 있었다. 벙커와 오두막 모두 누군가 살았던 흔적은 있었지만 현재 비어 있었다. 수사관들은 이곳에서 불에 타서 검게 변한 사체들을 발견했다. 오두막은 연쇄살인마들의 범행장소였던 것이다.

수사의 초점은 도망친 찰스 치타 잉(Charles Chitat Ng)이라는 동양계 남성에게 맞춰졌다. 찰스는 홍콩계 이민자 출신으로 해병에 근무하던 중 무기를 빼돌리다가 발각돼 영창에 갔다가 불명예제대를 한 인물이었다. 경찰과 FBI는 수사망을 좁혀가며 찰스의 뒤를 추적해 나갔다.

그러나 찰스는 포위망을 뚫고 캐나다로 도망쳐버렸다. 그 후 미국과 캐나다 사이의 범인인도협정이 체결된 1991년까지 무려 6년을 기다린 후에야 찰스를 미국으로 압송할 수 있었다.

그는 법정에서 단 한 명의 피해자도 죽인 사실이 없다고 계속 범행을 부인했다. 또 자신의 변호사 때문에 재판이 지연된다고 주장하며 변호사를 해임하고 직접 변론을 하면서 재판을 더욱 지연시켰다. 그러나 계속 결정적인 증거들이 드러나면서 결국

310

열한 명을 죽였다고 시인했고 결국 사형선고를 받았다. 최초로 체포된 후 14년이 지나서야 제대로 된 처벌을 받게 된 것이었다.

레너드와 찰스는 두 명의 어린이를 포함해서 스물다섯 명이 넘는 피해자들을 집으로 유인한 후 성고문과 잔혹행위를 한 후 살해했다. 찰스 잉에게는 연쇄살인자라는 꼬리표 옆에 미국 범죄사상 재판을 가장 오래 지연시킨 인물이라는 꼬리표 하나가 덧붙게 되었다.

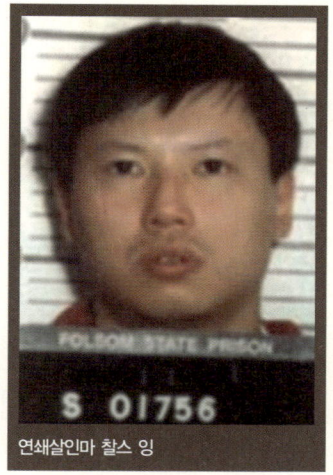

연쇄살인마 찰스 잉

최악의 연쇄살인마, 가라비토

1992년 9월 12일, 콜롬비아의 수도 보고타(Bogota), 장대비가 내리는 도로변에서 심한 악취가 난다는 신고가 접수되었다. 신고를 받고 출동해 악취가 나는 곳을 파내려가던 경찰은 그곳에서 흙 속에 묻혀 있는 소년들의 시체를 발견했다. 구덩이 속에는 무려 스물다섯 명의 시신이 암매장되어 있었다.

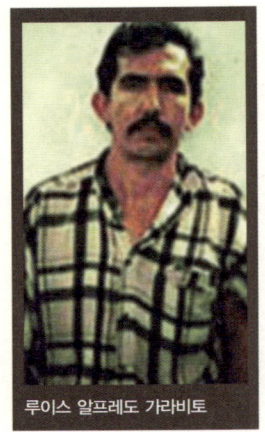
루이스 알프레도 가라비토

이런 시체구덩이가 더 있을지도 모른다고 생각한 보고타 경찰국은 시민들에게 심한 악취가 나는 곳을 찾아달라고 부탁했다. 그 후 약 한 달간 보고타 전역에서 시신을 찾는 탐사가 벌어졌다. 이 탐사에서 소년들의 시체 백여 구를 찾아냈다.

경찰은 시체를 조사하다가 피해자들의 입을 막은 수건 중 하나에 'L. A. G.'라는 이니셜이 쓰여 있는 것을 발견했다. 경찰은 그 손수건이 범인의 것일 가능성이 크다고 결론을 내렸다.

그 후 L. A. G.라는 이니셜을 가진 살인범을 찾기 위한 수사가 시작되었다. 그리고 수사가 시작된 지 7년 만인 1999년 어린 소년을 성폭행하려던 마흔둘의 루이스 알프레도 가라비토(Luis Alfredo Garavito)를 체포하게 된다. 나흘간의 심문 끝에 모든 범행을 자백한 가라비토는 나머지 서른여덟 명의 시신이 그의 집 근처에 묻혀 있다고 자백했다. 보고타 외곽에 있는 그의 집 주변에는 실제로 시체들이 암매장되어 있었다.

1957년 제노바에서 태어난 가라비토는 콜롬비아 전국을 돌며 여덟 살에서 열여섯 살 사이의 어린 소년들을 유인해 성폭행한 후 살해했고 시체는 토막내 암매장했다. 그는 재판정에서 5년 동안 140명을 죽였다고 말했지만 경찰은 희생자가 훨씬 더 많을 거라 추정하고 있다.

가라비토는 주로 부모가 돌보지 않는 어린이와 거지, 신체장애인들을 택해 범행을 해온 것으로 밝혀졌다. 전문가들은 가라비토가 어려서 심한 학대를 받고 자란 탓에 심각한 정신적 장애를 갖게 되었다고 분석했다. 세계 최악의 연쇄살인마로 기록된 가라비토는 현재 835년 징역형을 받고 복역 중이다.

증오가 낳은 범죄자, 래센더즈

    1997년부터 미국 텍사스 주와 켄터키 주, 일리노이 주, 그리고 플로리다 주에서는 기차역이 있는 마을에서 열한 명의 주민이 강도에게 살해된, 일명 '열차살인마' 사건이 발생했다.

    첫 살인 사건은 켄터키 주 렉싱턴(Lexington)에서 일어났다. 1997년 8월 철길을 따라 데이트를 하던 대학생 두 명이 괴한에게 몽둥이로 맞아, 스물한 살의 크리스토퍼가 죽고 그의 여자친구 역시 심하게 맞아 중상을 입었다. 그리고 1998년 12월 텍사스에서는 베일러의과대학에 근무하는 클라우디아가 역 근처에 있던 자택에 침입한 강도에게 살해되었다. 사인은 몽둥이에 의한 심한 구타와 칼에 찔린 자상이었다. 1999년 5월에는 텍사스 웨이머(Weimar) 역 근처 교회 목사관에 괴한이 침입해 목사인 노먼과 그의 아내 카렌을 쇠망치와 몽둥이로 때려 죽였다.

    이렇게 비슷한 방법으로 사건이 계속되자 FBI는 이를 동일범의 소행으로 보고 수사에 착수했다. 사건이 역 근처에서 벌어지는 것으로 보아 기차를 이용해 범행을 저지르는 것으로 단정한 FBI는 기차에 무임승차하는 사람들을 조사했다. 그러나 수많은 기차에서 연쇄살인범을 찾기란 결코 쉽지 않았다.

    사건이 발생한 지역의 주민들은 연쇄살인마가 빨리 잡히지 않아 두려움에 떨고 있었다. 범인은 수사가 시작된 이후에도 집에 침입해 돌로 머리를 때리거나 집 안에 있는 물건을 휘둘러 살해한 후 금품을 훔쳐 달아나곤 했다.

범행현장에서 범인이 남긴 지문을 대조하던 FBI는 일리노이 주와 켄터키 주의 지문이 일치하는 것을 발견했다. 지문을 조회한 결과 범인이 멕시코인 불법체류자 엔젤 마투리노 레센디즈(Angel Maturino Resendiz)라는 사실이 밝혀졌다. 불법체류로 여러 번 추방된 그는 자기를 쫓아내는 미국 관리들에게 앙심을 품고 미국인 모두를 대상으로 범행을 저질렀던 것이다.

범인의 신원이 파악되자 FBI는 즉시 거액의 현상금을 걸고 수사요원들을 투입해 그를 추적했다. 그리고 그의 누이 마누엘

라가 미국에 살고 있다는 정보를 입수하고, 그녀에게 레센디즈의 행방을 물었다. 당시 레센디즈가 다른 사람들을 더 살해할 것을 걱정한 마누엘라는 그를 설득해 FBI에 데려가 자수시켰다. 그는 곧 살인죄로 기소돼 재판에서 사형선고를 받았으며 2006년 5월 10일 사형되었다.

이 사건 후 미국 이민국은 멕시코 국경을 몰래 넘어와 불법으로 체류하는 멕시코 불법이민자 문제를 심각하게 다루게 되었다. 현재 이민국에서는 국경 감시와 불법체류자들의 취업장 단속을 대폭 강화하게 되었고 철도청도 무임승차가 불가능하도록 더욱 철저히 경비하고 있다.

 레지스탕스로 위장한 살인마, 마르셀 프티오

제2차 세계대전 당시, 나치 점령하의 프랑스에서 악명을 떨친 연쇄살인마 마르셀 프티오(Marcel Petiot)는 나치에 대항하는 레지스탕스로 신분을 위장하고 국외로 도피하려는 사람을 유인해 금품을 빼앗고 무자비하게 살육했다.

1879년 1월 17일 프랑스 오세르(Auxerre)에서 태어난 그는 학창시절부터 정신병 증세를 보여 퇴학과 전학을 반복했다. 1916년 제1차 세계대전에 참가했지만 부대에서 담요를 훔치다 들켜 감옥에 들어가게 되었다. 당시 그의 정신상태를 의심했던 군 당국은 그를 정신병원으로 보내 치료를 받게 했다. 1918년 프티오는 다시 전선으로 복귀했지만 자기 발에 총을 쏘는 바람에 군에서 불명예제대를 하게 되었다.

전쟁이 끝난 후 그는 참전용사에게 주는 특혜의 일환으로 의과대학에 입학했다. 1921년 8개월 만에 학위를 받고 병원에서 인턴으로 근무하던 중 환자의 딸을 유혹해 농락한 후 살해해 시체를 유기했다. 그의 도벽도 점점 심해졌다. 1926년 시장으로 일하다가 공금을 횡령해 쫓겨났고, 시의원으로도 일했으나 전신주에서 전기를 훔쳐 쓰다가 적발돼 의원직을 빼앗겼다.

파리로 이주한 그는 가짜 자격증들을 내걸고 명문 의과대학을 나온 의사처럼 행세했다. 불법 낙태시술을 일삼고 마약 성분이 있는 약을 마구 처방하던 그는 세금 포탈로 입건됐으나 제2차 세계대전이 터지면서 풀려나게 되었다.

전쟁 중 그는 독일의 수용소로 끌려가지 않도록 주민들에게 가짜 진단서를 발급해 주다 나치에게 적발돼 벌금형을 선고받았다. 그 후 스스로 레지스탕스 요원이라고 떠벌렸다. 그는 프랑스를 탈출할 수 있는 비밀 루트가 있다며 2만 5천 프랑만 주면 국외로 탈출시켜 주겠다고 소문을 냈다. 당시 나치의 눈을 피해 프랑스 전역에 숨어 살던 유태인들과 레지스탕스 멤버들, 그리고 범죄자들은 프티오에게 돈을 지불하고 재산을 챙겨 탈출하려고 했다. 그러나 프티오는 외국으로 가기 전 예방접종을 해야 한다며 청산가리를 주사해 독살한 후 시신을 토막내거나 태워버리고 금품을 챙겼다. 피살자의 가족들이 찾아와 탈출한 가족에게서 왜 연락이 오지 않느냐고 물으면 아르헨티나에 무사히 도착했으나 그곳에 구금돼 있다고 속였다.

그의 이런 범죄행각은 다름 아닌 자신의 실수로 세상에 알려졌다. 집에서 시신을 태우다 불을 냈고, 불에 탄 잔해 사이에서 토막난 시체들이 발견된 것이다.

처음에 프티오는 독일군과 이적행위를 한 배반자들의 시신이라고 주장했다. 그러나 피살자에게 빼앗은 금품으로 엄청난 부를 축적한 것이 확인되면서, 그가 나치나 레지스탕스와 관계없이 개인적으로 살인을 했다는 사실이 밝혀졌다.

재판을 받고 사형될 위기에 처한 프티오는 노르망디 상륙작전으로 경비가 허술한 틈을 타 마을에서 도망쳤다. 그는 옛 친구를 찾아가 자기가 레지스탕스라며 독일군을 살해해 쫓기고 있으니 숨겨달라고 했다. 전쟁이 끝난 후에도 숨어 살던 그는 결국 파리에서 체포되어 사형에 처해졌다.

지하철 살인 사건 속 배후자

1993년 12월 7일 오후 5시 33분, 뉴욕 주 롱아일랜드(Long Island)에서는 자메이카 출신의 한 이민자가 지하철에서 권총을 무차별 난사해 여섯 명이 죽고 열아홉 명이 크게 다치는 사건이 발생했다.

경찰에게 잡힌 범인 콜린 퍼거슨(Colin Ferguson)은 눈에 초점이 없는 상태였다. 게다가 그의 호주머니에서는 '흑인의 분노가 너희들을 모두 죽였다'라고 적힌 쪽지가 발견되었다. 경찰은 혹시 그가 정신이상자가 아닐까 의심했다.

경찰의 심문에 묵비권을 행사한 그는 자신의 범행을 인정하지 않고, 뉴욕에서 가장 유명한 변호사를 선임했다. 1993년 12월 7일 현장검증을 하던 경찰은 목격자들에게서 "퍼거슨이 총을 난사하기 직전, 어느 동양인 남자가 그의 옆에서 빨간색

체포 직후 촬영된 콜린 퍼거슨

버튼을 눌렀다"는 증언을 들었다. 하지만 경찰은 이를 대수롭지 않게 생각하고 묵살해 버렸다.

목격자들은 동양인 남자가 자리에서 일어나기 전 먼저 뒤를 돌아보고 그들을 무섭게 노려보며 품에서 꺼낸 박스의 버튼을 눌렀고 박스에서 빨간색 빛이 나자 갑자기 퍼거슨이 자리에서 일어나 앞에 있는 사람들을 쏘기 시작했다고 증언했다. 지하철에 탄 사람들이 퍼거슨의 총에 맞아 쓰러질 때에도 그 신사는 놀란 기색 하나 없이 태연하게 자리에 앉아 퍼거슨이 사람을 죽이는 것을 그저 바라보고만 있었다는 것이다.

당시 무려 스물다섯 명의 선량한 시민에게 총을 난사한 퍼거슨은 세 번째 탄창을 갈아 끼우다 뒤에서 덮친 부상자들에게 잡혔다.

후에 퍼거슨은 변호사를 해임하고 자신이 직접 변호를 하기 시작했다. 그는 재판의 초점을 '흑인들에 대한 사회의 정당치 못한 대우'에 맞춰 변호를 했지만 소용없었다. 퍼거슨은 여섯 건의 살인으로 종신형을 선고받고 현재 감옥에서 복역하고 있다.

퍼거슨은 재판이 끝난 뒤 감옥에서 정신감정을 받았지만 정상으로 판명되었다. 그는 지금까지도 계속 자신이 결백하다며 난동을 부려 거의 매일 독방에서 지내고 있다.

과연 퍼거슨이 살인을 저지르기 전 빨간색 단추를 눌렀다는 동양인 남자는 누구이며 경찰은 무엇 때문에 두 목격자들의 진술을 묵살했던 것일까? 혹시 그는 제3자에 의해 마인드컨트롤 되어 무의식 상태에서 범행을 저지른 것은 아닐까?

 # 마피아의 킬러, 로이 드미오

감비노 패밀리의 킬러 로이 드미오

뉴욕을 주 무대로 활동해 온 마피아 감비노(Gambino) 패밀리의 킬러 로이 드미오(Roy DeMeo)는 1942년 뉴욕 브룩클린(Brooklyn)에서 태어났다. 이곳의 마피아 대부 조셉 프로파시(Joseph Profaci)의 아들과 절친한 친구였던 그는 고등학교 때부터 고리대금업자로 활동하다가 학교를 졸업한 후 본격적으로 범죄조직에 뛰어들었다.

서른둘이 되던 1974년 자신이 속해 있던 자동차 절도단에 경찰의 첩자로 의심되는 폴 로센버그(Paul Rothenberg)가 침투한 것을 알고 그를 총으로 쏴 죽였는데, 그때부터 마피아 보스들은 그를 조직의 킬러로 이용했다.

브룩클린에 제미니 클럽(Gemini Club)이라는 사교클럽을 만든 그는 마피아 단원들 중 첩자로 의심되는 사람들을 클럽으로 초청한 뒤 살해했다.

그의 살인은 점점 대담해졌다. 자신에게 마약을 배달하지 않은 콜롬비아 마약상 다섯 명을 한꺼번에 죽인 적도 있었다. 또 경찰의 첩자로 추정된 조직원 두 명을 죽였다 이 광경을 목격한 자신의 여자친구까지도 살해했다. 또 악명을 떨치기 위해 머리 잘린 시체를 거리에 버리기도 했다.

그러나 감비노 패밀리의 대부 폴 카스텔라노(Paul Castellano)에게 마약 거래를 들키면서 그에게도 위기가 찾아왔다. 당시 마피아들은 마약 거래를 금지하고 있었다. 설상가상으로 FBI가 그동안 실종된 사람들을 살해한 것이 드미오라는 사실을 알고 그를 추적하기 시작했다.

결국 감비노 패밀리와 FBI 양쪽에게서 쫓기던 드미오는 어느 날 시체로 발견되었고, 제미니 클럽 조직원들도 스물다섯 명을 죽인 혐의와 마약 거래, 그리고 자동차 절도 등을 이유로 모두 종신형을 선고받았다.

미국 최초의 연쇄살인마, 홈즈

미국 최초의 연쇄살인마 'H. H. 홈즈(H. H. Holmes)'의 본명은 허먼 웹스터 머젯(Herman Webster Mudgett)이다. 1861년 5월 16일 뉴햄프셔 주 길먼튼(Gilmanton)에서 태어난 그는 어려서부터 사람들을 잘 속였는데, 성인이 된 후 본격적인 사기꾼의 길로 들어서게 되었다.

그는 알코올중독을 고친다는 가짜 약을 제조해 팔았고, 물에서 천연가스를 만드는 기계를 발명했다고 사기를 쳤으며, 각종 부동산 금융사기를 벌였다.

그의 사기행각은 끝없이 이어진다. 미시간대학교에 다닐 때에는 의학용 시신을 훔쳐낸 뒤 시신에 이름을 붙여 거액의 보험금을 타내는 사기를 저질렀고, 의사자격을 취득한 후에는 H. H. 홈즈 박사라고 의학박사인 양 이름도 바꿨다.

1878년 열일곱 살에 클라라와 결혼하고 1887년에 미르타와 결혼을 한 번 더 했는데 클라라가 이혼소송을 제기하여 소송이 진행되던 중인 1894년 또다시 조지아나와 결혼하는 중혼사기도 저질렀다.

그 후 시카고로 이주한 그는 약국을 경영하는 여성에게 접근해 자신을 약제학 박사라고 소개한 뒤 약국에서 지배인으로 일하며 약국 체인을 만들어 많은 돈을 벌어들였다.

그는 사기행각에서 모은 돈과 약국사업에서 번 돈으로 '캐슬

H. H. 홈즈

(The Cattle)'이란 호텔을 지었다. 이 호텔이 바로 훗날 고문과 살육의 궁전으로 악명을 떨치게 될 바로 그곳이었다. 캐슬 호텔은 완벽한 방음장치로 어떤 소리도 새어나가지 않는 창문 없는 백여 개의 객실과, 객실들을 연결하는 비밀출구, 그리고 가스로 살해한 시신을 화장한 후 지하 콘크리트 구멍에 자동 암매장하는 특수시설을 갖춘 무시무시한 곳이었다.

그는 자신의 재력을 과시하며 호텔에 투숙한 여성들에게 접근해 결혼을 해달라고 유혹한 후, 밀실로 데려와 온갖 보험 관련 서류에 강제로 서명케 하고 가스로 살해한 후 시체는 실험용 시신으로 팔았다. 그렇게 수십여 명을 살해한 뒤 시카고를 떠난 그는 미국 전역을 돌면서 자신에게 접근하는 여성들을 죽이고 다녔다.

그러다 1895년 옛 동업자 벤자민 피트젤(Benjamin Pitezel)과 그의 세 자녀들을 살해한 것이 적발돼 경찰에 체포됐다. 그해 9월 19일 홈즈의 캐슬 호텔에 불이 나 호텔 건물이 전부 타버렸는데, 화재를 진압하기 위해 출동했던 경찰과 소방대원들은 호텔 지하실에서 백여 구가 넘는 유해를 찾아냈다. 그 후 경찰의 조사를 받은 홈즈는 시카고와 인디애나폴리스(Indianapolis), 그리고 캐나다 토론토 등지에서 스물일곱 명을 살해했음을 시인했다.

1896년 5월 7일 필라델피아에서 교수형된 그는, 집행관이 "준비됐나, 홈즈 박사?"라고 묻자 "그래, 실수나 하지 말게"라고 마지막으로 대답했다. 하지만 집행관의 실수였는지 그의 목이 제대로 조여지지 않아 15분간 천천히 고통스럽게 죽어갔다.

미국 최초의 연쇄살인마 홈즈의 이야기는 그 후 소설과 영화 등으로 제작되어 전 세계에 알려졌다.

초능력을 얻기 위해 살인을 한 공포의 심령술사

칠십 여 명을 살해한 아메드 수라드지

1997년 5월 2일 인도네시아 수마트라(Sumatra) 북부 메단(Me-dan)에서는 주민들의 제보를 받고 출동한 경찰이 수십여 명을 살해한 혐의로 심령술사 아메드 수라드지(Ahmad Suradji)를 체포했다.

경찰서로 연행된 뒤 조사를 받던 그는 5년 동안 열여섯 명의 여성을 살해했음을 시인했다. 조사 결과 아메드의 집에서 적어도 스물다섯 명이 넘는 여성들의 소지품이 발견되었다. 아메드는 그제야 지난 11년간 마흔두 명을 살해했다고 자백했다.

작은 농촌에서 목장을 운영하며 사탕수수를 재배하던 그는 심령술사로도 잘 알려진 인물이었다. 주민들 사이에 신통한 힘이 있는 것으로 소문이 나 늘 많은 사람들이 그를 찾아와 병을 치료해 달라거나 귀신을 쫓아달라며 영적인 도움을 부탁했다.

인도네시아에서는 심령술사를 찾는 것을 창피하게 생각해, 심령술사를 만날 때는 다른 사람에게 알리지 않고 조용히 다녀오는 풍습이 있었다. 아메드는 이를 이용해 자신을 찾아오는 사람들을 기이한 방법으로 살해했다. 피해자들에게 200달러에서

400달러의 돈을 요구하고 자신의 농장에 있는 으슥한 사탕수수밭으로 유인한 후 의식에 필요한 행동이라고 말하며 구덩이를 파게 했다. 그리고 피해자의 목을 졸라 죽이고 그녀들의 침을 마셨다. 그리고 그들을 발가벗겨 구덩이에 똑바로 세운 후 시신이 그의 집을 보는 상태로 매장했다.

시신 발굴작업 당시 촬영된 사진

그는 9년 전 죽은 아버지가 꿈에 나타나 칠십 명의 여성을 죽

여 그 침을 마신 후, 서서 집을 쳐다보는 모양으로 집 주변에 시체를 묻으면 초능력을 갖게 된다고 알려줘 그 같은 행동을 했다고 자백했다.

경찰은 그 말을 듣고 피해자가 더 많을 것으로 보고 마을에 실종된 사람이 더 있는지 조사했다. 조사 결과 피살자 마흔두 명을 포함해 도합 칠십여 명이 마을에서 실종된 것으로 확인됐다.

뿐만 아니라 세 명의 부인들과 여동생들도 범행에 가담한 것으로 드러났다. 그녀들은 마을 여인들을 유인하고 피해자의 정보를 미리 빼내 아메드가 신통한 초능력자인 것처럼 꾸몄다. 이들 중 첫 번째 부인의 경우 처음부터 살해에 가담한 것이 확인돼 함께 재판에 회부됐다. 이들은 1998년 4월 27일 사형선고를 받고 총살당했다.

Part 7
외계인과 UFO는 정말 존재하는가?

◆UFO를 목격한 닐 암스트롱 ◆지구에 보관 중인 외계인 시체 ◆맨 인 블랙, 그들은 누구인가? ◆외계인, 재앙인가 축복인가? ◆에어리어 51에서는 무슨 일이 벌어지고 있는가? ◆외계인, 그들이 남긴 희생자 ◆외계인에게 납치되는 동물 ◆외계인들의 피뿔이 생체실험 ◆남미에서 발견되는 초록색 피 ◆외계인과 인디고 아이들 ◆인류의 지도자 탄생을 예언한 외계인 ◆홉스테드 공군기지의 외계인 ◆미사일로 격추된 UFO ◆스타게이트로 유입된 UFO ◆대형 참사를 막은 UFO ◆미스터리 서클을 해독한 남자

UFO를 목격한 닐 암스트롱

아폴로 11호 모선에서 찍은 착륙선과 UFO

1997년 스위스의 한 텔레비전 방송국은 지금까지 일반인에게 공개되지 않았던, 닐 암스트롱이 인류 최초로 달에 착륙할 당시 나사에 보고한 일부 교신내용을 방송에 공개했다.

1969년 7월 21일 휴스턴의 작전통제소와 아폴로 호의 승무원들 사이에 오간 문제의 교신은 과거 나사에서 엔지니어로 근무했던 오토 바인더(Otto Binder)가 제공한 것으로 아마추어 무선사들이 VHF주파수로 잡아낸 것들이었다. 다음은 1997년 스위스의 방송국이 공개한 교신내용이다.

휴스턴: 아폴로 11호! 무슨 일이 있나?
아폴로 11호: 비행체들이 엄청나게 큽니다! 맙소사! 아마 절대 믿지 못할 거예요! 지금 다른 우주선들이 저쪽 분화구 가장자리에 서 있습니다! 그들이 우리를 보고 있어요!

이 내용을 청취하던 아마추어 무선사들은 갑자기 무전이 다른 채널로 바뀌는 바람에 더 이상 들을 수 없었다고 했다.

달에서 UFO를 목격하고 깜짝 놀란 닐 암스트롱과 에드윈 올드린(Edwin Aldrin)이 여러 장의 사진과 동영상을 촬영했다는 사실이 밝혀졌다. "인류는 혼자가 아니다"라는 발언을 해 여러 사람들을 놀라게 했던 닐 암스트롱은 나사가 주최한 심포지엄에서 익명의 교수와 다음과 같은 대화를 나눴다.

교수: 달에서 정말 무슨 일이 있었습니까?
닐 암스트롱: 놀라웠어요. 물론 그럴 가능성이 있다는 건 알고 있었지만요. 사실 우리는 외계인들로부터 달에 접근하지 말라

는 경고를 받았어요.

교수: 경고라니 무슨 뜻이죠?

닐 암스트롱: 더 이상 말할 수 없습니다. 다만 그들의 우주선들은 우리 것보다 엄청나게 컸고 과학기술 면에서도 월등히 앞서 있었어요. 아주 크고 위협적이었죠.

교수: 하지만 아폴로 11호 이후에도 달 탐사는 계속되지 않았습니까?

닐 암스트롱: 물론이지요. 나사는 그들의 경고를 받아들이긴 했지만, 외계인이 있다는 게 알려졌을 때 지구에 찾아올 혼란도 대비해야 했으니까요. 갑자기 달 탐사를 접을 수는 없었어요.

닐 암스트롱이 달에 첫발을 내딛었을 때, 그들은 아폴로 11호의 착륙선 근처에서 자신들을 주시하고 있는 정체불명의 거대한 우주선 두 대를 발견하고 지상통제본부에 보고했지만 자세한 내용은 일반인에게 공개되지 않았다. 당시 에드윈 올드린은 착륙선 안에서 UFO들을 비디오로 촬영하고 있었다고 한다.

닐 암스트롱은 자신의 말은 모두 진실이라고 했지만 더 이상의 언급은 거부했다.

만약 그의 말이 사실이고 달에 우주인들의 기지가 있다면, 지난 수십 년간 지구에서 목격된 수많은 UFO들은 달 기지에서 날아온 외계인들의 우주선일지도 모른다.

지구에 보관 중인 외계인 시체

　영국의 앤소니 파이크(Anthony Pike) 목사는 1991년 《UFO 저널(UFO journal)》 가을호에 영국 각 지역의 지하 비밀기지에 외계인들의 시체가 보관되어 있다는 내용의 글을 발표했다.
　그는 어떻게 이런 사실을 알게 된 것일까?
　얼마 전 파이크 목사는 정부 고위관리로부터 영국이 세계에서 외계인들의 시체를 가장 많이 보유하고 있는 국가라는 말을 들었다. 그는 현재 영국의 지하 비밀기지에 300명이 넘는 외계인들의 시체가 보관되어 있고 스물다섯 명의 외계인들은 특수 시설에 냉동된 채 보관되어 있다고 밝혔다. 물론 미국을 포함한 다른 몇몇 국가들에도 육십 명 정도 외계인들의 시체가 보관돼 있다고 말했다. 이렇게 다른 나라보다 영국이 외계인의 시체를 많이 보관하고 있는 이유는 세계에서 가장 비밀을 잘 유지할 수 있는 나라이기 때문이라고도 덧붙였다.
　그는 현재 지구에 수천 명이 넘는 외계인들이 인간들과 함께 살고 있다고 말했다. 외계인들은 다섯 부류로 나눌 수 있는데, 인간처럼 생긴 외계인과 키가 3.5미터가 넘는 거구의 외계인, 몸집이 작고 고양이 눈을 가진 외계인, 금속성 물질로 이루어진 외계인, 그리고 요정처럼 작은 외계인들이라고 말했다. 그는 우리가 살고 있는 은하계가 여러 그룹의 외계인들에 의해 통치되고 있다고 주장했다.
　고위관리는 지하기지에 있는 오십 명이 넘는 외계인들의 시체뿐 아니라, 영국 북부의 비밀기지에서 견고한 투명관 안에 보관 중인 키가 3.5미터가 넘는 세 명의 외계인의 시체를 직접 목격했다고도 말했다. 당시 그를 안내한 지하기지의 요원은 이러한 형태의 관이 열세 개가 더 있다고 했다.

또한 고위관리는 미래 사회에 닥칠 변화에 대해서도 말해 주었다. 그는 멀지 않은 미래에 지구에서 대참사가 일어날 텐데 그때 살아남는 인류는 과거와는 전혀 다른 체제 속에서 살게 될 것이라고 말했다. 미래에는 국경도, 화폐나 여권 그리고 가공할 핵무기들도 모두 사라지고, 리니어 모터와 전자기장을 에너지로 사용하는 운송수단이 등장하기 때문에 에너지 부족에 고통받을 일이 없으며, 물로 움직이는 자동차가 등장하고, 에이즈와 암, 감기, 충치 등의 질병은 간단히 과산화수소를 써서 치료하는 세상이 올 거라고도 했다.

앤소니 파이크 목사의 글을 분석한 여러 과학자들은 이 글에 신빙성이 있다고 말했다. 이 글이 발표되고 10여 년이 지난 현재 실제로 리니어 모터와 전자기장을 사용하는 고속철이 실용화됐고, 호주에서 물로 가는 자동차가 발명되었으며, 과산화수소에 치석과 충치를 제거하는 효과가 있는 것이 입증되어 이를 닦는 데 사용되기 시작했다. 파이크 목사가 말했던 것이 모두 맞아떨어지고 있는 것이다.

그렇다면 영화 〈맨 인 블랙(Men In Black)〉에 나온 것처럼 인류는 외계인들과 함께 어울려 살고 있는 것인가?

맨 인 블랙, 그들은 누구인가?

1953년 미국의 UFO 연구가이며 잡지 편집인인 알버트 K. 벤더(Albert K. Bender)가 세 명의 검은 양복을 입은 사람들에게 UFO 관련 정보를 잡지에 싣지 말라는 협박을 받은 이래, 세계 곳곳에서 이들을 만났다는 증언이 속출하고 있다.

언제나 검정색 양복이나 검정색 오버코트를 입고 검정 선글라스를 쓰고 검정색 세단이나 검정색 헬기를 타고 나타나는 맨 인 블랙, 이들을 만난 사람은 그들의 창백하고 무표정한 얼굴과 기계음 같은 음성 때문에 섬뜩한 느낌을 받게 된다.

영화에 나온 맨 인 블랙

이들은 UFO나 외계인이 목격되거나, 사람이나 동물이 외계인들에게 납치되거나, 미스터리한 일이 생기면 즉시 나타나 관련 자료들을 모두 압수하고 철저히 은폐한다.

1967년 미국 로스앤젤레스 주에서는 저녁에 정원에서 바비큐 파티를 하던 테리가 하늘에 UFO가 나타난 것을 보고 영사기를 가져와 촬영했다. 다음날 아침 아이들과 공원에 가려고 나서는데 집 앞에 검은 차가 서더니 검은 모자에 검은 코트와 검은 선글라스를 똑같이 쓴 두 명의 신사가 내려서는 그에게 잠깐 집에 들어가서 얘기 좀 나누자고 말했다.

순간 섬뜩한 느낌이 든 테리는 무슨 일이냐고 물었다. 그들은 자신들을 "UFO 관련 부서에서 나왔다"고 소개했다. 그때서야 안심한 테리는 그들을 집으로 안내했다.
　그들은 테리에게 어제 UFO를 찍은 필름을 혹시 복사했냐고 물어보았다. 복사하지 않았다고 말하자 필름을 가져오라고 했다. 필름을 가져다주자 그들은 "이 필름은 곧 돌려주겠다"고 말하고 돌아갔는데 그 후 그들로부터 아무런 연락도 받지 못했다.
　1970년 7월, 미국 워싱턴 주 베이커(Baker) 산에서 야영을 하다 UFO를 목격한 프랭크가 다음날 집에 도착해 보니 검은 신사

복에 검은 선글라스를 낀 청년 한 명이 집 밖에서 그를 기다리고 있었다.

검은 모자를 쓴 신사는 그에게 다가와 "혹시 어젯밤에 UFO를 목격했습니까?"라고 물었다. 그렇다고 말하자 자신을 신문사에서 나온 사람이라고 소개하며 당시 무슨 상황이 벌어졌는지 있는 그대로 말해 달라고 했다. 하지만 신문사에서 나왔다는 그는 프랭크가 상황을 설명하는 내내 아무런 메모도 하지 않았다. 그리고는 프랭크가 말을 끝마치자 갑자기 선글라스를 벗고 보통 사람들보다 적어도 세 배는 큰 눈을 부릅뜨며 "그런 얘기를 다른 사람에게 하면 나를 또 만나게 될 거요"라고 협박했다.

그 후 프랭크는 25년간 어느 누구에게도 이 사실을 밝히지 못하다가 다른 UFO 목격자들이 맨 인 블랙에게 협박을 당한 사실을 폭로하자 그제야 체험담을 언론에 털어놓았다.

맨 인 블랙이 어디에서 온 누구인가를 놓고 의견이 분분하다. 어떤 사람은 정부의 특수요원이라고 하고 어떤 이들은 외계인이라고 한다. 또 조지 윌리엄슨(George Williamson) 같은 작가는 세계 비밀정부와 시리우스 행성과의 협정에 의해 시리우스에서 온 외계인 사자들이라고 주장한다.

그들이 어떤 존재인지에 대해서는 철저히 베일에 가려져 있다. 그러나 지금도 어딘가에서 진실을 은폐하기 위해 노력하고 있는 것만은 분명하다.

외계인, 재앙인가 축복인가?

1947년 로즈웰에 추락한 UFO와 외계인

1947년 미국의 로즈웰(Roswell)에 UFO로 추정되는 정체불명의 비행물체가 추락했다. 비행물체에는 인간이 아닌 생명체들이 탑승하고 있었다.

사고 직후 그곳에 도착한 군인들은 곧바로 민간인의 출입을 통제했다. 비행물체는 미 공군의 비행기 격납고로 옮겨졌고, 이를 조사한 CIA와 각계에서 초빙된 학자들은 부서진 비행물체 속에서 발견된 설비들의 과학 수준이 인류의 것과는 비교가 안 될 정도로 높다는 사실을 깨달았다.

20세기 중반, 인류는 갑작스레 엄청난 발명품들을 개발하기 시작했다.

1940년대 후반에 개발된 라디오 바큠 튜브(Radio Vacuum-Tube)부터 시작된 마이크로칩 기술은 지난 60여 년간 텔레비전·비디오·CD·광섬유·컴퓨터·우주항공기술·디스크, 그리고 인터넷 등 신기술의 개발로 이어졌고, 이 기술들은 세상을 디지털사회로 바꾸는 데 결정적인 역할을 했다.

1990년대 말 전 IBM사 회장 제리 하셀(Jerry Hartsell)은 그

의 저서에 "실리콘칩의 기술 개발은 20세기의 폭발적인 신기술 창조의 핵심단계이다. 이는 1950년대부터 시작된 '지구상에서 개발된 것이 아닌 것을 분석하여 응용, 개발'한 정부의 비밀 프로젝트에 의해 주도되었다"는 글을 남겼다.

수십 년간 베일에 가려져 있던 20세기 과학 발전의 비밀을 풀었다는 그의 주장은 1947년 로즈웰 사건 당시 미 육군장성으로 외계인을 직접 목격했다는 필립 코소(Philip Corso) 대령이 집필한 저서에 등장하는 '외계 과학의 흡수 개발' 주장과 일맥상통한다. 군인과 민간인이 입을 모아, 현재 지구에서 사용되고 있는 신기술 중 상당수가 외계인들의 과학에서 전수된 기술이라

고 증언한 것이다.

1947년과 1958년 두 차례에 걸쳐 대기업들에게 이관된 신소재 선진기술은 IBM, 벨, AT&T 등에 의해 주도적으로 개발되었으며 현재 21세기를 맞이한 인류는 앞으로도 계속 외계의 신기술을 흡수하며 과학의 발전을 이룩할 것이라고 한다.

인류는 지난 50년간 인간의 힘이 아닌 외계인의 힘을 빌려 과학기술혁명을 이룬 것일까? 그렇다면 1947년 로즈웰에서 일어난 UFO 추락 사건은 인류의 운명을 바꿔놓은 중요한 계기였는지도 모른다.

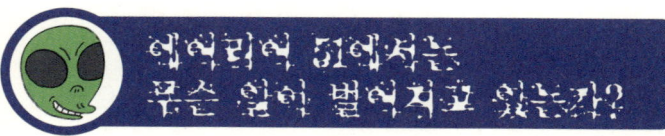

에어리어 51에서는 무슨 일이 벌어지고 있는가?

2000년 1월 21일, 얼굴을 가리고 목소리를 변조한 뒤 가명으로 방송국에 출연한 앨리엇 잭슨은 1979년 애리조나 주의 사막에서 발생한 사건의 숨겨져 있던 진실을 밝혔다.

MIT를 나오고 조지타운에서 물리학 박사학위를 취득한 잭슨은 1977년 미국에서 당시 나사와 관련된 군수물자를 생산하는 회사 에어로트론(Aerotron)의 아놀드 J. 킨만(Arnold J. Kinman) 사장과 만나게 되었다. 킨만 사장은 그에게 "내가 추천하는 곳에서 일을 해보지 않겠나?"라고 제안했다.

그의 제안을 승낙한 잭슨은 1977년 3월 25일부터 킨만 사장이 소개한 직장에 나가게 되었다. 그는 매일 출근할 때마다 정부 요원으로 보이는 청년들에 의해 밖이 전혀 보이지 않는 고속버스에 태워진 채 약 45분을 가다가, 다시 737 항공기로 갈아타고 약 20분을 비행해 사막에 있는 비행장에 내렸다. 비행장에서 내린 연구원들은 밖이 전혀 보이지 않는 트럭의 화물칸에 실려 약 45분을 더 간 후에야 겨우 목적지에 도착할 수 있었다. 그것으로 끝이 아니었다. 지상에서 엘리베이터를 타고 100미터 정도 내려가야 겨우 일을 시작할 수 있었다. 그들은 자신들이 일하는 장소가 어디인지 전혀 모른 채 지내야 했다.

인공위성으로 촬영된 에어리어 51

1977년부터 신소재 개발과 항공에 관련된 신기술 프로젝트에 참여한 잭슨은 단 한 번도 자신의 연구실 밖을 허락 없이 나간 적이 없었다. 그는 늘 거울처럼 생긴 창을 통해 감시당했다.

1979년, 누군가가 잭슨의 연구실 문을 박차고 들어왔다. 무심코 고개를 돌려 쳐다본 잭슨은 그 사람의 머리 일부가 피 한 방울 나지 않은 채 뚫린 것을 보고 비명을 질렀다. 잭슨의 비명을 듣고 달려온 군인들은 모두 총을 들고 옆방으로 달려갔다. 그리고 갑자기 옆방에서 귀가 찢어지는 듯한 자동소총 소음과 사람들의 비명이 들렸다. 상황을 파악하기 위해 옆방으로 가본 잭슨은 방금 전 방에 들어간 군인들이 머리가 없어진 채 옆으로 누워 있는 광경을 보게 되었다. 방 안에 들어간 사람들이 모두 죽은 것을 본 잭슨은 밖으로 나가려고 방문을 잡아당겼다. 그런데 문 앞에는 태어나서 한 번도 보지 못한 모습의 외계인이 그를 노려보고 있었다.

커다란 머리를 가진 작은 외계인은 잭슨에게 "비상이니 좀 비켜달라"고 말했다. 잭슨이 비켜주자 외계인은 방으로 들어가더니 이곳저곳을 살피기 시작했다. 당시 외계인은 뭔가를 찾고 있는 것 같았다.

그 후 연구실에 들이닥친 특수요원들에게 연행된 잭슨은 무려 이틀간이나 독방에 갇혀 심문을 받았다. 그를 심문하던 사람

들은 "왜 당신은 연구소를 이탈하지 말라는 규정을 어겼습니까?"라고 물었다. 잭슨은 "누군가 다친 채로 먼저 우리 연구실에 들어와서 그를 도와주고 싶은 마음에 그랬다"고 대답했다. 그들은 잭슨에게 "앞으로 많은 사람들이 당신에게 이곳에 대해서 물을 겁니다. 만약 당신이 이곳에서 무슨 일을 했는지 단 한 마디라도 하는 날엔, 우린 당신의 안전을 책임질 수 없습니다"라고 경고한 후 그를 놓아주었다.

그 후 한동안 정체를 알 수 없는 사람들이 잭슨이 가는 곳마다 미행했다고 한다.

1979년 마지막으로 기지를 나오던 그는 그때서야 자신이 에어리어 51(Area 51)이란 이름의 지하 비밀기지에서 일을 했다는 사실을 알게 되었다. 그는 그 직후 나사에 스카우트되어 현재까지 근무하고 있다.

외계인, 괴물의 납긴 희생자

1956년 미국의 화이트 샌즈(White Sands) 미사일 실험장, 사흘 전 들판에서 폭발물 잔해를 검사하다 UFO에 납치돼 사라졌던 공군상사 조나단 로우엣(Jonathan Louettet)이 부대에서 10마일 떨어진 사막에서 변사체로 발견되었다. 그의 시신은 벌거벗겨진 상태였는데 혓바닥과 턱뼈, 안구, 그리고 몸의 여러 부위가 예

피가 빠져나가고 몸통이 잘린 채 발견된 소

리한 뭔가에 의해 잘려 있었다.

부검을 해본 결과, 로우엣 상사는 죽기 전 몸속의 모든 피가 빠져나간 것으로 확인됐다. 그의 죽음은 화이트 샌즈 미사일 부대 헌병들조차도 모르게 철저히 베일에 가려졌다. 로우엣 상사와 함께 작업하다 그가 UFO에 유괴되는 광경을 목격한 커닝햄(Cunningham) 소령과 시신을 발견한 수색대원은 검은 옷을 입은 외부 수사관들에게 연행된 이후 군 동료들과 연락이 끊겼다.

1988년 브라질의 구아라피랑가(Guarapiranga) 저수지 부근에서는 트렉터를 몰고 밭으로 나간 뒤 실종된 농부 미겔이 이틀 뒤 농장 근처를 수색하던 경찰에 의해 시체로 발견되었다. 시신은 엉망이었다. 안구와 턱뼈 일부, 그리고 신체의 여러 부위가 잘려나갔으며, 몸에 레이저총을 맞은 것 같은 흉터가 있었다. 미겔의 시신을 부검한 브라질의 경찰은 미국과 영국의 수사기관에 도움을 요청했다.

전문가들이 다시 미겔의 시체를 부검했다. 그 결과 그의 상처가 당시 과학기술로는 불가능한 정밀한 장비들에 의해 생긴 것이며, 그가 죽기 전 몸속 피가 모두 빠져나갔다는 사실을 알게 되었다. 평소 미겔과 가깝게 지내던 인근 농장의 농부들은 미겔을 죽인 살인자가 오랫동안 자신들의 가축을 죽이곤 했던 자와 동일인임이 분명하다고 주장했다.

1994년 뉴질랜드에서는 신원을 알 수 없는 청년의 시체가 숲에서 발견되었다. 청년의 시신을 본 경찰은 처음에는 이 사건을 연쇄살인범이나 정신이상자에 의한 것으로 추정했다. 그러나 부검 결과, 청년의 죽음에 설명되지 않는 미스터리한 부분이 확인되었다.

청년의 가슴에는 레이저총을 맞은 것처럼 굵은 구멍 두 개가 뚫려 있었고, 신체의 여러 부위가 절단된 상태였다. 시신을 부검한 의사는 상처가 예리한 흉기가 아닌 마이크로웨이브에 의한 고열로 생긴 것임을 밝혀냈다. 죽기 전 몸속의 피가 밖으로 빠져

나간 사실도 확인했다. 심장과 뇌를 검사해 본 결과 그가 누군가에 의해 산 채로 각종 생체실험을 당했다는 사실도 밝혀졌다.

오늘날 전 세계에서 발견되고 있는 위와 같은 정체불명의 변사체들에게는 몇 가지 공통점이 있다. 시신들은 모두 몸의 피가 빠져나간 상태고, 마이크로웨이브로 추정되는 광선으로 절단된 채 발견된다는 것이다. 때문에 이 모든 것이 외계인의 짓이라는 주장이 힘을 얻고 있다.

외계인에게 납치되는 동물

1992년 스페인, 그레고의 집을 지키고 있던 작은 애완견이 어디론가 사라져버렸다. 집을 샅샅이 뒤져보고 집 주위를 돌며 개를 찾았지만 보이지 않았다. 그날 밤, 잃어버린 개 걱정에 잠을 못 이루던 그레고는 혹시나 개가 돌아올까 하는 마음에 정원을 서성이고 있었다. 그때 밝은 광채가 비추더니 애완견이 나타났다. 다친 것처럼 보이진 않았지만 마치 동상처럼 이상한 자세로 가만히 서 있었다. 반가운 마음에 개를 쓰다듬으려던 주인은 갑자기 하늘에 정체를 알 수 없는 비행물체가 소리 없이 정지하는 걸 보게 되었다. 그리고 그 순간 애완견의 눈동자에 파란색 빛이 번쩍였다.

잠시 후 비행물체가 멀리 날아가버리자 애완견은 몸을 움직

이기 시작했는데, 그 뒤 때때로 아무런 이유 없이 마당에 누워 네 발을 하늘 위로 향한 채 가만히 죽은 척하는 습관이 생겼다.

1996년 미국에서는 애완용 이구아나를 키우던 사람이 새벽에 목이 말라 거실로 나오다 철창 안의 이구아나가 어디론가 사라져버린 것을 발견했다. 그 후 집 여기저기를 뒤지며 이구아나를 찾았지만 소용없었다. 그때 갑자기 집 안의 불이 꺼졌다 켜지는 현상이 여러 번 반복되었다. 그 일이 있은 뒤 다시 보니 우리 안에 이구아나가 돌아와 있었다. 우리에서 이구아나를 꺼내려는데 갑자기 커튼 뒤에서 이구아나의 얼굴을 한 파충류 인간이 느리게 걸어나오는 것이 보였다. 그리고 그는 그대로 정신을 잃고 말았다.

다음날 아침 깨어난 그는 자신의 모습에 기가 막혔다. 잠옷이 아닌 외출복을 입고 흙 묻은 신발을 신은 채로 잠을 자다가 깨어났기 때문이었다. 게다가 등에 이상한 통증이 느껴졌다. 옷을 벗은 뒤 거울에 비춰 보니 등에는 수술자국처럼 보이는 이상한 상처가 나 있었다. 그는 자신과 이구아나가 텔레비전에서 본 것처럼 외계인에게 납치된 것 같다고 추측했다.

1990년 8월 미국의 몬타나 주에서는 밤에 잠을 자던 존이 지붕에서 이상한 소리가 나는 것을 듣고 잠에서 깨어나 밖을 기웃거리다, 고양이 울음소리를 듣고 다시 잠들었다. 다음날 아침 그는 출근하다 지붕 위에 뭔가 올려져 있는 것을 보았다. 몸이 반으로 토막난 고양이의 시체 일부였다. 존의 신고를 받고 현장에 도착한 경찰은 죽은 고양이의 목에 몬타나에서 차로 여러 날 운전해야 갈 수 있는 플로리다 주소가 쓰인 목걸이가 있는 것을 발견하고 주소를 추적해 고양이 주인에게 전화를 걸었다. 플로리다의 고양이 주인은 고양이가 전날 밤 행방불명됐다고 말했다.

1993년 8월 러시아에서는 한 회사원이 운전을 하고 집에 가던 중 밤하늘에 UFO가 나타난 것을 보게 되었다. UFO는 하얀 빔을 발사해서 산에 있는 들고양이들을 끌어올리고 있었다. 시간이 지난 후 UFO는 사라졌고 땅에 뭔가가 우르르 떨어지는 모습이 보였다.

순간 무서운 기분이 든 그는 자동차를 몰고 현장을 떠났다. 그는 다음날 아침 문제의 현장을 지나다 많은 사람들이 전날 밤 정체불명의 물체가 떨어진 지점에 모여 있는 것을 보았다. 그곳에는 몸이 반으로 잘린 고양이 시체들이 널려 있었다. 그러나

그 주위에는 피 한 방울 떨어져 있지 않았다.

그 후 주민들에게 전날 밤 UFO가 고양이들을 하늘로 끌어올린 뒤 땅으로 떨어뜨리는 것을 봤다고 주장했지만 오히려 사건의 용의자로 몰리게 되었다. 후에 재판을 통해 벌금형과 사회봉사형을 선고받은 그는 끝까지 자신의 결백을 주장했지만 아무도 그를 믿어주지 않았다.

외계인들의 쇠붙이 생체실험

2004년 10월 28일 미국 텍사스 주 텍사스시티(Texas City)에 있는 메인랜드(Mainland) 대학교 러닝센터(Learning Center)에서는 할로윈 주간을 맞아, 'UFO와 외계인 납치'를 주제로 외계인 전문가 데럴 심스(Derrel Sims)가 주관한 강연회가 열렸다.

1952년에서 1965년까지 13년 동안 외계인들에게 무려 열 번이나 납치되었던 데럴 심스는 외계인들은 전혀 친근한 존재가 아니라고 주장했다.

"제가 외계인을 처음 만난 것은 네 살 때인 1952년이었어요. 그들은 당시 저를 속였지요. 그들은 사람들을 납치하려고 나타날 때는 안심시키기 위해 가족처럼 모습을 위장합니다. 저는 13년 동안 외계인들에게 열 번이나 납치당했어요. 만약 외계인에게 납치당했는데 기억나는 게 있다면 그건 사실이 아닐 가능성이 많아

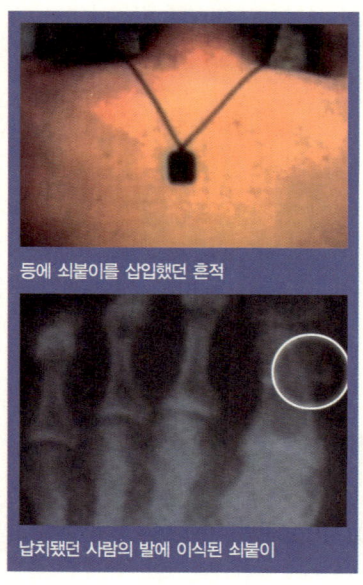

등에 쇠붙이를 삽입했던 흔적

납치됐던 사람의 발에 이식된 쇠붙이

요. 그들은 상대방의 생각과 기억을 자유자재로 바꿀 수 있거든요.

가장 힘들었던 때는 열두 살이었던 1960년이었지요. 외계인들은 저의 콧구멍에 긴 바늘을 집어넣었어요. 너무 아팠죠. 저는 왜 그렇게 고통스러운 방법으로 제 몸에 뭔가를 집어넣으려고 했는지 지금도 이해하지 못하겠어요. 외계인들은 지구의 파괴된 오존층을 복구하고 인류를 구하러 온 존재가 아니에요. 그들이 드넓은 우주에서 왔는지, 달에서 왔는지, 화성에서 왔는지 아니면 더 가까운 곳에서 왔는지는 모릅니다. 그들이 누구이든 간에 여러분들이 생각하는 것보다 훨씬 가까운 곳에 있어요.

그들은 아무것도 먹지 않아요. 잠을 자지도 않고요. 인간처럼 말을 하지 않고 인간의 목소리를 듣는 것을 상당히 싫어해요. 성기나 배꼽도 없어요. 열일곱 살이 되자 그들은 절 더 이상 납치하지 않았어요. 그 대신 제가 성인이 될 때까지 기다렸다가 제 자식들을 납치해 갔죠.

외계인들은 무슨 이유 때문인지 특정 유전자를 가진 사람들만을 납치해 고통스러운 생체실험을 합니다. 그렇다고 가족을 모두 납치하는 것은 아니에요. 하지만 집안의 혈통에서 특정 인물들을 지정해 데려간다는 것만은 분명해요.

　외계인들이 인간들을 납치한다는 사실은 납치된 사람들의 몸속에 주입된 쇠붙이만 봐도 알 수 있어요. 고성능 추적장치로 여겨지는 이 쇠붙이들은 납치된 사람들의 몸속에 아무런 흉터나 흔적 없이 삽입된답니다.

　주로 손가락과 발, 목, 그리고 코에 삽입되는데 엑스레이에 정체를 알 수 없는 작은 쇠붙이가 나타난다면 그것은 외계인들이 넣어놓은 것이기 쉬워요. 납치됐다가 수술로 쇠붙이를 제거한 사람들의 사진과 한번 대조해 보세요. 다시 한 번 말하지만

여러분, 외계인들은 절대 선량한 존재가 아니랍니다."

이날 데럴의 강연을 들은 사람들 중 많은 수가 그때까지만 해도 '다른 별에서 온 손님' 정도로 외계인을 생각하던 자신들이 얼마나 안일했는지에 대해 반성했다.

데럴 심스는 지금도 보다 많은 사람들에게 외계인의 실체를 알리기 위해 노력하고 있다.

잡파에서 발견되는 초록색 떠

1984년 2월 19일 푸에르토리코에서는 루끼이요(Luquillo) 산맥 주변에 사는 주민들이 경찰과 방송국에 UFO가 엘 융께(El Yunque) 산등성이에 추락했다는 신고를 했다. 신고를 받은 푸에르토리코 경찰은 추락한 UFO를 수색하기 시작했다.

하지만 군·경합동수색팀은 2월 16일부터 엘 융께 산 일대에서 비밀작전을 수행하고 있던 미군 특수부대 요원들의 저지를 받아 숲속에는 들어가지 못했다. 얼마 후 푸에르토리코의 언론과 인터뷰를 한 미군 특수부대 장교는 당시 상황에 대해 다음과 같이 증언했다.

2월 19일 새벽 1시경 엘 융께 산 근처의 라 코카(La Coca) 폭포 주위에서 야간 침투훈련을 하던 중, 마을 쪽을 향해 차를 몰고 가던 부대원들은 육중한 물체가 나뭇가지와 잡목을 꺾으며 숲속을 지나가는 소리를 들었다. 그들은 즉시 차를 멈췄고, 야간투시경으로 주위를 둘러보았다. 그러던 중 갑작스레 투시경과 무전기를 포함한 모든 전자장비가 한꺼번에 작동을 멈춰버렸다.

발걸음 소리처럼 들리는 기이한 소음이 점점 푼타 델 에스테(Punta del Este) 정상에 있는 미 해군 특수레이더기지로 접근 중인 것으로 판단한 부대원들은 소리가 나는 지점에 강력한 조명탄을 발사해 주위를 살폈지만 아무것도 보이지 않았다. 점점 더 크게, 가까이 들리는 발걸음 소리에 긴장하기 시작한 군인들은 조명탄을 한 번 더 쏜 뒤 "모습을 보이지 않으면 발포한다"고 경고했다. 그들은 아무런 대답이 없자 소리가 나는 지점을 향해 사격을 했다. 발사된 총탄들 중 서너 발이 '쇠로 짐작되는' 물체에 명중되는 소리가 들렸다. 이 순간 갑자기 계속 먹통이었던 모든 전자장비가 한꺼번에 켜졌다. 군인들은 발걸음 소리가 난 지점을 수색하다 그곳에서 정체를 알 수 없는 초록색 액체를 발견하고는 그 샘플을 채취해 연구소로 가져왔다.

초록색 액체의 성분을 분석한 미군은 초록색 액체가 인간의 세포와 동물의 세포, 그리고 엽록소가 모두 포함되어 있는 정체 불명의 혈액이라고 잠정적으로 결론을 내렸다.

1995년 12월 21일, 콜롬비아의 칼리(Cali) 시 근처에서 갑작스레 추락한 보잉 757 여객기의 사고현장을 조사하던 구조대원들은 몇 명의 생존자가 있는 것을 보고 그들을 구출한 뒤 병원으로 후송했다.

그리고는 승객들의 시신을 밖으로 옮기기 시작했다. 사고로 사망한 한 승객의 시신을 옮기던 구조요원들은 시신의 몸에 초

1995년 12월 21일 숲속에 추락한 항공기

록색 액체가 묻어 있는 것을 보고 다른 시신들과 분리하여 영안실에 따로 안치했다. 한편 영안실에서 시신을 확인하던 콜롬비아의 의료진은 유일하게 이스라엘인의 시신에서 초록색 혈액이 흘러내린 것을 발견했다. 그날 밤 이스라엘 대사관에서 파견된 모사드 요원들은 여객기 사고

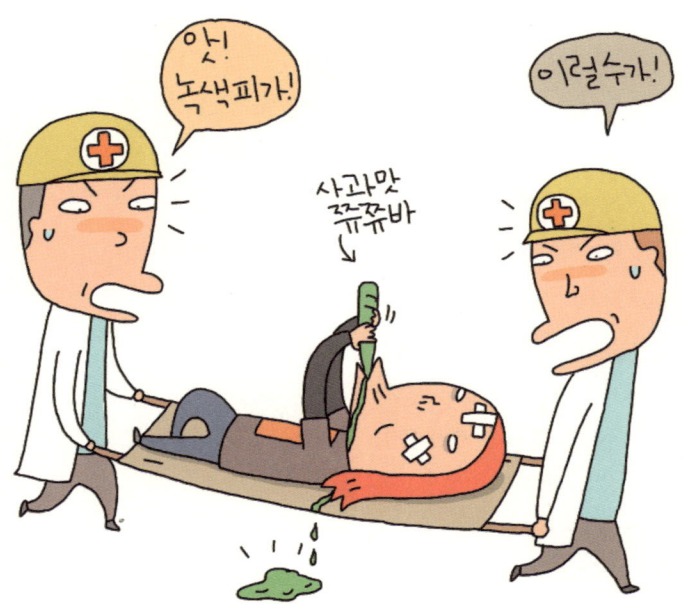

로 사망한 이스라엘인의 시신을 인수하려다 콜롬비아 정부 요원과 실랑이를 벌이게 되었다. 결국 이스라엘인의 시체는 고국으로 돌아갔다.

시신을 모사드 요원들에게 인도하기 전 콜롬비아 의료진은 피와 살갗의 샘플을 채취해 연구소로 보냈다. 분석 결과 놀랍게도 피의 샘플이 1984년 푸에르토리코에서 발견됐던 초록색 피와 같은 것이라는 사실이 밝혀졌다. 그러나 그 승객이 누구였는지, 또한 그의 몸에 어떻게 초록색 혈액이 흐르고 있었는지는 밝혀낼 수 없었다.

외계인과 인터뷰 하다들

2006년 2월 22일 오스트레일리아에서는 최면요법사 메리 로드웰(Mary Rodwell)이 2006년 5월 5일에서 14일까지 캐나다 몬트리올에서 개최되는 UN공보국 산하 인간과학국제통합연구소(International Institute of Integral Human Sciences, IIIHS)의 31차 연례회의에 참석해, 외계인들이 실제로 존재하며 스타 키즈(Star Kids)와 인디고(Indigo) 아이들이 세계 도처에 살고 있다는 사실을 자료와 함께 발표할 것이라고 보고했다.

지난 10년간 전문 카운슬러와 임상 최면요법사로 일하며 인간과 외계인의 접촉사례를 연구해 온 메리는, 어린이들을 포함한

보랏빛 오라를 내는 인디고 어린이

최면요법사 메리 로드웰

수백 명의 사람들을 상담한 결과 외계인들은 다른 행성이나 우리와 공존하는 다른 차원에서 온 생명체라는 사실을 확인했다며 이번 회의에서 외계인들의 존재를 공개하고 증거를 제시할 것이라고 말했다.

그녀가 직접 만난 인디고 아이들은 텔레파시와 투시력, 그리고 치유능력을 갖고 있는데 이들은 정신적인 인식력이 다른 사람들보다 훨씬 뛰어나고 다차원적으로 현실을 인지하며 살고 있다고 한다.

호주 외계문명 접촉자 네트워크의 창설자이며 현재 스타 키즈 프로젝트 회사의 부사장인 메리는 영국, 미국, 캐나다, 유럽, 러시아, 일본, 그리고 남아메리카 등에 사는 외계문명 접촉자들과 인디고 아이들을 인터뷰하는 과정에서 인디고 아이들이 미스터리 서클처럼 무척 복잡한 그림을 손쉽게 그리며 예술활동과 글쓰기, 그리고 사고력 등에서 특출한 영감을 발휘한다는 것을 알게 되었다. 아이들 중 한 명은 어떤 정보나 지식을 외계에서 다운로드 받는다고 말하기도 했다.

2005년 5월, 《USA투데이》에는 영화 〈인디고(Indigo)〉의 제임스 트와이맨(James Twyman) 감독의 말이 실렸다. 트와이맨은 이 기사에서 인디고 아이들은 텔레파시 능력이 뛰어난 특별한 존재이며, 1970년대 중반부터 세계 곳곳에서 인디고 아이들이 태어나기 시작했다고 밝혔다.

또, 지난해 11월에는 ABC뉴스의 다이앤 소이어(Diane Sawy-ers)가 인디고 아이가 있는 가정과 인터뷰한 내용을 소개하며 인디고 아이들이 전 세계에 출현하고 있다고 보도했다.

현재 인디고 아이들에 대한 연구는 계속되고 있지만, 그 정체에 대해서는 아직 속시원한 해답이 나오지 않았다. 그러나 많은 연구가들은 인디고 아이들이 지금까지와는 차원이 다른 새로운 인류의 시작이라고 믿고 있다.

인류의 지도자 탄생을 예언한 외계인

1959년 5월 10일자 영국의 《선데이 피플(Sunday People)》에는 버밍엄의 애스톤(Aston)에 사는 신시아 애플톤(Cynthia Appleton)이라는 가정주부가, 자신이 금성에서 온 외계인의 예언에 따라 아기를 낳을 것이라고 주장하는 기사가 실렸다.

금성에서 찾아온 외계인들은 그녀에게 5월 말에 '매튜(Matthew)'라는 이름을 한 몸무게 3.3킬로그램의 사내아기가 태어날 텐데, 그 아기가 크면 인류의 지도자가 될 거라고 말했다고 했다.

공장에서 철공기술자로 일하는 남편 론과 함께 작은 집에 살

신시아의 품에 안긴 매튜

며 두 아이를 키우던 가정주부 신시아는 1957년 11월 19일 저녁, 처음으로 외계인을 만났다. 아무 예고도 없이 어항 같은 투명한 헬멧을 쓰고 갑자기 나타난 외계인은 신시아에게 텔레파시로 놀라지 말라는 뜻을 전한 후, 자신들은 금성에서 온 외계인으로 깊은 바다 속에 있는 광물인 '티티엄'을 가져가기 위해 방문했다고 말했다. 그들은 신시아에게 홀로그램으로 3차원 입체영상을 보여주면서 그들이 타고 온 우주선을 보여주었다고 한다.

외계인들이 돌아가고 난 후 그녀는 집에 돌아온 남편에게 자신이 겪은 일을 말했다. 그녀의 남편은 외계인들이 말한 광물이 아마도 티타늄(Titanium)일 것이라고 생각했다.

1958년 1월 7일 다시 나타난 외계인들은 신시아에게 시간이라는 개념은 존재하지 않고 그것은 지구인들이 철학적으로 정립해 놓은 허구라고 말했다. 또 그들은 암세포도 원자보다 작은 단위에서 진동비율을 바꾸면 치료할 수 있다고 말했다.

그렇게 한참을 종교, 정치, 외계생활, 그리고 인종 등에 관해 이야기하던 외계인은 신시아에게, 대기권에서 두 개의 운석이 충돌해 지구에 막대한 피해를 입히는 모습을 보여줬다. 그들은 깃발에 망치와 낫이 있는 국가가 총을 쏘지 않고 사물을 분해하는 장치를 연구하고 있는데, 이것이 인류 멸망의 서막이 될지도 모른다고 경고했다. 그리고 앞으로 태어날 아기가 인류의 지도

자가 된다는 말도 했다.

외계인의 말대로 6월 2일에 건강한 아이 '매튜'를 출산한 신시아는 아기가 한 살이 되던 해인 1960년, 영영 종적을 감췄다. 당시 인터뷰에서 애플톤 가족은 외계인들이 텔레파시를 보내지도 않았고 또다시 그들 앞에 나타나지도 않았다고 말했다.

현재 버밍엄 애스톤에는 매튜 애플톤이라는 마흔여섯 살의 남성이 살고 있지만 그가 계속 인터뷰를 거부하고 있어, 신시아의 아들인지는 확인하지 못했다.

신시아의 증언을 조사한 전문가들은 그녀가 당시에 존재하지도 않은 홀로그램 스크린이나 유전자 치료법 등에 관해 정확하

게 말한 것으로 보아 그녀의 주장이 거짓이 아닐 수도 있다고 말했다. 다만 외계인의 예언대로 그녀가 낳은 아이가 지구의 지도자가 되었는지는 알 수 없었다.

 홈스테드 공군기지의 외계인

재키 글리슨

1980년 영국의 나토공군기지 벤트워터스(Bentwaters)에서는 근처 숲속에 UFO가 착륙해 기지를 지키던 군인들이 비상태세에 들어갔다. 이후 이 사건은 '벤트워터스 사건'으로 알려졌다. 1980년 당시 현장에 있던 목격자들 중 한 사람인 래리 워런(Larry Warren)은 1986년 우연한 기회에 재키 글리슨(Jackie Gleason)을 만나게 되었다.

글리슨은 벤트워터스 사건에 대한 전말을 사람들로부터 들어서 어느 정도 알고 있다고 말한 후 워런을 집으로 초대했다. 글리슨은 오랜 기간 동안 연기자 생활을 하면서 UFO에 대해 관심을 갖게 되었다며 워런에게 벤트워터스 사건에 대한 질문을 하더니 자신만이 알고 있는 이야기를 시작했다.

평소 미국의 전 대통령 리처드 닉슨과 친했던 글리슨은 1974년, 플로리다 별장에서 함께 휴가를 보내고 있었다. 하루는 골프를 치다가 닉슨과 우연히 UFO에 관한 이야기를 했는데 그날 밤 누군가가 글리슨의 방문을 두드렸다. 나가보니 닉슨 대통령이 문 앞에 서 있었다. 그는 경호원도 없이 혼자 있었는데, 갑자기 보여줄 것이 있다며 그를 데리고 밖으로 나갔다고 한다.

밤길을 달려 홈스테드(Homestead) 공군기지에 도착한 닉슨 대통령은 기지 깊숙한 곳에 있는 어느 빌딩 앞에 차를 멈추고 많은 군인들이 지키는 빌딩 안으로 들어가, 진열되어 있는 거대

한 원반형 UFO의 잔해를 보여주었다. 그리고는 음료수 쿨러처럼 생긴 기구들을 가리키며 "저게 바로 외계인이야"라고 말했다. 그 안에는 상처 입은 외계인이 누워 있었다.

그날 밤 집으로 돌아온 글리슨은 한동안 음식도 잘 먹지 못하고 제대로 잠도 자지 못했다. 그리고 그 후로 닉슨 대통령도 만날 수 없었다. 대신 그는 얼마 후 뉴스를 통해 닉슨 대통령이 사임했다는 소식을 듣게 되었다.

그가 UFO와 외계인을 봤다는 사실은 그의 미망인을 통해서도 확인이 된 사실이다. 최근 타계한 글리슨의 미망인은 언론과의 인터뷰에서 글리슨이 평소에 자주 그녀에게 UFO 사건에 대해 얘기했다고 회상했다.

미사일로 격추된 UFO

1947년 5월 15일 미국 뉴멕시코 주 화이트 샌즈. 제2차 세계대전 후 독일에서 노획한 백여 대의 V2로켓으로 탄도미사일 실험을 하던 해군실험장 상공에서 정체불명의 비행물체가 목격되었다.

오후 4시경 V2로켓을 발사하기 위해 모든 준비를 끝낸 과학자들과 군 관계자들은 화이트 샌즈 상공에 나타난 비행물체가 제2차 세계대전 당시 유럽과 아시아 상공에서 계속 목격된 미확인 비행물체 '푸 파이터(Foo Fighter)'인 것으로 추정하고 로켓 발사를 연기하기로 했다.

그러나 막상 로켓 발사장 상공에 푸 파

제2차 세계대전 중 목격된 푸 파이터

이터가 나타났다고 상부에 보고하자 상부에서는 실험을 그대로 진행하라고 지시했고, 결국 오후 4시 9분에 로켓을 발사했다. 그때 하늘에 소리 없이 정지하고 있던 푸 파이터가 갑자기 발사한 로켓을 따라 비행하기 시작했다. 그러자 로켓의 탄도가 바뀌며 엉뚱한 지점으로 날아가더니 터지지 않고 그대로 땅에 떨어졌다. 그리고 비행물체는 로켓이 땅에 떨어지기 직전, 눈앞에서 사라졌다. 이 광경을 목격한 관계자들은 로켓 실험을 방해한 비행물체를 적대적인 항공기로 간주했으며, 다음에 또 실험을 방해할 때에는 대공포로 격추한 후 기체를 수거하라는 긴급명령을 내렸다.

14일 뒤 저녁 7시 15분에 로켓 실험장에 또다시 비행물체가 나타났다. 관계자들은 V2로켓 대신 탄두에 강력한 폭약을 장착한 레인토스터 지대공미사일을 발사했다. 비행물체는 미사일이 정면으로 날아오고 있음에도 하늘에 가만히 떠 있었다. 잠시 후 비행물체는 6만 피트 상공에서 미사일에 명중돼 굉음과 함께 폭발했다. 비행물체의 잔해가 떨어지는 것을 본 군 관계자들은 수색팀을 현장에 급파했다.

하지만 현장에 도착해 보니 미사일 잔해뿐, 비행물체의 흔적은 찾을 수 없었다. 그들은 비행물체가 공중에서 완전하게 분해되었다고 결론을 내렸다. 그런데 그날부터 세계 곳곳에서는 군용기들과 여객기들이 이유 없이 한꺼번에 추락하는 사고가 계속되었다.

미확인 비행물체가 격추되고 72시간 동안 전 세계에서는 스물아홉 대의 비행기들이 추락했고 많은 사상자가 나왔다. 이 사고에서 극적으로 목숨을 구한 조종사들은 모두 비행기가 정상적으로 작동하다 갑자기 지상으로 추락했다고 입을 모았다.

그 후 일주일이 지나도 비행기들의 추락사고가 끊이질 않자 대책회의가 소집되었다. 그러나 별다른 뾰족한 방법을 찾아내

지는 못했다. 그러던 중 7월 4일 로즈웰에서 빠른 속도로 비행하던 두 대의 UFO가 공중에서 부딪힌 뒤 한 대는 땅에 떨어지고 다른 한 대는 산에 추락하는 사건이 발생했다.

당시 추락한 두 비행물체에 타고 있던 외계인들은 생김새가 무척 달랐다. 인간처럼 생겼지만 키가 상당히 크고 머리가 금발인 외계인들은 모두 숨졌고, 키가 무척 작으며 눈알이 벌레 같고 머리가 상당히 큰 회색 외계인 중 두 명은 살아 있었다. 수색팀은 외계인들을 병원으로 데려가 치료했다. 한 명은 치료 도중 숨졌지만 나머지 한 명은 회복되었다. 그 외계인은 자신을 치료해 준 관계자들에게 텔레파시로 여러 가지 사실을 알려줬다.

이 사건 이후 미 공군은 두 외계종족과 공식적인 접촉을 갖게 되었다. 그리고 오늘날 인류는 당시 그들과 체결한 협정에 따라 지속적으로 외계인들이 제공하는 과학기술의 도움을 받아 눈부신 발전을 이루고 있다.

스타게이트로 유입된 UFO

1997년 3월 13일 저녁 6시 50분 미국의 네바다 주 헨더슨(Hen-derson) 시. 라스베이거스의 한 유명 호텔 카지노에서 근무하던 여직원 신디는 고속도로를 달리다 먼 하늘에서 뭔가가 반짝이는 것을 보았다.

피닉스에서 목격된 V자형 UFO

평소에 그 지역에 광고선전용 비행선들이 선회하는 것을 여러 번 보았던 그녀는 별로 대수롭지 않게 생각하고는 운전을 계속했다.

그런데 갑자기 듣고 있던 라디오에서 심하게 잡음이 나기 시작했다. 라디오를 끄고 앞을 본 순간, 방금 전 목격한 물체가 광고문이 새겨진 비행선이 아닌 사막 상공에 나타난 거대한 걸개그림이라는 것을 알게 됐다.

길가에 차를 세우고 그림을 자세히 쳐다본 그녀는 걸개그림이 고대 이집트의 신화에 나오는 여신의 모습과 무척 비슷하다고 생각했다. 그림은 홀로그램처럼 보였다. 그런데 순간 번쩍하는 눈부신 섬광이 일면서 여신의 팔 아래에 창문 형상이 나타나더니 그 안에서 V자 모양의 초대형 UFO가 나왔다.

그리고 UFO는 서행을 하며 도로를 지나 남쪽으로 날아갔다. 다른 운전자들과 함께 UFO를 지켜보던 그녀는 방금 전 UFO가 나온 그림이 감쪽같이 사라진 것을 알게 됐다.

이날 밤 10시경 미국의 애리조나 주 피닉스 시 밤하늘에 정체를 알 수 없는 불빛들이 나타났다. 사람들은 도심에 무척 낮게 떠 있던 불빛을 보고 놀라 경찰서, 공항, 그리고 인근 부대에 항의했지만, 공항의 관제소에서는 현재 피닉스 상공을 비행하는 물체는 없다는 대답만 돌아왔다.

그 후 한 시민이 이 불빛들이 나타났다가 사라지는 광경을 비디오카메라로 찍어 이를 방송국에 보내면서 문제의 영상은 삽시간에 전 세계로 퍼졌다. 많은 사람들은 그 불빛이 혹시 UFO 아닐까 추측했지만 어느 누구도 그것이 무엇인지 설명하지 못했다.

그로부터 얼마 후 피닉스 시 인근의 루크공군기지에서, 3월 13일 밤에 목격된 불빛은 A-10 전폭기에서 투하한 조명탄이었다고 발표했다. 그러나 그날 레이더 기록으로 확인해 본 결과 피닉스 상공에는 A-10 전폭기가 비행하지 않았다는 사실이 드러났다.

1999년 8월 라디오 쇼에 출연한 뉴멕시코 주 앨버커키(Albuquerque) 시에 사는 초현상 전문가 하비 세론(Harvey Sheron)은 1997년 피닉스 시에 나타난 불빛이 정확히 50년 전 서부사막에서 진행된 '바빌론 프로젝트(The Project of Babylon)'와 관계가 있다고 주장했다. 바빌론 프로젝트는 영국과 독일의 고고학자들이 지난 백여 년간 해독해 온 고대 바빌론 문명의 가장 성스러운 스타게이트(Stargate)를 여는 의식을 미국의 서부사막에서 그대로 재현한 실험이었다.

알리스터 크로울리(Aleister Crowley)가 해독한 주문을 읊어 스타게이트를 연 사람들은 후에 미국의 사이언톨로지 교를 창시하게 되는 론 허버드(Ron Hubbard)와 미 육군 로켓연구소의 과학자 존 파슨스(John Parsons)였다. 이 의식은 무려 35분 동안 계속되었는데 의식이 끝나자 고대 바빌론의 기록에 나온 그대로 맑았던 하늘에 비가 내리지 않는 먹구름이 모이더니 얼마 후 구름이 걷히며 그곳에 여신의 형상이 생겨났다. 그리고 곧 여신의 팔 아래에 문이 생겼다. 허버드와 파슨스는 주문을 외워 그 문을 열었다. 하지만 그 순간 열린 문으로 정체를 알 수 없는 비행물체 수십여 대가 한꺼번에 빠른 속도로 튀어나오더니 투명하게 변했다. 이 모습을 보고 놀란 허버드와 파슨스는 다시 주문을 외워 스타게이트를 닫았다. 그들의 앞에 반투명한 상태로 허공에 떠 있던 비행물체는 빠른 속도로 어디론가 사라졌다.

그 후 현장에서 보초를 서던 군인들에 의해 여러 번 여신의 형상이 생겨나는 것이 목격되었다. 문이 열리고 또 다른 비행물체가 들어오지는 않을까 걱정이 된 그들은 문제의 지역을 핵실험장으로 지정하고 제한구역으로 선포해 일반인들의 출입을 막았다.

1997년 3월 13일 피닉스 시에 나타난 정체불명의 불빛들이 정확히 50년 전 미국의 서부사막에서 있었던 바빌론 프로젝트와 관련이 있다는 하비 세론의 주장은 과연 사실일까? 만약 바빌론 프로젝트라는 실험이 실제로 이루어졌었고 당시 주문을 외운 사람들이 지구의 스타게이트를 여는 데 성공했다면 혹시 현재 지구에서 목격되고 있는 UFO들은 과거에 열린 스타게이트를 통해 지구로 들어왔다가 다른 우주로 이동할 수 있는 문이 닫혀 자신들의 별로 돌아가지 못하고 있는 것은 아닐까?

대형 참사를 밝은 UFO

2002년 11월 1일 터키에서는 우주에서 날아온 거대한 운석이 상당히 빠른 속도로 지상으로 떨어지는 광경이 목격되었다.

11월 1일 새벽 5시 44분경 아피온(Afyon) 시의 2만 6천 피트 상공을 비행하던 선 익스프레스 항공의 보잉 737-800 화물기 기장은 밝은 빛을 내는 혜성 같은 비행물체가 4만 5천 피트 이상의 지점에서 지구로 떨어지는 것을 보았다. 그는 그 모습을 보고 긴 꼬리를 가진 모습이 1997년에 지구 근처를 지나간 헤일 밥(Hale Bobb) 혜성과 비슷하다고 생각했다. 그는 옆에 있던 승무원에게 이상한 비행물체가 나타났다고 말하고 함께 관찰했다. 빠른 속도로 떨어지던 혜성처럼 생긴 물체는, 작은 섬광이 일어나더니 십

하릴 얄친이 촬영한 당시의 상황

여 개의 대형 여객기 크기로 분리된 뒤 사라졌다. 그들은 이 모습을 보고 너무 놀라 관제소에 UFO를 목격했다고 보고했다.

같은 날 새벽 5시 40분경 터키의 안탈리아(Antalya) 주에 있는 작은 마을 발리케시르(Balikesir) 근처를 아내와 함께 차를 타고 지나가던 하릴 얄친(Halil Yalcin)은 어두운 새벽하늘에 갑자기 밝은 빛에 휩싸인 대형 비행물체가 나타난 것을 목격했다. 그는 즉시 차에서 내려 이 광경을 비디오에 담았다. 문제의 비행물체는 영화나 텔레비전에 나오는 혜성처럼 긴 꼬리를 가지고 있었는데 자세히 살펴보니 그 뒤를 정체를 알 수 없는 소형 비행물체가 뒤쫓고 있었다.

불과 몇 분 후면 지구와 충돌할 것 같던 비행물체는 갑자기 작은 빛을 내더니 여러 개로 갈라진 후 대기 중으로 사라져버렸고 이를 뒤쫓던 비행물체도 우주로 날아가버렸다.

목격자들의 증언과 비디오를 분석한 전문가들은, 이것이 우주선의 잔해나 통상적인 운석과 유성우들이 대기권으로 진입할 때와는 전혀 다른 경우라고 말했다. 광채를 발하는 물체가 4~5만 피트 상공을 수평으로 가로질러 비행한 것으로 보아 이는 운석일 수 없다는 거였다. 보통 운석은 대기권에 진입한 후 최소한 45도 각도로 지상에 떨어지며, 지상에서 70에서 100킬로미터 떨어진 곳에서 분해된 후 타버린다. 비디오를 판독한 전문가들은 이 광경이 운석 모양의 거대한 비행물체가 지상에 추락하려는 찰나 뒤따라오던 작은 비행물체가 요격해 파괴하는 모습이라고 설명했다.

어쩌면 지구에 엄청난 피해를 가져왔을 수도 있는 운석 모양의 물체를 파괴한 후 사라진 작은 비행물체의 정체는 아직 밝혀지지 않고 있다.

미스터리 서클을 해독한 남자

2001년 8월 17일, 영국 햄프셔 주 윈체스터(Winchester) 시 칠볼튼(Chilbolton) 천체관측소 근처 밀밭에서 외계인의 형상을 한 미스터리 서클이 발견되었다. 이 미스터리 서클은 수백 미터가 넘는 어마어마한 크기와 정교한 디자인으로 많은 사람들을 놀라게 했다.

문제의 미스터리 서클을 관찰하던 미스터리 서클 연구가 폴 비게이(Paul Vigay)는 외계인 그림에 있는 원형 문양에 어떤 의미가 있을 것 같다는 생각을 하게 되었다. 그리고 문제의 원형 문양이 특정한 패턴으로 이루어진 것을 확인하고 이를 이진법으로 해독해 보았다.

원형 문양을 자세히 관찰한 비게이는 중앙 부분에서 출발하는 네모칸 문양이 매 아홉 번째마다 크기가 조금씩 작아지는 것

칠볼튼 천체관측소 근처 밀밭의 미스터리 서클

을 찾아냈다. 그는 여덟 개의 네모칸을 한 개의 단어로 추정해 네모칸이 있는 부분은 '1'로, 그리고 없는 부분은 '0'으로 풀이하기로 했다. 이에 따라 첫 번째 문양이 '01000010'이 되는 것을 확인하고 이를 이진수로 '66', 즉 'B'라고 풀이했다. 그 후 나머지 다섯 문장을 영문 알파벳으로 풀이한 결과 'Beware(조심하라)'라는 단어가 만들어지는 것을 확인할 수 있었다.

다음은 폴 비게이가 해독한 미스터리 서클의 원형 문양의 내용 중 일부이다.

"그릇된 재능과 지키지 못하는 약속을 전달하는 이들을 조심하라. 큰 고통이 오겠지만 아직 시간은 있다. 도덕적으로 훌륭한 것들이 있다. 우리는 속이는 행위에 반대한다. 수로가 닫히고 있다."

비게이는 이 글이 무엇을 의미하는지 해석해 보려 했지만 정확한 뜻을 알아내는 데는 실패했다. 어쨌든 그로 인해 미스터리 서클에 메시지가 담겨 있다는 사실이 밝혀졌고 전 세계가 놀랐다.

그리고 이듬해 8월 15일, 아침 일찍 일어난 주민들이 정체를 알 수 없는 초대형 미스터리 서클을 발견했다. 헬리콥터로 확인한 결과 이 미스터리 서클은 외계인의 얼굴 형상인 것으로 밝혀졌다. 마치 누군가가 다음 메시지를 보낸 것 같았다. 그렇다면 누가, 왜, 이런 메시지를 보내는 걸까?

   2002년 8월 15일, 주민들은 새벽 2시경 문제의 농장 근처에서 군용 헬리콥터가 날아다녔다고 증언했다. 이 시간은 바로 미스터리 서클이 만들어졌다고 추정된 시각이었다. 이 증언을 들은 학자들은 헬리콥터가 미스터리 서클과 관계가 있을 거라 생각하고 근처 군부대에 문의했지만 아무 대답도 들을 수 없었다.

Part 8
죽음 이후의 세계

◆이승과 저승을 연결하는 스틱스 강 ◆저승사자는 존재하는가? ◆사후체험의 두 가지 얼굴 ◆영혼을 돕는 영매 앨리슨 ◆죽은 후 친을 만난 무신론자 ◆죽은 자를 부르는 방법 ◆지옥을 보여주는 공포의 가방 ◆지옥을 본 사람들

이승과 저승을 연결하는 스틱스 강

1996년 미국 로스앤젤레스 시, 과속으로 달리던 운전자 필립은 갑자기 도로에 튀어나온 개를 피하려고 급히 핸들을 꺾다가 도로변에 있는 울타리와 부딪혔다. 사고 당시 울타리의 나무 조각 하나가 자동차 앞유리를 뚫고 필립의 가슴에 박혔다. 그는 가슴에서 피가 많이 흐르지 않는 것을 확인한 후 정신을 잃었다.

다시 정신을 차렸을 때 그는 자동차 밖에 서 있었다. 주위에는 사람들이 웅성거리고 구급대원들이 부서진 차에서 누군가를 꺼냈다. 바로 가슴에 나무가 박힌 채 죽은 필립 자신이었다.

순간 이상한 느낌이 든 필립은 주위를 둘러보다가 길 건너에 검은 옷을 입은 신사가 개 한 마리를 데리고 서 있는 것을 보았다. 사고를 일으킨 바로 그 개였다. 검은 옷의 신사는 필립에게 다가오더니 "나를 따라오라"고 말했다. 그리고 신사의 이마 앞에 하얀 구멍이 열렸다. 필립은 자신의 몸이 그곳으로 빨려 들어가는 것을 느꼈다.

갑자기 하얀 구멍이 없어지며 앞에 거대한 강이 흐르는 게 보였다. 강 너머에는 예전엔 친했지만 이미 세상을 뜬 사람들이 미소를 지으며 서 있었다. 그가 강을 건너려 하자 사공이 고개를 저으며 "당신은 아직 때가 안 됐어"라고 말했다. 이 말을 듣자 몸이 갑자기 땅속으로 빨려 들어갔는데, 그의 귀에 요란한 구급차 소리와 함께, 구급요원들이 "다시 살아났다"며 탄성을 지르는 소리가 들려왔다.

1998년 페루, 산적 떼를 소탕하던 군인 라울은 갑작스레 누군가 뒤에서 쏜 총알을 방탄조끼에 맞고 쓰러졌다. 정확히 심장 부분에 총알을 맞은 그는 바닥에 쓰러질 때 분명 총알이 자신을 뚫지는 못했다고 생각하며 쓰러졌다. 쓰러진 후 아무런 고통도 느끼지 못한 그는 자리에서 일어나 아래를 보았다. 그의 발 아래쪽에 또 하나의 자신이 쓰러져 있는 것이 보였다. 순간 요란한 총소리가 들리며 산적들이 총을 맞고 쓰러졌는데 산적들 중 일부도 혼이 몸과 분리되며 넘어진 자리에서 일어나고 있었다.
　그때 갑자기 그의 눈앞이 어두워졌다가 밝아졌다. 그의 앞에 엄청나게 큰 강이 흐르고 있었다. 전투에서 죽은 다른 사람들도

옆에서 겁에 질린 채 서로 얼굴만 쳐다보고 있었다. 멀리서 뱃사공이 배를 몰고 나타나더니 그의 얼굴을 쳐다보며 "당신은 아직 때가 되지 않았다"고 말하고 다른 사람들을 배에 태운 뒤 강을 건너갔다.

얼마 후 그는 임시천막 바닥에서 눈을 떴다. 그리고 자신이 그 동안 쇼크로 숨이 끊어졌었다는 사실도 알게 되었다. 그는 불과 몇 분 전까지 함께 있다가 강을 건넌 산적들이 모두 죽었다는 것을 알고는 신화 속에 나오는 스틱스(Styx) 강이 실제로 존재한다는 사실을 믿게 됐다.

저승사자는 존재하는가?

1979년 스코틀랜드 에든버러. 고속도로 휴게소에서 점심을 먹던 구급대원 맥키와 맥기네스는 인근 도로에서 교통사고가 발생했다는 신고를 받고 황급히 사고현장으로 출동했다.

당시 여러 대의 자동차들이 연쇄충돌을 하는 바람에 사람들이 차 안에 갇혀 있었는데 이를 본 구급대원들은 우선 무전기로 소방서와 경찰서에 연락해 중장비를 가져오게 한 뒤 부상자들에게 응급조치를 하기 시작했다.

그때 검은 옷을 입은 한 남자가 충돌로 인해 엉겨붙은 자동차 안에서 고통스러워하는 사람들의 얼굴을 쳐다보는 모습이 보였다. 맥키는 그가 분명 다친 사람들의 귀중품을 노리는 파렴치한 절도범일 거라 생각하고 당장 저리 가지 않으면 체포할 거라 경고했다.

자동차 사고 현장에서 구조활동을 하는 구급요원들

하지만 검은 옷을 입은 사람은 그의 얼굴을 흘깃 쳐다보기만 할 뿐 계속 부서진 자동차 안을 살피기만 했다. 이 모습을 본 맥키는 우선 괴한의 인상착의를 메모해 두었다.

얼마 후 소방차가 현장에 도착하고 소방관들이 중장비를 들고 현장으로 달려왔다. 맥키는 맥기네스에게 검은 옷을 입은 사람이 어디로 갔냐고 물어봤지만 맥기니스는 그런 사람은 보지 못했다며, 오히려 방금 전 누구에게 저리 가라고 한 거냐고 되물었다.

그때 소방관들이 부르는 소리가 들렸다. 급한 환자가 있나 싶어 뛰어갔는데 놀랍게도 검은 옷을 입은 남자가 소방관들이 보는 앞에서 부상자의 목을 조르고 있었다. 그런데도 소방관들은 마치 아무것도 보지 못한 듯 목이 졸려 금방이라도 숨이 넘어갈 듯한 부상자를 가만히 보고만 있었다.

그는 잽싸게 달려가 목이 졸리고 있던 부상자에게 응급조치를 했다. 그러자 검은 옷을 입은 괴한이 그를 쳐다보며 "내가 가져가는 건 네가 생각하듯 남의 물건이 아니라 바로 이런 거야"라고 말하며, 다친 사람의 목에서 영혼을 꺼내 보여주고는 짜증이

세계 여러 신화에 나오는 염라대왕

난 듯 내동댕이쳤다. 다친 사람의 혼이 다시 그의 몸에 달라붙는 게 보였다. 순간 너무 놀란 맥키는 그 자리에서 무릎을 꿇었고 옆에 있던 검은 옷의 신사는 그를 내려다보다 허공으로 사라져버렸다.

1963년 타이완의 타이페이(Tai-pei), 자전거로 꽃을 배달하던 청년 첸은 신호등에 빨간불이 들어와 잠시 멈춰 신호를 기다리고 있었다.

곧이어 신호등이 파란불로 바뀌었고 첸은 자전거의 페달을 힘차게 밟았다. 순간 그의 눈에 자신을 지켜보는 머리끝에서 발끝까지 검은 옷을 입은 신사가 보였다.

얼마 후 다른 신호등에 걸려 파란불을 기다리던 그는 신호가 바뀌어 출발하려는 순간 방금 전에 본 검은 옷을 입은 신사가 이번 신호에서도 자신을 보고 있는 것을 알게 되었다. 그는 고개를 돌려 지난 번 신호에서 본 사람이 아직도 있나 확인하려다 크고 짤막한 굉음을 들은 뒤 정신을 잃었다.

잠시 후 첸은 누군가 그의 이름을 부르며 몸을 일으켜줘 자리에서 일어났다. 그는 더러워진 바지를 보고 먼지를 털려 했으나 맘대로 되지 않았다. 그때 사람들이 그가 있는 쪽으로 달려와 웅성대며 그의 발목을 쳐다보고 있었다. 발치에는 또 하나의 자신이 눈을 뜨고 죽어 있었다.

그 순간 갑자기 옆에서 누군가가 "이제 갈 시간이 됐다"라고 말했다. 바로 버스에 부딪히기 직전 두 차례나 목격한 검은 옷의 신사였다. 그에게 어디로 가냐고 묻자 신사는 "모든 것은 심판관님을 만나야 결정된다"고 말했다.

그는 심판관을 만나러 가지 않겠다고 반항했다. 그런데 주위에 여러 사람이 모이더니, "어서 이 사람을 따라가게. 우리처럼 어중간하게 걸려 오도 가도 못하는 신세가 되지 말고!"라고 소리쳤다. 이 말을 들은 첸은 말없이 신사를 따라갔다.

신사를 따라간 곳은 아수라장이었다. 사방에는 용암이 끓고 있었고 수많은 사람들이 끊임없이 비명을 지르고 있었다. 첸은 여러 신하를 거느린 염라대왕이 화가 난 표정으로 내려다보는

걸 보고 놀라 무릎을 꿇었다. 책장을 넘기며 첸을 봤다 책을 봤다 하던 염라대왕은 "너는 이곳에서 조금 시간을 보내다 다시 돌아가야겠구나!"라고 말했다. 그 순간 어디선가 첸이 어렸을 때 이웃 농장에서 키우던 작은 돼지가 나타났다. 반가운 마음에 쓰다듬으려 하는데 돼지가 꽥 하고 화를 내며 그의 손을 깨물어 버렸다.

돼지는 "네 이놈! 네가 나를 기억하느냐! 내가 말을 못 한다고 아무도 없는 곳에서 나를 발로 차 내가 얼마나 아팠는지 알아? 네가 발로 찬 부분이 너무 아파서 울고 또 울었다. 때리지 말라고 그토록 사정했는데 너는 되레 주인 아저씨한테 내가 병에 걸렸다고 했지? 이 나쁜 놈! 너 때문에 내가 얼마나 억울했는지 알아?"라고 절규했다.

첸은 너무 놀라 돼지에게 제발 용서해 달라고 빌었다. 그때 갑자기 염라대왕이 "이제 돌아가라"라고 호령했고 그 순간 사고 현장에서 깨어났다. 첸은 그 후 절대로 동물을 괴롭히지 않고 착하게 살았다고 한다.

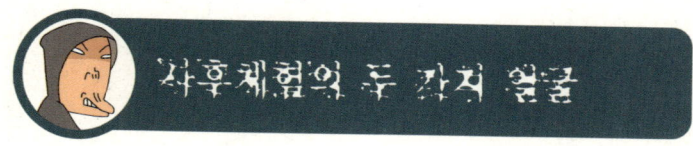

사후체험의 두 가지 얼굴

NDE(Near Death Experience) 현상, 즉 임사체험은 긍정적인 체험과 부정적인 체험으로 나눌 수 있다.

긍정적인 체험이란 임종 직후 먼저 간 가족이나 친구들의 안내로 편안히 터널을 통과해 행복한 장소로 가는 것이며, 부정적인 체험이란 누군가에 의해 강제로 붙들려 용암이 펄펄 끓는 지옥의 구렁텅이로 떨어지는 것이다.

1993년 갑작스런 심장마비를 일으킨 뒤 가까스로 구조를 요청해 12분 만에 구급차에 태워진 예순아홉의 노인 제니는 구급차로 옮겨지는 동안 두 번이나 호흡이 멈췄다가 인공호흡으로 소생한 뒤 응급실로 옮겨졌다. 곧바로 이어진 수술에서도 여러 번 심장이 멈췄지만 수술 후 안정을 되찾았다.

다음날 오후 제니의 상태를 검진하기 위해 그녀를 찾은 의료진에게 제니는 자신의 신기한 체험에 대해 얘기했다. 그녀는 심장이 멈출 때마다 긴 터널을 통과하여 아무런 고통이 없는 평온한 장소에 다녀왔다고 했다. 의사들은 그것은 호흡이 멈췄을 때 두뇌의 혈류가 멈추며 발생하는 일시적인 착각이라고 설명해 주었다.

그러나 그녀는 사후세계에 갔을 때 태어나서 한 번도 보지 못한 생모를 만났다. 어려서 입양되어 양부모 손에서 자란 그녀는 병원에서 퇴원한 후 사후세계에서 알게 된 생모의 이름을 시청에 조회했다. 그 결과 69년 전 서류 속에 파묻힌 자신의 출생기록과 본명을 찾을 수 있었다.

사후체험이 좋기만 한 것은 아니다. 또 다른 체험자 피터슨은, 술을 먹고 과속으로 고속도로를 달리다 마주 오던 소형차와 부딪혔다. 소형차 운전자는 그 자리에서 사망했고, 피터슨은 혼수상태였다. 한동안 혼수상태에 있다 깨어난 그는 자신이 음주운전을 해 억울한 사람의 생명을 앗아갔다는 사실을 알고는 몹시 후회했다.

그는 의료진에게 혼수상태였을 때 지옥에 떨어져 심판관의 옆에 서 있던 소형차 운전자를 만났다고 말했다. 그는 죽은 운전자가 자신은 아이가 넷이나 있는 가장이라며 원통해하는 것을 봤다고 했다.

피터슨은 몸이 완쾌되어 경찰서로 옮겨진 뒤 자기 때문에 목숨을 잃은 운전자에게 네 명의 자녀가 있다는 사실을 알게 되었다.

 ## 영혼을 돕는 영매 앨리슨

심령술사 앨리슨 듀브와

어려서부터 영혼을 보고 그들과 대화도 하는 신비한 능력이 있어 현재 심령가로 활동하고 있는 앨리슨 듀브와(Allison DuBois). 2005년 1월 3일부터 미국 NBC텔레비전에서 그녀의 체험담이 드라마 〈영매(Medium)〉로 제작 방영되어 화제를 모았다. 세계의 심령가들을 연구해 온 애리조나대학의 심리학 교수 게리 E. 슈왈츠(Gary E. Schwartz) 박사는 현재까지 그가 인터뷰한 심령가들 중 앨리슨만큼 확실히 영혼을 느낀 사람은 없다고 말했다.

앨리슨은 여섯 살이 되던 해에 처음으로 심령현상을 체험했다. 할아버지의 장례식날 밤 앨리슨을 찾아온 할아버지의 영혼은 그녀에게 "나는 잘 있으니 아무 걱정 말라고 네 엄마에게 전하거라"라고 당부했다. 앨리슨은 할아버지가 시키는 대로 다른 사람들에게는 아무 말도 하지 않고 어머니에게만 할아버지의 말을 전했다. 그러나 앨리슨의 어머니는 아이가 무슨 말을 하는지 몰라 어리둥절했다. 앨리슨은 그때부터 다른 사람에게 자신의 신비한 능력을 숨겼다.

성장해 결혼하고 세 아이를 낳은 앨리슨은 애리조나주립대학에서 정치학을 전공하고 문학사 자격을 취득한 후 피닉스 시 경찰국 강력반에서 인턴으로 일하게 되었다. 그녀는 미결 살인 사건으로 억울하게 숨진 피해자들의 영혼들이 찾아와 도와달라고 하자 결국 경찰에 자신의 능력을 알리고 미결 사건들을 해결하는 데 도움을 주기 시작했다. 수사관들은 앨리슨처럼 피해자의 영혼이 하는 말을 직접 듣고 상세한 정보를 얻는 심령가를 한 번도 보지 못했다고 했다.

처음에 앨리슨의 이야기를 듣고 그녀의 능력을 검증하길 원했던 슈왈츠 박사는 그녀를 자신의 연구소로 초대했다. 그런데 앨리슨과 만나기로 한 날 공교롭게도 그의 할머니가 갑작스런 심장마비로 타계하는 바람에 약속을 이틀 후로 연기해야만 했다. 그 후 연구소로 찾아온 앨리슨에게 슈왈츠 박사는 혹시 최근에 사망한 자신의 가족을 알 수 있겠냐고 물었다.

그는 앨리슨에게 할머니에 대한 어떤 정보도 주지 않았다. 하지만 앨리슨은 그의 할머니 이름이 수지이며 얼마 전 심장마비로 사망했고 주니어라는 이름의 개와 함께 있다고 말했다. 그리고 할머니가 그에게 '이제 몸이 전혀 불편하지 않으며 혼자 걷지 않는다'는 말을 네 번씩이나 했다고 전했다. 이 소식을 들은 슈왈츠 박사는 거동이 불편해 10년간 휠체어에서 생활했던 할머니가 죽어서는 꼭 다른 사람과 춤을 추고 싶다고 말했던 걸 기억해 냈다. 그는 할머니가 앨리슨을 통해 자신과 접촉했다고 확신할 수 있었다.

그 후 앨리슨을 테스트한 결과 그녀가 현재까지 인터뷰한 심령가들 중 가장 뛰어난 능력을 가졌다는 것을 확신했다. 슈왈츠 박사는 앨리슨의 초능력을 공인했고, 앨리슨은 지금도 그녀의 체험담이 담긴 책을 기반으로 제작된 드라마 〈영매〉처럼 억울하게 숨진 피해자들의 영혼을 돕고 있다.

 ## 죽은 후 신을 만난 무신론자

옥스퍼드 출신의 저명한 철학자이자 무신론자로 잘 알려진 알프레드 에이어(Alfred J. Ayer) 경은 그의 나이 일흔일곱이 되던 1988년 폐렴으로 병원에 실려왔다. 그는 흉곽외과 권위자인 제레미 조지(Jeremy George) 박사의 응급처치를 받으며 서서히 회복되고 있었다.

침대 곁에는 항상 간호사가 붙어 그를 간호했는데 특별히 처방한 식사 이외에는 일절 다른 음식을 먹지 않도록 조심해야 했기 때문이었다. 어느 날 병원을 방문한 오랜 친구와 담소를 나누던 에이어 경은 간호사에게 긴히 나눌 이야기가 있으니 잠시 자리를 비켜달라고 말했다. 그 말에 밖으로 나갔던 간호사는 몇 분 뒤 방에서 들린 "에이어 경이 죽었다"는 소리에 깜짝 놀라 방으로

철학자 알프레드 에이어 교수

뛰어들어갔다.

곧장 병실로 달려온 제레미 박사는 에이어 경이 목구멍 안에 훈제 연어 조각이 걸려서 숨을 못 쉬어 질식한 것을 발견하고 이를 꺼낸 후, 인공호흡으로 그를 되살려냈다.

그날 오후 에이어 경과 이야기를 나누던 제레미 박사는 농담으로 "4분간 죽어 있었는데 다른 사람들처럼 이상한 경험을 하지 않았소?"라고 물었다. 에이어 경은 주위를 둘러본 뒤 아무도 없는 것을 확인하고 조용히 대답했다. "전능하신 분을 봤소."

그는 "연어가 목에 걸려 숨을 쉬지 못해서 질식하는 순간 내

머리 위에 하얀 구멍이 열리고 전능하신 분이 나를 데리러 온 것을 봤다"며 "나는 무신론자인데 전능하신 분이 나를 데리러 와서 무척 부끄러웠소" 하고 덧붙였다.

"그를 따라 구멍을 통과해 어딘가에 도착한 나는 눈앞에 커다란 강이 흐르고 있는 것을 봤소"라고 말한 그는 "스틱스 강, 저승의 강이었다"고 말한 뒤 더 이상 말을 잇지 못하고 눈물을 흘렸다.

제레미 박사가 어떻게 다시 돌아왔냐고 묻자, 그냥 깨어났다, 거기에 대해서는 더 이상 이야기하고 싶지 않다고 잘라 말했다. 에이어 경은 석 달 후 프랑스에서 요양하며 영국 《선데이텔레그라프(Sunday Telegraph)》에 「내가 죽었을 때 본 것」이라는 글을 기고했다. 이 글에서 그는 사후세계에서 체험한 것들, 즉 찬란한 빛과 우주의 사자들을 만나 스틱스 강에 도착했고 강을 건너는 데 실패한 사연을 상세히 밝혔다.

연어 사건이 일어난 1년 뒤 폐렴으로 사망한 에이어 경은 죽음을 맞기 전까지 영국 각 지역과 유럽의 관광지들을 돌아다니며 마치 죽을 날짜를 미리 알았던 것처럼 남은 여생을 보람 있고 알차게 보냈다. 또 제레미 박사는 이 사건 이후 '의학적인 죽음을 맞이한 뒤 소생한 환자들'을 인터뷰하기 시작했고 영국 의학계에서 사후세계의 권위자가 됐다.

죽은 자를 부르는 방법

텔레비전에 나타난 망자의 얼굴

1901년 12월 7일 시베리아에서는 인종학자 발데마르 보로가스(Waldemar Borogas)가 시베리아 지방의 원주민 코락(Korak) 족과 유픽(Yup'ik) 족, 그리고 축치(Chukchi) 족 등 각 부족의 분포도를 조사하고 그들의 전통문화를 발굴하기 위해 축음기를 들고 탐사를 하고 있었다. 다음은 그가 축치 부족을 방문했을 때의 일이다.

멀리서 손님이 찾아왔다는 말을 듣고 대형 텐트에서 샤먼이 나와 그를 맞이했다. 발데마르는 샤먼에게 방문 목적을 설명하고 우선 축치 부족의 샤머니즘 의식을 녹음하고 싶다고 말했다. 샤먼은 연구를 도와주겠으니 텐트로 들어가 녹음을 하자고 했다.

텐트 안으로 들어가 구석에 앉은 샤먼은 자신의 옆에 축음기를 놓고 발데마르에게 영혼들과의 접촉에 방해가 될지 모르니 멀리 떨어져 앉으라고 했다.

그 후 한동안 북을 두드리던 샤먼이 넋을 잃고 알 수 없는 언어로 말을 하기 시작했고, 그때부터 어두운 방 한쪽에서 인기척이 느껴졌다. 그리고 주변에 여러 사람들이 방 안을 돌아다니며 러시아어와 영어, 축치 부족의 언어, 그리고 알 수 없는 언어로 말을 하는 소리가 들렸다. 그는 한기를 느꼈다.

　의식이 끝난 뒤 확인해 보니 축음기에는 적어도 네 명이 넘는 영혼들의 목소리가 녹음되어 있었다. 후에 이 자료는 세계의 인종학 연구가들과 언어학자들에게 전달되어 연구됐으나 끝내 실체가 밝혀지지 않았으며, 이 사건은 세계 최초로 영혼의 목소리가 기계로 녹음된 사례로 기록됐다.

　1985년 3월 8일 베를린에서는 라디오 방송을 듣던 중 우연히 발데마르처럼 사후세계와 접촉한 사람들에 관한 이야기를 들은 클라우스 슈라이베르(Claus Schreiber)는 방송에서 나온 대로 휴대용 녹음기를 옆에 가져다놓고 10분간 고요하고 적막한 실

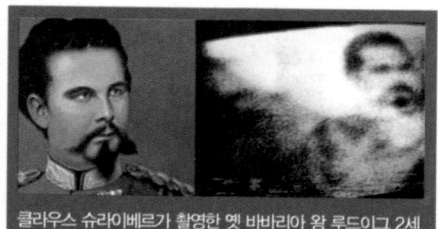
클라우스 슈라이베르가 촬영한 옛 바바리아 왕 루드이그 2세

내를 녹음했다. 그는 먼저 세상을 떠난 가족들의 목소리가 녹음되기를 간절하게 기원했다. 녹음된 테이프를 듣던 중 10분이 지난 시점에, 누군지 알 수 없는 남성의 목소리가 희미하게 녹음된 것을 발견했다. 목소리의 주인공이 누군지는 알 수 없었지만 실제로 목소리가 녹음됐다는 사실만으로도 고무된 그는 이후에도 영혼의 목소리를 계속 녹음했고, 꿈에 그리던 딸을 비롯해 먼저 떠난 가족들의 목소리를 녹음하게 되었다.

여린 목소리로 클라우스의 안부를 묻던 죽은 가족들은 그에게 계속 비디오에 관한 말을 했으나 당시 그는 그게 무슨 말인지 몰랐다. 후에 친구 마르틴 벤젤(Martin Wenzel)의 도움으로 비디오로 텔레비전 화면을 촬영하면 잡음이 생기고 이상한 이미지들이 생성되는 것을 발견했다.

그 후 이미지들 중에 오래 전에 숨진 과학자들과 유명인사들, 그리고 자신의 가족들의 모습이 나타나는 것을 확인한 그는 녹음된 소리를 들으며 텔레비전 화면을 통해 망자의 얼굴을 보면서 대화를 나눴다. 그는 3년 뒤 지병으로 사망했지만 전혀 죽음을 두려워하지 않았다고 한다.

지옥을 보여주는 공포의 가발

　1996년 8월 12일 미국의 플로리다 주 포트로러데일(Fort Lauderdale) 시, 벼룩시장을 구석구석 돌아보며 중고품들을 찾던 멜 오도넬(Mel O'Donnel)은 시장 모퉁이에서 검은 옷에 모자를 쓰고 싸늘한 표정으로 자신을 노려보고 있는 창백한 얼굴의 상인을 발견했다.

　나무탁자 위에 가발 한 개를 올려놓고 아무 말 없이 앉아 있던 상인은 멜이 가까이 다가가서 얼마냐고 묻자 "이 가발은 지옥의 불구덩이에서 벌을 받고 있는 사람들의 머리칼로 만든 거야. 구입하기 전에 신중히 생각해!"라고 말했다. 그는 너무 어처구니가 없어 웃었지만 자꾸 그 가발에 눈이 갔다. 결국 19달러 50센트를 지불하고 가발을 구입했다. 벼룩시장을 나오다 잠시 돌아서서 상인의 모습을 찾았지만 어디에서도 그의 모습을 찾을 수 없었다. 멜은 집으로 돌아온 뒤 가발을 거실 탁자 위에 올려놓고 외출을 했다.

　그날 밤 집에 돌아와 몸을 씻고 화장실에서 나오던 멜은 거실 탁자 위에 있던 가발을 발견하고 별 생각 없이 머리에 써봤다. 그런데 갑자기 온몸이 덜덜 떨리며 머리가 어지러워지더니, 갑자기 눈앞에 영문을 알 수 없는 불의 파도가 몰아치기 시작했다. 놀란 멜은 자신도 모르게 비명을 지르며 주위를 둘러보았다. 그 순간 주변에 불이 붙은 채 비명을 지르는 사람들이 나타나기 시작했다. 그는 옆에 나타난 사람을 피하려다 넘어졌는데 이때 가발이 저절로 벗겨졌고 환영도 사라졌다.

  그 즉시 가발을 다시 쓴 멜은 불의 파도 안에서 비명을 지르는 사람들이 무슨 말을 하는지 자세히 들을 수 있었다. 지옥불에 떨어진 사람들은 비명을 지르며, 자신이 생전에 고통을 준 사람의 이름을 부르며 계속 사죄하고 있었다. 그런데 갑자기 살아 있는 생물처럼 사람들을 쫓아다니며 벌을 주던 불의 파도에서 빨간 마귀 하나가 뛰쳐나와 그를 똑바로 쳐다봤다. 멜은 깜짝 놀라 가발을 벗었고 마귀도 사라졌다.

  그는 방송국에 전화를 걸어 지옥을 보여주는 가발을 갖고 있

다고 제보했다. 얼마 후 방송국 관계자들이 집에 와서 확인차 직접 가발을 써보았지만 웬일인지 아무 일도 일어나지 않았다. 순식간에 그는 이상한 사람으로 몰렸다. 하지만 그는 그날 이후 자신이 본 지옥의 실상을 세상에 알리는 일로 여생을 바치기로 결심했다. 멜은 지금도 강연을 통해 많은 사람들에게 생전에 나쁜 일을 하고 죽으면 지옥에 가서 끝없이 고통받게 됨을 알려주며 착하게 살라고 권하고 있다.

지옥을 본 사람들

1989년 8월 미국 애리조나 주. 밤 10시경 자원봉사를 끝내고 자전거를 타고 집으로 돌아오던 세라는 어두운 도로 언덕을 넘고 있었다. 그 순간 언덕에서 자동차가 빠른 속도로 달려오는 소리가 들렸다. 시속 70킬로미터가 넘게 달려온 트럭은 세라를 발견하지 못하고 뒤에서 덮쳤고, 그 순간 세라는 눈앞이 캄캄해지는 것을 느꼈다. 후에 트럭 운전사의 말에 따르면 세라는 허공에 뜬 뒤 트럭 앞으로 굴러 떨어졌다고 한다.

어느 순간 몸이 가벼워져서 자신의 육신을 느낄 수 없던 그녀는 멀리서 정체를 알 수 없는 인물이 자신을 향해 걸어오는 것을 봤다. 그녀에게 다가오던 인물의 주위로 불길이 일어났는데 그때서야 세라는 문제의 인물이 인간이 아닌 흉악하게 생긴 빨

이승에서 죄를 지은 사람들이 가는 지옥

간 요괴라는 사실을 알았다.

요괴가 날카로운 이빨에 오렌지색 혓바닥을 날름거리며 다가오는 것을 본 세라는 피할 수 없다는 생각을 하며 가만히 서 있었다. 그런데 요괴는 그녀의 몸을 통과해 뒤에 있던 검은 터널로 들어가버렸다. 그녀도 터널로 따라갔다. 한참을 걷고 있는데 갑자기 무언가 자신을 잡아당겨 그녀는 터널 속 깊은 곳으로 빨려 들어갔다. 순식간에 주위 모습이 변했다. 화염에 휩싸인 시뻘건 지하 용암동굴에서는 사방에서 수많은 사람들이 비명을 지르고 있었다. 세라는 허공에 떠 있었는데 벌을 받던 사람들은 그녀의 발을 잡으려 했다.

몸이 검붉은 요괴들이 긴 창을 들고 흉한 몰골을 한 짐승들과 함께 사람들을 공격했다. 창에 찔려 꼬치처럼 꿴 사람들이 펄펄 끓는 쇳물에 빠졌고 몸에 불이 붙어 몸 전체가 검붉게 변한 뒤에도 계속 비명을 지르고 있었다.

너무도 끔찍한 모습에 무서워 떨던 그녀는 갑작스레 뒤에 나타난 터널 구멍 속으로 빨려 들어간 뒤 병원 침대에서 깨어났다. 후에 자신이 사고를 당한 뒤 잠깐 숨이 멎었다가 응급처치를 받고 되살아났다는 사실을 알게 된 세라는 사람들에게 자신이 지옥에 다녀온 것 같다고 말했지만 아무도 그녀의 말을 믿으려 하지 않았다.

1994년 캘리포니아 주 샌쿠엔틴(San Quentin) 감옥에서는 사형수 안딕코(andicko)가 동료 죄수에 의해 살해될 뻔하다가 겨우 되살아난 사건이 있었다.

안딕코는 1987년 은행을 턴 뒤 고속도로를 질주하다 길을 막고 있던 경찰관을 차로 치어 죽이고 조수석에 타고 있던 인질도 쏴 죽인 뒤 그를 운전석에 앉혀 모든 범행을 뒤집어씌운 철면피였다. 재판에서 경찰관을 죽인 혐의로 사형을 선고받고, 인질을 죽인 혐의로 85년형을 더 선고받은 그는 사형집행일이 다가오면서 점점 심장이 오그라드는 걸 느꼈다.

나무를 깎아 가구를 만드는 작업을 하다가 동료 죄수가 뒤에서 목을 조르는 바람에 쓰러진 그는 숨이 멎었지만 응급실로 옮겨진 뒤 겨우 되살아났다.

약 9분 동안 죽은 상태로 있었던 안딕코는 깨어나자마자 자신의 몸에 불이 붙어 있나 확인하려 들었다. 그는 병동에 있는 의사들에게 "방금 지옥에 갔었다"고 말했다.

그는 사형을 당하기 전날 타자용지 열 장 분량으로 지옥에 관한 기록을 남겼다. 그는 독극물 주사로 사형을 당했는데, 독극물이 주사된 지 35분이 지나도 죽지 않고 있었다. 한참을 괴로워한 후에야 숨을 거둔 안딕코는 부검을 받고 화장하기 위해 옮겨졌다. 그의 유품을 정리하던 교도관은 그가 쓴 글을 발견했다.

그 속에는 죽음을 경험했던 당시의 기분과 고통, 그리고 죽은 뒤 곧바로 자신이 쓰러져 있는 모습을 목격한 일과 보이지 않는 그림자가 그를 땅속으로 잡아당긴 일, 그리고 지옥의 불구덩이 속에 내동댕이쳐진 인간들의 처참한 모습이 상세히 적혀 있었다.

불구덩이 주위에 서 있는 정체를 알 수 없는 괴물들이 날카로운 꼬챙이를 들고 움직이지 않는 사람들을 콕콕 찌르고 있었는데. 당시 그는 사람을 죽인 죄로 날카로운 흉기가 매달려 있는 어두운 방에 들어가 흉기로 몸을 난자당했다고 적어놓았다.

그 글에서 그는, 붉었던 하늘이 밝아지면서 의무실에서 깨어났지만 이후에도 늘 지옥의 모습이 생각나 사형을 받는 그날까지 두려움에 떨어야 했다고 고백하고 있었다.

괴물딴지 미스터리 사전

초판 1쇄 2006년 8월 1일
초판 12쇄 2012년 5월 10일

지은이 | 유상현
펴낸이 | 송영석

펴낸곳 | (株)해냄출판사
등록번호 | 제10-229호
등록일자 | 1988년 5월 11일

서울시 마포구 서교동 368-4 해냄빌딩 5·6층
대표전화 | 326-1600 **팩스** | 326-1624
홈페이지 | www.hainaim.com

ISBN 978-89-7337-760-4

파본은 본사나 구입하신 서점에서 교환하여 드립니다.